신학박사 논문시리즈 25

한국교회와
북한인권운동

선교패러다임과 대북관 분석을 중심으로

윤은주 지음

기독교문서선교회

기독교문서선교회(Christian Literature Center: 약칭 CLC)는
년 영국 콜체스터에서 켄 아담스에 의해 시작되었으며
국제 본부는 영국의 쉐필드에 있습니다.
국제 CLC는 개 나라에서 개의 본부를 두고, 약 여 명의
선교사들이 이동도서차량 대를 이용하여 문서 보급에 힘쓰고 있으며
이메일 주문을 통해 여 국으로 책을 공급하고 있습니다.
한국 CLC는 청교도적 복음주의 신학과 신앙서적을 출판하는
문서선교기관으로서, 한 영혼이라도 구원되길 소망하면서
주님이 오시는 그날까지 최선을 다할 것입니다.

The Korean Church and North Korean Human Rights Movement

Written by
Yoon, EunJu

Korean Edition
Copyright © 2015 by Christian Literature Center
Seoul, Korea

추천사 1

이만열 박사
숙명여자대학교 명예교수

    한국교회의 통일운동은 1980년대에 본격화되지만, 통일운동의 본질인 이념문제로 거슬러 올라가면 꽤 오래된다. 1920년대에 한국교회는 사회(공산)주의의 도전을 받아 교단에 사회부와 농촌부를 두었고 연합공의회의는 12개조의 '사회신조'도 두게 되었다. 분단 후 한국교회는 1972년 7.4공동성명이 나올 무렵까지 통일문제에 대해 거의 손을 놓고 있었다. 한국교회의 통일운동은 인권민주화운동의 연장선상에서 이뤄졌다. 교회의 인권민주화운동은 분단을 전제로 한 군사정권의 안보논리에 직면하게 되었고, 안보논리의 배경인 분단을 해소하지 않고서는 인권민주화도 어렵다는 것을 인식하게 되었다. 분단 해소를 위한 통일운동이 1980년대 한국교회에서 일어나게 된 것은 이런 배경을 갖고 있다.

    윤은주 박사가 그의 학위 논문을 다듬은 『한국교회와 북한인권운동』은 이 같은 한국교회의 통일운동과 그 연장선 상에서 이뤄진 북한인권운동을 다루고 있다. 그는 한국교회가 남남갈등을 극복하고 민족통합을 위해 노력해야 한다는 기본입장에 서서 한반도에서 인권이 궁극적으로 실현되기 위해서는 분단극복이 이뤄져야 한다는 관점에서 이 책을 준비하게 되었다. 저자는 이 연구를 위해 한국교회 인권운동 분석의 이론적 근거로서 선교패러다임을 기본으로 하여 보수와 진보의 선교관과 대북관을 정리했다. 그는 이 연구를 1970년대 인권운동에서 시작하여 1980년대의 통일운동, 1990년대의 북한인권운동(대북지원, 생존권운동), 2000년대의 북한인권운동(자유권운동)으로 발전시켰다. 저자는 또 한국교회 북한인권운동 전개과정을 초창기(1989-1995), 확산기(1996-1999), 분화기(2000-2007) 및 정체기(2008-2012)로 구분하여 그 시기마다의 배경과 특징을 설명하고 있다.

통일운동과 북한인권운동의 전개과정을 역사적으로 정리한 저자는 이들 전개과정에서 나타난 인권운동의 요소를 선교패러다임과 대북관에 따라 분석하여 북한인권운동의 유형을 4가지로 정리했다. 즉 보수적 선교관과 보수적 대북관을 A유형, 진보적 선교관과 보수적 대북관을 B유형, 진보적 선교관과 진보적 대북관을 C유형 그리고 보수적 선교관과 진보적 대북관을 D유형으로 정리하고 각 유형의 선교방식을 설명하고 있다. 그리고 북한인권운동의 추이별 특징을 분석한 결과, A→B→C로 발전하는 추이와 A→D로 발전하는 추이를 탐색하였다. 저자는 결론에서 한국교회가 북한인권문제와 관련하여 갖고 있는 통념-보수는 대북지원에 반대하고 진보는 정치범수용소 문제에 침묵한다는-에 대해, 한국교회의 보수가 대북지원에 대거 참여했고 진보교회는 정치범수용소 문제보다 한반도평화 추구 차원에서 북한인권에 접근한다는 결론을 끌어내었다.

통일문제를 연구한다는 것은 우선 자료섭렵에서부터 난관에 봉착한다. 남측의 자료를 섭렵한다는 것도 어렵거든 하물며 북한의 1차 자료는 더 힘든 상황이다. 연구의 열악한 환경에도 불구하고 통일과 북한인권 주제를 이런 정도로라도 천착할 수 있었던 것은 통일문제에 대한 남다른 열정이 없이는 불가능하다. 따라서 이 연구는 오랜 동안 민족통일문제를 두고 기도하고 고민해온 저자의 열정의 소산이라고 믿는다. 이 같은 그의 학문적 결실을 치하하면서 이 연구가 앞으로 저자의 통일·북한인권운동의 정신적 토대가 되고 나아가 이 연구를 더욱 발전시켜 사계에 더욱 기여하기를 기대하면서 추천사에 갈음한다.

추천사 2

김 회 권 박사
숭실대학교 기독교학과 교수

    2014년 이화여대 대학원 북한학 박사논문으로 제출된 이 책 『한국교회와 북한인권운동』은 한반도 평화와 통일, 화해운동에 참여하는 모든 이들에게 필독서가 될 만한 노작이다.
    이 책은 선교관과 대북관을 중심으로 네 유형의 북한인권운동 갈래를 분석하며 네 유형이 나타나게 된 역사적, 운동사적 경과를 잘 해설하고 있다. 종래의 복음전도적이고 보수적인 선교단체가 진보적인 방식의 북한지원에 동참하는 현상과 진보적인 선교관을 가졌으면서도 보수적인 대북관을 가진 교회나 선교단체가 북한인권운동에 동참하는 현상을 명료하게 설명하는 이 책은 포괄적인 한반도 평화, 화해, 겨레의 일치와 통일운동에 참여하는 모든 사람에게 실제적인 도움과 지침을 제공하고 있다.
    저자는 이 학술적인 책에서 자신의 입장을 교조적으로 주장하거나 옹호하기보다는 1990년대 이후의 한반도 평화운동이나 대북선교운동이 북한인권운동으로 합류하게 되는 현상과 그것의 현실 정치적 함의도 천착하고 있다. 이 책은 선교관과 대북관의 진보 혹은 보수 입장을 떠나 모든 겨레의 화해와 일치에 이바지하는 평화사역자들에게 읽

혀야 한다. 이 책은 북한인권운동이라는 예리한 쟁점이 한국의 보수와 진보교회 분열을 심화시키기보다는 수렴시킬 수 있는 대화의 터전을 마련해 주기 때문이다. 진보적인 대북관을 가진 사람들은 북한인권운동을 주창하는 사람들을 백안시하면 안 되고 북한인권운동이나 북한붕괴운동을 일으키는 사람들에게 대북지원이나 북한 정부와의 공식대화 시도를 무조건 적대해서도 안 된다.

북한인권을 자유민주주의적 인권개념으로 재단하여 현 북한체제를 악마화하는 것도 최선의 지혜는 아니다. 북한의 인권유린 사태 등을 세계보편적인 인권기준에 비추어 비판하되 북한체제가 주민들에 덜 억압적이 되도록 위로부터의 체제변화를 유도하며 더 나아가 외교적 레버러지 활동을 통해 군사적 정치적 긴장완화 분위기 조성에도 유의하여야 한다. 윤은주 박사의 이 노작을 통해 화평케 하는 자가 받을 복을 누리게 될 것이다. 이 귀한 책을 한국교회 앞에 기쁜 마음으로 추천해 드린다.

저자 서문

 본서는 북한인권에 관심을 두고 활동하는 주요 민간부문 행위자들 중 한국교회의 활동에 주목하여 심층 분석을 시도하였다. 한국교회는 대북지원과 정착지원에 있어서 비중 있는 민간 행위자이며, 북한정치범수용소의 인권유린이나 종교 탄압, 탈북민 북송, 북한인권법 제정 등 자유권 관련 운동에 있어서도 주요 행위자이다. 장기간에 걸쳐 진행된 한국교회의 북한인권운동에 대해 주목하는 연구는 매우 제한적으로 이루어졌는데 본서에서는 선교패러다임과 대북관을 변수로 하여 운동의 목적과 동기, 현황 및 결과 등을 분석하였다.

 한국교회의 사회적 실천이 인권운동과 통일운동, 그리고 북한인권운동으로 나타난 것은 선교패러다임 전환과 그에 따른 대북관 변화에 기인한 결과였다. 선교란 종교적 관념에 따라 사회적 실천으로 나타나는 신앙고백 차원의 활동이다. 선교패러다임은 이러한 사회적 실천을 규정하는 변수이다. 북한인권운동에 영향을 미치는 변수는 대북관인데 진보적 교회의 통일신학적 대북관은 북한에 대한 반공주의적 대결의식을 극복하는 신학적 근거를 제시해준다.

 1970년대 보수적 교회가 교회성장에 관심을 기울인 반면 진보적 교회는 인권운동을 주도하였는데 이렇게 사회적 실천이 각각 이루어지는 가운데 1980년대 접어들면서 진보적 교회는 통일운동에도 선도적으로 참여하였다. 1990년대에 시작된 북한인권운동에는 진보적 교회와 보수적 교회가 다양한 모습으로 참여하고 있다. 보수적 교회가 진보적 연합단체에 속해 대북지원에 참여하였는가 하면 다른 한편에서는 보수적 선교관에 입각해 국내외에서 포교활동을 하던 교회들이 자유권 중심의 북한인권운동과 북한민주화운동에도 참여하고 있다.

우리 사회의 북한인권운동은 대북정책에 대한 정치적 의견과 북한인권을 바라보는 시각이 갈리면서 보수와 진보가 대립하는 경향을 보이고 있다. 이러한 현상을 놓고 보수는 대북지원을 반대하며 자유권 중심의 북한인권에 집중하고, 진보는 대북지원을 통한 생존권 보호를 우선한다는 이분법적 평가가 이루어졌다. 그러나 이는 보수와 진보의 구체적 활동현황에 근거하지 않고 관념적 담론에 근거해 벌이는 논쟁의 한계를 드러낸 것이다.

우리 사회의 가장 보수적 집단 중 하나로 알려진 한국교회는 대부분 해방 이후부터 반공주의에 근거한 대북관을 표명해왔다. 그러나 남북교회의 교류가 시작되고 대북지원에 대거 참여하면서 진보적 통일운동단체와 연대해서 활동하는가 하면 대북관에 있어서도 변화를 보이고 있다. 이제 한국교회 북한인권운동은 더욱 복잡한 양상으로 전개되고 있다. 보수적 선교관을 표명하는 교회가 대북지원에 참여하거나 진보적 선교관을 바탕으로 하면서도 자유권 중심의 북한인권운동에 참여하는 등 보수와 진보의 이분법으로 설명하기 어려워졌다.

또한 한국교회 북한인권운동에는 장기간에 걸쳐 보수와 진보의 수렴현상과 교차현상이 나타나기도 했는데 이는 현장 중심의 활동이 이루어졌기 때문이다. 즉, 대북지원을 통해 북한 현지에서 활동할 뿐만 아니라 탈북민 보호를 위한 중국과 제3국에서의 활동, 그리고 국내 입국한 탈북민의 정착지원 활동 등 다양한 현장에서 필요에 따라 북한인권문제에 접근하고 있기 때문이다. 북한인권문제에 대한 인식과 접근방식, 우선순위에 있어서 동기와 목적이 다름을 이해하고 인권의 상호보완성과 불가분성을 고려할 때 한국교회는 북한인권에 대한 총체적 접근을 할 수 있다. 북한인권을 놓고 보수와 진보가 정치적 갈등에 휩싸이지 않고 현장 중심의 진정성 있는 인권운동을 지속할 수 있기 때문이다.

이제 한국교회는 새로운 시대적 소명 앞에 서 있다. 바로 남남갈등을 극복하고 남북화해에 앞장서는 일이다. 고위급회담에 이은 두 차례의 정상회담으로 남과 북은 이미 통일시대 문턱까지 길을 닦았다. 미국 역시 '북미코뮈니케'를 채택함으로써 북미수교 직전까지 가보았고 일본도 평양선언을 발표한 지 오래다. 북핵문제 해결을 위한 6자회담에서도 해결의 전조를 보였었다. 그런데도 왜 아직 남북관계 진전은 찾아볼 수 없고 한반도 긴장상태는 그대로인가?

오랫동안 피와 땀을 흘리며 통일을 기도해왔던 한국교회는 이제 무엇을 더 해야 할까? 바야흐로 민족화합을 위한 제3의 길을 찾아야 할 때이다. 지역갈등과 보수·진보 갈등으로 피투성이가 된 이 나라 정치 풍토 속에 복음의 빛을 발해야 할 때이다. 필자는 이 일에 있어서도 한국교회가 앞장설 수 있다고 믿는다. 그 밖에는 희망이 없어 보이기 때문이다.

믿음이 흔들리지 않도록 날마다 새로운 은혜 주시는 하나님께 감사와 사랑을 드린다. 남편과 딸, 그리고 가족들의 사랑 역시 큰 힘이다. 몸소 행하심으로 본보기가 되시는 이만열 장로님, 매주 설교말씀 속에 하나님 나라 깃발을 휘날려 주시는 김회권 목사님, 평통기연 강경민 목사님, 정종훈 교수님, 그리고 이근복 목사님께 감사의 말씀을 드린다. 논문지도에 힘써 주셨던 최대석 교수님과 조동호 교수님, 서훈 교수님과 서보혁 교수님, 그리고 학이재 박사준비모임을 이끌어 주셨던 정세현 전 통일부장관님께도 머리 숙여 감사드린다.

목 차

추천사 1(이만열 박사/숙명여자대학교 명예교수) ⋯⋯⋯ 5
추천사 2(김회권 박사/숭실대학교 기독교학과 교수) ⋯⋯⋯ 8
저자 서문 ⋯⋯⋯⋯⋯⋯⋯⋯⋯⋯⋯⋯⋯⋯⋯⋯⋯⋯ 10

서장 ⋯⋯⋯⋯⋯⋯⋯⋯⋯⋯⋯⋯⋯⋯⋯⋯⋯ 14

제1장
한국교회 북한인권운동 분석의 이론적 배경 ⋯⋯⋯ 29

제2장
한국교회 인권운동 참여 ⋯⋯⋯⋯⋯⋯⋯⋯⋯ 85

제3장
한국교회 북한인권운동 전개 ⋯⋯⋯⋯⋯⋯⋯ 134

제4장
선교패러다임과 대북관에 따른 북한인권운동 분석 ⋯⋯⋯ 211

제5장
결론 ⋯⋯⋯⋯⋯⋯⋯⋯⋯⋯⋯⋯⋯⋯⋯⋯⋯ 254

참고문헌 ⋯⋯⋯⋯⋯⋯⋯⋯⋯⋯⋯⋯⋯⋯⋯ 259
부록 ⋯⋯⋯⋯⋯⋯⋯⋯⋯⋯⋯⋯⋯⋯⋯⋯⋯ 282

부록 1 한국교회 북한인권운동 연표
부록 2 북한인권 행위자 분석 관련 선행연구
부록 3 1980년대 주요 개신교 회의 및 성명서
부록 4 북한인권 쟁점에 대한 보수와 진보 입장

서장

1. 문제제기

1995년 북한 정부가 국제사회에 식량난을 호소하며 공식적으로 도움을 요청하고 나선 이후 행위주체별로 다양한 인권개선 노력이 이루어지는 가운데 북한인권은 국제적 이슈로 부각되었다. 유엔기구와 각국 정부, 국제 NGO((Non-Government Organization) 등에 의해 대규모 인도적 지원이 이루어졌고, 국내에서도 정부와 민간 차원에서 대대적인 북한동포돕기운동이 진행되었다. 그러나 폐쇄적이었던 북한사회 모습이 외부에 드러나고 식량난이 장기화되면서 북한주민들의 궁극적 인권개선을 위해서는 북한 정권이 변해야 한다는 주장들이 제기되기 시작했다. 이후 유엔에서는 북한인권결의안이 2003년부터 2014년 현재까지 매년 채택되었다.[1]

유럽연합은 북한과 인권대화를 시도하였으며[2] 미국은 2004년 북

---

[1] 유엔 인권위원회에서 2003년부터 2005년까지 북한인권결의안이 채택됐고 유엔 총회에서는 2005년부터 2014년 현재까지 매해 채택되었다. 서보혁, 『북한인권』(서울: 한울아카데미, 2007), pp. 205-210. 2015년 6월 23일부터는 2014년 결의안 권고에 따라 유엔 인권이사회 북한인권조사위원회가 서울에서 활동을 시작했다. 통일부, 『2014 유엔 인권이사회 북한인권 조사위원회 보고서』(서울: 통일연구원, 2015)

[2] 유럽연합이 인도적 지원과 더불어 인권대화, 정치대화 등을 시도했지만 2003년과 2004년 유엔 인권위원회에 북한인권결의안을 상정하자 대화는 곧바로 중단되었

한인권법을 제정하여 탈북민이나 북한민주화 관련 단체들을 지원하고 있다.³ 그러나 이 같은 외부 행위자들의 노력에도 불구하고 북한주민들의 인권 상황은 크게 개선되고 있지 않다.⁴ 북한 당국은 국제사회의 인권개선 노력에 유럽연합과의 정치대화나 인권대화 등에는 일정한 호응을 보였지만⁵ 유엔의 북한인권결의안 채택이나 미국의 북한인권법 제정과 같이 체제에 위협적이라고 여겨지는 경우, "인권은 곧 국권"⁶이라는 논리를 내세우며 강하게 반발하였다.⁷

이렇듯 국제사회 행위자들이 북한 정부에 대해 인권개선 압박정책을 취할 때 내부적으로 큰 어려움이 없었던 것과 대조적으로 우리 사

다. 최의철, 『유럽연합의 대북 인권정책과 북한의 대응』(서울: 통일연구원, 2005)
3   미국은 북한인권법 이외에도 국무부 연례각국인권보고서, 인권 및 민주주의 지원 보고서, 국제종교자유보고서, 연례인신매매보고서와 국제종교자유위원회의 북한보고서 등을 통해 북한인권 문제를 다뤄왔다. 2004년 제정된 북한인권법에는 북한 내 기본적 인권 보호와 탈북민에 대한 보호, 대북지원 모니터링, 자유로운 정보 제공, 민주정부 수립 등을 제시하고 있다. 개별단체 및 개인에게 매년 2,400만 달러를 지원할 수 있도록 하고 있다. 김수암, 『미국의 대북인권정책 연구』(서울: 통일연구원, 2004) p. 68.
4   유엔인권위원회, 국제사면위원회, 통일연구원, 북한인권정보센터, 좋은벗들, 북한인권시민연합 등이 발표한 북한인권보고서는 북한인권 상황에 대해 여전히 우려를 나타내고 있다.
5   유럽연합은 1998년 12월 제1차 정치대화를 시작으로 인권의제를 다루기 시작해서 2004년까지 6차에 걸쳐 정치대화를 가졌고, 2001년 6월에는 본격적인 인권대화를 추진한 바 있다. 유럽연합은 인권대화뿐만 아니라 1995년~2000년까지 식량지원 106백만 유로, 농업재건 사업에 1천 1백만 유로, 인도적 지원에 3천 8백만 유로, 에너지 개발을 위해 KEDO에 7천5백만 유로를 지원하는 등 대대적인 지원을 병행하였다. 국제사회의 인권압박이 강력해지자 북한은 2000년대 들어서 형법 및 형사소송법 개정, 민법과 상법 및 상속법 등을 개정했다. 최의철, 『유럽연합의 대북 인권정책과 북한의 대응』(서울: 통일연구원, 2005), pp. 82-96.
6   "인권은 곧 국권이다. 인권은 국권에 의해 보장, 담보된다. 국권이 있어야 인권도 있으며 반대로 국권이 없으면 인권도 없다." "반동적인권공세에는 혁명적인권공세로, 〈힘〉에는 힘으로", 「로동신문」, 2004년 12월 28일.
7   최의철(2005, 2006), 김수암(2001, 2005, 2007, 2011), 임순희 외(2006), 이원웅 (2007) 등의 연구는 국제사회의 북한인권 개선노력에 대한 북한의 대응을 분석했다. 북한 입장은 무엇보다 주권원칙에 따라 내정간섭을 반대하고, 강대국과 유엔의 인권이슈 정치화를 비난하고 있다.

회에서는 대북정책에 대한 정치적 입장뿐만 아니라 대북관에 따른 입장이 나뉘며 사회적 갈등이 발생했다.[8] 북한인권의 현황 파악에서부터 개선책 모색까지 접근법과 해법을 놓고 치열한 논쟁이 벌어지기도 했다.[9] 이러한 현상은 한국교회 내부에서도 동일하게 나타났지만 시간이 경과함에 따라 점차 입장이 수렴되거나 교차되고 있다. 한국교회 북한인권운동에는 생존권을 강조하며 북한 공식교회와의 협력 속에 대북지원 사업을 펼치는 모습과 자유권을 중시하며 비공식교회를 통해 직접 지원을 시도하는 모습이 동시에 발견된다.[10] 교회와 교단, 연합조직과 NGO차원의 주체들이 선교관과 대북관에 따라 다르게 행동하면서 개신교 내 북한인권운동은 더욱 복잡하게 진행되고 있다.

한국교회가 우리 사회 주요 민간행위자임을 생각할 때 개신교 북한인권운동 구조를 분석하고 평가하는 작업은 북한인권을 둘러싼 보수, 진보 대립과 교차지점을 조망해 보는 근거가 될 수 있다. 또한 상호 보완적이고 불가분적인 인권속성[11]이 한국교회의 북한인권운동 속에

---

8 김근식은 '퍼주기' 논란의 본질을 대북 대결주의로 파악한다. 우리 사회에는 대북관에 따른 보수와 진보 진영 간(대결주의 대 민족화해 진영) 갈등이외에 국내정치적 역학관계에 의한 지역갈등이 존재하지만 대북 대결주의가 정치 갈등 보다 더 근본적인 갈등의 원인을 제공한다고 보았다. 김근식, "대북 퍼주기 논란과 남남갈등: 현황과 과제," 『통일문제연구』통권 37호 상반기호 2002년, p. 165.
9 북한인권 논의에 있어서 쟁점과 현황은 정리하여 [부록 4]에 첨부하였다.
10 북한인권의 다양한 측면 중 본 연구에서는 B규약에 의한 권리 중 자유권과 A규약에 의한 권리 중 생존권에 주목하여 살펴볼 것이다. 이는 한국교회의 주된 관심 사항이 종교의 자유와 정치범 수용소에서의 인권 등 자유권 중심의 인권운동과 식량난과 보건의료 등 생존권 중심의 인권운동에 모아져 있기 때문이다. 국제사회에서 인권에 대한 규정은 유엔을 통해 제시된 1948년 12월 세계인권선언이후 1966년 12월 국제인권규약(A 규약-경제적·사회적·문화적 권리에 관한 규약, B 규약-시민적·정치적 권리에 관한 규약)이 제정되면서 더욱 구체화 되었다. 미셸린 이샤이(Micheline Ishay), 『세계인권사상사』(서울: 도서출판 길, 2004), pp. 351-380.
11 A규약과 B규약으로 규정된 인권들은 총체적 인권을 구성하는 유기적 요소들이라고 할 수 있는데 인권의 불가분성과 상호의존성이 명문화된 주요 선언은 테헤란 선언과 비엔나 선언이다. Teheran Declaration. "13. Since human rights and fundamental freedoms are indivisible, the full realization of civil and political

서 어떻게 반영되어 있는지 살피는 계기가 될 것이다. 그간 대북정책으로 인한 남남갈등[12]이 사회적으로 심각하다는 지적이 있어왔음에도 불구하고 구체적 갈등구조를 적시한 사례는 드물다. 특히 민간행위자들의 구체적인 행위를 기반으로 한 연구는 미흡한 상황으로 더욱 심층적인 분석이 요청된다.

따라서 본서에서는 한국교회 북한인권운동을 대상으로 운동의 목적과 동기, 현황 및 결과 등을 분석하여 유형화를 시도하고자 한다. 또한 유형화를 통한 특징을 분석하여 북한인권에 대한 한국교회 내 보수와 진보가 어떻게 구분되고 접근방식에 있어서는 어떤 차이가 있는지 알아보고자 한다. 이는 향후 북한인권에 대한 총체적 접근의 근거자료가 될 것이다. 본서에서 주된 관심인 북한인권운동의 행위주체에 대한 연구현황을 살펴보면 다음과 같다. 우선 대북지원 현황에 대해 전반적 이해를 돕는 연구로는 김병로의 "기독교 대북 NGO분화와 지형분석"[13]을 꼽을 수 있다.

김병로의 연구는 1995년 이후 2008년까지 개신교 NGO의 형성과 발전을 개관하면서 NGO 유형 및 활동현황을 비교적 소상히 소개하고 있다. 이 연구에서는 활동내용을 중심으로 대북지원 NGO, 탈

---

rights without the enjoyment of economic, social and cultural rights is impossible." http://untreaty.un.org/cod/avl/pdf/ha/fatchr/Final_Act_of_TehranConf.pdf 검색일 2013년 5월 10일. Vienna Declaration. "5. All human rights are universal, indivisible and interdependent and interrelated." WORLD CONFERENCE ON HUMAN RIGHTS Vienna, 14-25 June 1993 http://www.unhchr.ch/huridocda/huridoca.nsf/(Symbol)/A.CONF.157.24+(PART+I).En?OpenDocument 검색일 2013년 5월 10일.

12 조한범은 "남한사회 내부에 존재하는 갈등의 다양한 형태"들이 있지만 협의의 의미에서 남남갈등을 "남북관계 또는 통일 및 대북정책과 관련된 갈등구조"라고 정의한다. 조한범, 『남남갈등 해소방안 연구』(서울: 통일연구원, 2006), p. 9. 김근식(2002), 김병로(2003), 손호철(2004), 조민(2004) 등.

13 기독교통일학회, 『통일 NGO 기독교』, 통권 제2권, 2008년.「한국동북아논총」,제20집 2001년, p. 6. 〈표-1〉 통일논의의 쟁점에 대한 진보와 보수의 입장 참조.

북자·새터민[14] NGO, 북한인권 NGO, 통일운동 NGO 등 4가지 대북 NGO 유형이 제시되었다. 이들 중 개신교 NGO는 주로 대북지원 NGO와 탈북자·새터민NGO에 집중되어 있다고 보았다. 이러한 분류법은 NGO 분석을 위한 것인데 본 연구에서는 NGO가 아닌 교회를 대상으로 한다. 시간이 흐를수록 교회나 교단 차원에서 자체조직을 통해 지원하는 사례가 늘고 있는데 개신교 전체를 포함하는 분석이 되기 위해서는 개신교의 기초단위인 교회를 중심으로 분석하는 것이 유용하다. 본 연구에서는 대북지원 NGO, 탈북자·새터민 NGO, 통일운동 NGO의 활동은 생존권 운동차원에서, 북한인권 NGO 활동은 자유권운동 차원에서 분석하고자 한다.

이밖에 북한선교를 위한 선교전략 관점에서 행해진 연구들은 교단 신학교 별로 다양하게 찾아볼 수 있다.[15] 이들 연구는 대북지원이나 정착지원 혹은 자유권운동을 북한선교를 위한 방편으로 여기기 때문에 사회적 실천으로서의 객관적 평가를 목적으로 하지 않았다. 따라서 연구의 방향이 본서와 일치하지 않으므로 개신교 내 행위자들의 사례를 소개하고 있는 경우에 한해 부분적으로 참고할 수 있다. 한편, 한국기독교통일포럼이 출간한 자료집에 실린 김동선의 연구[16]는 개신교 주요 교단과 연합단체의 북한선교 정책을 비교하였는데 조선그리스도교련맹(이하 조그련)에 대한 입장을 기준으로 각 교단들을 구별하

---

14 탈북자와 새터민의 구분에 있어서 탈북자는 외국에 거주하고 있는 탈북민을, 새터민은 국내 거주 탈북민을 지칭하는 것으로 보인다. 본 연구에서는 거주지를 막론하고 북한지역출신 주민들을 지칭하는 말로 '탈북민'이라는 용어를 채택하였다. 경우에 따라서 중국 거주 탈북민(재중탈북민), 국내 거주 탈북민(국내탈북민)으로 구분하도록 한다.
15 대북지원활동에 참여하고 있는 교단들의 신학교 석·박사학위논문 중 북한선교 혹은 통일선교 관련 논문들이 70여 편 넘게 발표되었는데 대부분 보수적 북한선교 차원에서 단편적 사례연구나 선교정책모색 차원에서 시도된 연구들이다.
16 김동선, "남한교회 주요 교단의 평화통일·북한선교 현황 비교", 한국기독교 통일포럼, 『통일한국포럼』(서울: 도서출판 바울, 2006)

고 활동 현황을 소개한 뒤 향후 북한선교정책 방향을 제시하였다.[17]

또한 한민족선교정책연구소에서 발간한 연구논문집에 실린 임희모의 연구[18]는 북한선교의 방향을 사회복지 선교로 제시하였다. 이는 대북지원 활동을 통한 북한선교정책을 재조명하기 위한 시도로 여겨진다. 조그런을 한국교회의 협력 사업자로 삼아 북한지역에서 사회복지 기능을 수행하도록 한다는 선교전략을 제시하고 있는데, 현지 교회를 행위주체로 삼는 그의 선교정책 관점이 주목된다. 북한 정부에 대한 한국교회의 입장은 조그런에 대한 태도로 이어지는데 이상의 두 연구는 조그런과 관계하는 한국교회의 입장을 선교 정책적 관점에서 조명했다는 의의가 있다.[19]

한편 북한인권운동 과정에서 나타난 한국교회의 다양한 활동들을 유형화하기 위해서 선교의 동기와 목적을 규명해야 한다. 이를 위해서 개신교 내부로부터의 내재적 접근이 필요한데, 본서에서는 선교관과 대북관을 기본적 변수로 제시하였다. 개신교의 사회적 실천을 사회현상으로 주목하고 분석한 연구는 본서의 문제의식과 동일한데 주요 연구로 보수적 한국교회의 역사성을 심도 있게 분석한 강인철의 『한국의 개신교와 반공주의』[20]를 들 수 있다. 이 연구는 월남한 개신교인들이 한국교회 교권에 접근한 과정과 반공을 국시로 내세운 정부와 긴밀한 관계를 형성하면서 민간부문 최대의 반공집단으로 자리 잡게 된 과정을 탐구하였다. 한국교회의 반공주의 성향에 대한 종교사

---

17 개신교인들의 조그런에 대한 입장은 북한 정부의 통제권 내에서 활동한다고 보기 때문에 부정적인 견해와 과거 동독이나 사회주의 국가들 속에 존재했던 교회들과 같이 특수한 상황 속에서의 종교기관으로 인정하는 견해에 따라 나누어진다.
18 임희모, "한국교회의 북한 사회복지 선교", 한민족선교정책연구소, 『한국교회북한선교정책』(서울: 한민족과 선교, 2001)
19 이외에 한국교회 선교 정책과 관련된 일반연구로는 박영환의 『한국교회 교단별 선교정책과 전략』(서울: 도서출판바울, 2006)을 참고할 수 있다.
20 강인철, 『한국의 개신교와 반공주의』(서울: 중심, 2007)

회적 접근이라는 점에서 보수교회들이 주도하는 북한선교 현상을 설명하는 근거가 될 수 있다. 그러나 이 연구는 반공주의 이외의 보수신학 관점에서 접근하는 다른 북한선교활동을 동일한 분석틀로 설명할 수 없다는 한계가 있다. 즉, 월남하지 않은 여타 개신교인들의 사회적 실천을 규명하기 위해서는 또 다른 분석틀이 필요하게 되는 것이다.

김명배의 『한국 기독교 사회운동사-민주화와 인권운동을 중심으로』[21]는 1960년대부터 1987년까지 개신교회의 민주화운동과 인권운동을 다루었다. 개신교 내부의 진보진영과 중도진영, 그리고 보수진영의 사회참여에서 발견되는 교회와 국가 관계를 신학 이론을 통해 분석하고 교회나 교단별 입장에 따라 분석하였다. 신학의 차이가 한국교회의 행위유형에 영향을 미치는 변수로 작용하였음을 밝힌 점에서 본 연구와 동일한 접근을 하고 있다. 그러나 보수, 중도, 진보에 해당하는 행위자 유형이나 신학과 실천 사이의 상호관계 분석은 본격적으로 시도하지 못했다.

정성한의 『한국기독교 통일운동사』[22]는 분단과 통일에 초점을 맞추어 1945년 해방 이후부터 1990년대까지의 한국교회 통일운동사를 소상히 정리하였다. 한국교회의 분단에 대한 인식과 이를 극복하려는 보수와 진보의 노력을 북한선교와 통일운동 차원에서 분석한 의미 있는 연구이다. 사회참여 신학을 소개하고 교회의 사회적 실천으로서의

---

21 김명배는 장로회신학대학교 박사학위논문 "한국 개신교 사회참여에 나타난 교회와 국가의 관계에 관한 연구: 1960년부터 1987년까지 민주화와 인권운동을 중심으로"를 단행본으로 발간하였다. 김명배, 『한국 기독교 사회운동사-민주화와 인권운동을 중심으로』(서울: 북코리아, 2009)
22 정성한 역시 장로회신학대학교 박사학위논문 "한국교회의 남북 분단의식과 통일의식 변화에 관한 역사적 연구"를 단행본으로 출판하였다. 정성한, 『한국기독교 통일운동사』(서울: 그리심, 2006)

통일운동에 주목하였는데, 이는 본서에서 선교패러다임과 사회적 실천을 행위 분석의 토대로 삼는다는 점에서 유사하다고 할 수 있다. 그러나 1990년대 이후 발생한 보수 교회의 대북지원과 통일운동 참여 그리고 이를 위한 진보 교회와의 연대 등을 설명하기 위해서는 김명배의 연구에서와 마찬가지로 신학과 실천의 상호관계를 규명하는 분석틀이 필요하다. 또한 2000년 이후 변화된 남북관계 환경 속에서 활발하게 나타난 교회의 활동을 일관되게 분석하는 추가적인 연구가 필요하다.

한편, 김동진의 "한반도 평화구축과 기독교 에큐메니칼 운동 연구, 1945-1992"[23]는 통일운동에 있어서 한국교회 역할에 대한 심층 분석을 통해 민간의 통일운동이 정부의 통일정책과 조응할 수 있는 가능성을 제시하였다. 선교담론이 아닌 평화담론을 기반으로 하였다는 점과 구체적인 사례연구를 토대로 한다는 점에서 앞의 두 논문과 차이가 있다. 이 논문은 한국교회 통일운동이 일반 통일논의를 양성화 시켰고, 정부의 대북정책에 변화를 가져오게 하였으며, 남북관계발전에 기여했다는 기존의 주장들을 행위자 분석을 통해 본격적으로 검토한 연구이다. 특히 한반도 평화구축을 위한 정부와 민간의 상호작용에 있어서, 한국교회가 중간집단으로서 갖는 긍정적 역할을 평가했다. 종교적 관념을 기초로 한반도 평화구축에 기여할 수 있는 교회의 실천적 조건과 가능성을 점검하였다는 점에서 본서의 목적과 유사점이 있다.

이외에 대북정책에 따른 남남갈등 현상에 주목하면서 보수와 진보 쟁점들을 분석한 연구가 있다. 특히 박명림의 "한국의 북한 인권문제

---

23 김동진, "한반도 평화구축과 기독교 에큐메니칼 운동 연구, 1945-1992", 북한대학원대학교 박사학위논문, 2010년.

에 대한 접근: 반성과 대안 모색"[24]은 북한인권에 있어서 진보와 북한인권의 탈정치화를 주장하고 있는 점에서 주목된다. 박명림은 한반도 인권문제에 있어서 남한과 북한의 분계선을 기준으로 보수와 진보의 정치적 논리를 따라 역전현상이 나타났다고 분석하였다.[25] 또한 북한인권의제를 보수가 선점함으로써 진보의 전통적 인권의제설정 기능이 약화되었다고 평가하였다.

그러나 보수 세력이 진보의제인 인권과 민주주의를 장악하면서 정치적, 이념적 공격을 펼치자 남남갈등이 발생한다고 주장하는 박명림의 연구는 논쟁의 소지가 없지 않다. 이는 보수와 진보의 구체적 활동양상을 분석의 토대로 삼지 않았기 때문에 관념적 논쟁구도인 담론분석을 제시한 데에서 온 한계라 여겨진다. 보수적 한국교회가 대거 대북지원에 참여하면서 생존권 중심의 북한인권운동에 참여하는 모습[26]이나 자유권 중심의 북한인권운동에 참여하는 활동가가 여전히 진보적 입장에서 인권탄압을 고발하고 있는 현상은 설명하기 어렵기 때문이다.

또한 남한인권을 넘어서는 한반도 전체의 인권 필요성을 제시한 서보혁의 연구도 시사점이 크다.[27] 서보혁은 우리 사회 북한인권 논의에서 발견되는 보편성과 특수성의 대립적인 인권관을 수렴시키고 소모

---

[24] 박명림, "한국의 북한 인권문제에 대한 접근: 반성과 대안 모색", 윤영관 외, 『북한인권 개선, 어떻게 할 것인가』(서울: 한울아카데미, 2010).
[25] 박명림, 앞의 글, 〈그림 1-1〉 한국의 보수와 진보: 남한인권 해법, 〈그림 1-2〉 한국의 보수와 진보: 북한인권 해법. p. 36.
[26] 북한인권운동의 범주를 새롭게 점검해야 할 필요가 있는데 본 논문에서는 북한주민들의 생존권과 자유권 모두 상호의존적으로 필요한 권리임을 주장하는 차원에서 생존권 운동 역시 북한인권운동 범주에 포함시켜 분석하고자 한다.
[27] 서보혁은 북한인권을 대상화하지 말고 한반도 전체 인권차원에서 포괄적 접근을 시도해야 한다고 주장한다. 한국사회 내에서 발생하는 제반 인권문제들을 포함, 한반도 전체 인권 맥락에서 북한인권을 접근하자는 주장을 본격화했다. 서보혁, 『코리아 인권-북한인권과 한반도 평화』(서울: 책세상, 2011).

적인 인권 논쟁을 지양하기 위한 목적에서 '코리아 인권'[28]을 제시하였다. 특히 남북이 유엔과 유엔의 주요 국제 인권규약에 가입해 있고, 국가의 인권보호 책임을 헌법에 명시하고 있는 상황에서 상호간 체제를 인정하고 존중하는 가운데 가능한 분야에서부터 인권협력을 해나가야 한다고 주장하였다. 국제규범을 근거로 남북한의 인권개선 방안을 동시에 제시해야 한다는 점과 한반도를 넘어서 아시아지역 전체의 지역인권레짐 형성까지도 추구해야 한다고 주장한 점에서 의의를 찾아볼 수 있다.[29]

본서에서는 이상과 같은 연구 성과를 토대로 개신교 내부지형 속 세분화된 행위자들을 대상으로 한국교회 북한인권운동을 분석하고자 한다.

2. 연구내용

한국교회 북한인권운동은 개별 교회나 교회가 속한 교단, 교단의 연합단체, 그리고 교회를 배경으로 하는 NGO 차원에서 이루어지고 있다.[30] 교단이나 교단의 연합단체인 경우 행위목적과 동기, 유형 등에 있어서 본질적인 차이점은 발견되지 않는다. 또한 개신교를 배경으로 하는 NGO 활동은 대북지원이나 자유권운동에 있어서 NGO를

---

[28] 코리아 인권은 "남북한이 국제 인권 원리와 상호 존중의 정신 아래 인권 개선을 위해 협력해나가는 과정과 그 결과가 한반도 차원에서 나타나는 상태"로 정의된다. 서보혁, 『코리아 인권-북한인권과 한반도 평화』, p. 171.

[29] 서보혁, 『코리아 인권-북한인권과 한반도 평화』, pp. 148-164.

[30] 북한인권운동에 참여하는 교회나 교단의 활동은 NCCK나 한기총 등 연합조직과 NGO를 통해 나타나고 교회별, 교단별 독자활동으로 나타나기도 한다. 본 논문에서는 대표적 사례들을 중심으로 살펴보게 될 것이다.

통한 교회의 활동이라는 관점에서 분석하게 될 것이다.[31] 교단의 연합 단체로는 진보적 단체인 한국기독교교회협의회(The National Council of Churches in Korea 이하 NCCK)와 보수적 단체인 한국기독교총연합회(The Christian Council of Korea: CCK 이하 한기총)[32]가 대표적이다. 교단은 개별교회가 속하는 종파로서 개신교 전체 중 중범위 조직에 해당하는데 기독교대한감리회(이하 기감), 기독교대한하나님의성회(이하 기하성), 대한예수교장로회(통합)(이하 예장통합), 대한예수교장로회(합동)(이하 예장합동), 한국기독교장로회(이하 기장) 등의 활동이 포함된다.[33] 교회는 개신교의 사회적 기초단위로서 개별교회를 뜻하며 특정 교회를 지칭하지 않을 경우 개신교를 포괄하는 의미에서 한국교회라 칭한다.

---

31 김병로가 개신교 대북지원 NGO의 기능에 대해 평가한 것처럼 한국교회는 북한지역에서 직접적인 포교활동이 불가능한 상황에서 NGO 활동을 통해 창의적 선교, 전방위적 선교를 추진하고 있는 것이다. 이는 공식적인 선교활동이 통제되고 있는 이슬람권 국가들이나 사회주의 국가들에서 있었던 선교전략 가운데 하나인데 보수적 선교활동을 중시하는 교회들이 북한지역 이외의 선교국에서 흔히 취해오는 방식이다. 김병로, "기독교 대북 NGO의 분화와 지형분석," 기독교통일학회, 『통일 NGO 기독교』제2집, 2008년, p. 100.

32 1988년 NCCK에서 통일과 평화선언을 발표하자 보수적 개신교를 대표하는 조직 결성이 필요하다고 주장하며 1989년 창립되었다. 창립 이후 지속적으로 소속교단들이 70여개로 늘어나 개신교 최대조직으로 보수적 입장을 대변하던 한기총은 그러나 2011년 교단 총회장 선거에서 금권선거 논란이 일면서 2012년 주요 교단들 중 예장통합과 예장백석이 탈퇴했고 한국복음주의협의회, 월드비전 등 단체들도 탈퇴했다. 기하성과 예장합동도 탈퇴 전 단계인 행정보류 조치를 취했다. 본 논문에서는 편의상 이들 교단을 2008년부터 2012년까지의 시기에 포함시켜 분석하였다. NCCK 소속교단은 기장, 기감, 예장통합, 기하성이고 한기총 소속교단은 기하성, 예장통합, 예장합동이다.

33 이들 5개 교단은 북한선교와 관련된 전담부서를 설치하고 장기간에 걸쳐 대북지원 활동을 하고 있다. 2012년 문화체육관광부 발표 개신교 교단 현황에 따르면 교인수에 있어서 예장합동이 2,953,226명, 예장통합이 2,852,311명, 기감이 1,586,063명, 기하성(여의도순복음)이 1,016,036명 등으로 교인수 100만명 이상의 큰 교단들이다. 문화체육관광부, 『한국의 종교현황』(서울: 문화체육관광부, 2012), pp. 38-43. 이에 비해 기장은 2011년 현재 34만 교인인 것으로 알려졌다. 기장 www.prok.org 참조.

개신교 NGO는 개신교를 배경으로 활동하는 단체들이다. 대북지원 NGO 중에서는 지원 실적을 기준으로 남북나눔운동, 굿네이버스, 한민족복지재단, 유진벨, 월드비전을 선별하였다. 이외에 C.C.C. 북한젖염소보내기운동과 프로젝트사업을 진행하는 조용기심장병원, 평양과기대 설립을 지원한 동북아교육문화협력재단 등은 개발관련 대북지원 단체로 포함한다. 또한 기독교사회책임과 북한정의연대는 자유권 중심의 북한인권운동 NGO로, 두리하나선교회, 모퉁이돌선교회, 열방빛선교회 등은 재중탈북민 신변보호와 북한의 지하교회 지원 등 자유권 관련 인권운동 단체로 보았다. 국내 탈북민의 정착지원을 위한 교육 단체로서는 여명학교, 하늘꿈학교, 한꿈학교를, 취업지원 단체로서는 열매나눔재단, 한국기독교탈북민정착지원협의회(이하 한정협), 함께하는재단 탈북민취업지원센터 등을 포함하였다.

그림 1 한국교회 북한인권운동 구조

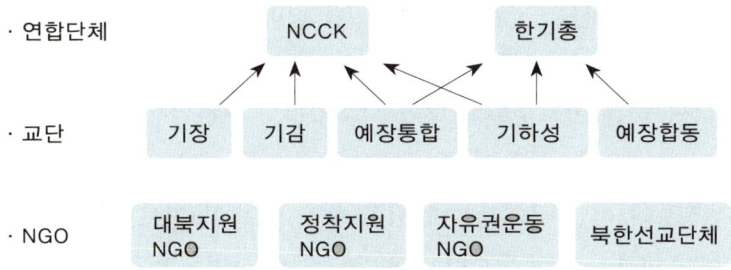

본 연구에서 주목하는 한국교회 북한인권운동은 자유권 보호를 위한 인권운동뿐만 아니라 사회권 중 생존권 보호를 위한 대북지원활동도 포함한다. 북한주민의 인권보호 및 신장을 위해서 모두 필요한 활동이라고 여기기 때문이다. 또한 재외탈북민의 신변안전과 북송반대를 위한 캠페인, 국내 거주 탈북민의 정착지원활동도 북한인권운동

범위에 포함한다. 북한거주민이나 탈북민을 위한 인권개선 활동은 지역에 관계없이 모두 선교를 목적으로 한다는 공통점이 있다. 또한 선교는 사람을 대상으로 하기 때문에 속인주의적 접근이 보다 적합하다고 할 수 있다. 따라서 북한지역주민은 물론 북한지역 이외의 탈북민들을 위한 활동[34]을 선교 목적의 북한인권운동으로 규정하고자 한다. 시기적으로는 직접 방문이 이루어진 1989년부터 2012년까지 4시기로 구분하여 시기별 특징을 살펴보고자 한다.

또한, 북한인권운동분석에서 '선교패러다임에 따른 개신교인들의 사회적 실천'이라는 명제를 규명하기 위해 1970년대 인권운동과 1980년대 통일운동을 살펴보게 될 것이다. 한국사회에서 통일운동은 인권운동과 깊은 연관성을 지니며 분단의 구조적 모순을 해결하기 위해 시도되었다. 북한인권운동에 있어서도 분단구조 변화를 통한 인권보장 차원의 통일운동이 이어지고 있고, 다른 한편에서는 통일을 염두에 둔 북한선교와 그로부터 파생된 북한인권운동이 진행되고 있다. 따라서 본서에서는 인권운동과 통일운동이 맞물리게 되는 한반도 분단구조의 특수성을 염두에 두며 북한인권운동을 조명하게 될 것이다.

한국교회는 인권운동과 통일운동 그리고 북한인권운동에 있어서 성명서와 선언문 등을 통해 신학적 입장을 공식적으로 발표해왔다. 정부로부터 이념 공격과 탄압이 교회 내 보수와 진보 간 다툼이 일어 이에 대한 소명이 필요한 경우, 성명서나 선언문 발표를 통해 의견을 개진할 필요가 있었던 것이다. 본서에서는 이들에 대한 내용 분석을 중심으로 선교관과 대북관에 따른 사회적 실천을 분석한다. 먼저 1970년대와 1980년대 이루어졌던 인권운동과 통일운동을 기초로 북

---

34 서보혁의 연구에서도 북한인권을 북한지역 내의 문제로만 한정할 때 북한인권문제에 대한 대상화의 오류에 빠질 수 있음을 지적하고 있다. 서보혁, 『코리아 인권-북한인권과 한반도 평화』, p. 161.

서장 **27**

한 인권운동에 있어서는 대북관에 따라 북한에 대한 인권운동에 나타나는 행위패턴을 검토하고자 한다. 이를 위해서 역사적 연구와 함께 귀납적 연구를 통한 질적 연구방법을 채택하였다. 또한 문서자료가 불충분하거나 배경에 대한 이해가 필요한 경우 인터뷰를 통한 질적 연구방법을 도입하였다.

제 1 장

한국교회 북한인권운동 분석의
이론적 배경

한국교회 인권운동은 선교패러다임 전환과 함께 본격화되었다. 특히 1970년대에는 노동자와 도시빈민, 농민의 권리보호를 위한 인권운동이 추진되었고 이는 곧 민주화운동으로 발전하게 되었다. 또한 인권운동과 민주화운동 과정에서 이데올로기 공격을 통한 탄압이 지속되자 1980년대에는 기존의 대북관에 대한 근본적인 문제의식을 갖게 되었다. 특히 광주민주항쟁은 분단문제에 있어서 민족차원의 해법을 모색해야 한다고 각성하게 된 계기가 되었다. 대북관 변화와 더불어 통일운동에 나선 진보적 교회는 남북교회의 직접적인 만남을 시도하며 이것은 통일운동의 새로운 지평을 열었다. 1990년대 이후에는 통일운동으로 형성된 남북교회의 연결망을 통해 보수적 교회의 대북지원이 활발해졌다. 이후 북한인권운동의 양상이 다양화되었는데 본 장에서는 한국교회 북한인권운동의 본격적 분석을 위해 사회적 실천을 추동하는 종교적 관념 형성과정을 살펴본다. 또한 북한에 대한 관념이 형성된 배경과 변화를 일으키게 된 역사적 과정도 알아본다.

1. 선교패러다임

　본서에서 선교패러다임은 교회의 선교활동을 규정하는 관념적 신념체계를 설명하기 위한 변수이다. 개신교 선교신학 발전과정에서 등장한 다양한 선교개념들은 시대와 상황에 따라서 교회의 사회적 실천을 규정해왔다. 본 절에서는 선교패러다임의 변화가 교회의 인권운동참여에 중요한 원인이 된 배경을 설명하기 위해 보수적 선교개념과 진보적 선교개념을 간략히 설명하고 이에 따른 사회적 실천을 비교하고자 한다.[1] 보수와 진보 신학을 구분할 때 에큐메니칼(Ecumenical)[2] 과 에반젤리칼(Evangelical)[3]로 이분하기도 하고 여기에 펀더멘탈

---

[1] 한 선교관은 여러 선교개념들로 구성되는데 현실적인 상황 속에서 사회적 실천과정을 통해 구축된다. 선교패러다임은 여러 선교관들을 통칭하는 말로, 토마스 쿤(Thomas S. Kuhn)의 주장과 같이 한 공동체가 공유하는 인식론적 도구이다. 한스 큉(Hans Küng)은 개신교 역사상 신학적으로 다섯 단계의 패러다임 전환국면이 있었음을 주장하였는데, 본 논문에서는 보수적 선교관으로부터 진보적 선교관으로 선교신학적 패러다임 전환이 이루어졌음을 전제한다.

[2] '사람이 사는 온 세상'이라는 그리스 단어 '오이쿠메네'(Oikoumene)로부터 유래한 '에큐메니칼'은 역사적으로 다양한 뜻을 나타냈다. 그러나 단어의 어원적 의미로 '각 처에 있는 모든 교회들 속에 있는 전세계적인교회'라는 의미로 사용된다고 할 수 있다. 말린 벤엘데렌 편, 이형기 역, 『세계교회협의회 40년사』(서울: 한국장로교출판사, 1992), pp. 214-224 재인용. 1910년 에든버러에서 최초로 세계선교대회가 진행되었을 당시만 해도 '에큐메니칼'은 세계선교를 향한 전략적 개념으로 사용되었는데(폴 피어슨, 임윤택 역, 『기독교 선교운동사』, p. 552.) 이후 WCC에서 주도하는 교회연합운동을 지칭하며 진보적 선교를 뜻하게 되었다.

[3] 현대 선교와 관련된 'Evangelical' 혹은 'Evangelism'은 주로 '에큐메니칼'에 대응되는 단어로 사용되고 있다. 1846년 영국에서 결성된 '복음주의 연맹'(Evangelism Alliance 약어로 EA)으로부터 유래를 찾기도 하는데, 1943년 5월 3일 시카고에서 결성된 '미국 복음주의 협의회(National Association of Evangelicals, 약어 NAE)와 1966년 휘튼대회와 베를린대회, 그리고 1974년 로잔대회로 흐름이 이어진다.(김은수, "복음주의 선교와 신학적 과제", 참조.) 이후 1989년 마닐라대회와 2010년 케이프타운대회를 통해 1974년 발표된 로잔언약의 정신을 계승하고자 하였다. 성경에 권위를 부여하는 방식에서는 근본주의적인 견해를 갖지만 선교신학에서 복음전도와 사회적 책임을 동시에 강조하는 점이 특징이다.

(Fundamental)⁴을 추가하여 삼분하기도 한다. 본 연구에서는 인권운동과 유사한 행위유형을 보이는 선교활동이 선교패러다임의 전환에 의해 나타났다는 점을 강조하기 위해 에큐메니칼은 진보적 선교관으로, 에반젤리칼과 펀더멘탈은 보수적 선교관으로 규정한다. 에반젤리칼은 에큐메니칼 운동에 대한 보수 교회들의 신학적으로 대응한 결과라고도 할 수 있기 때문이다.

1) 보수적 선교관

(1) 보수적 선교개념

보수적 선교관은 성경의 중요성을 강조하는 전통에 따라 성경본문 자체로부터 선교의 근거를 찾는다.⁵ 선교학적으로 구약성경은 이스라엘의 민족 종교적 배경뿐만 아니라 창조신학을 통해 인류의 보편적 구원에 대한 근거를 제공한다. 또한 신약성경은 교회 출현에 관한 역사적 기원을 밝히고 있다. 구약성경에서 발견되는 선교학적인 내용은 전체 인류를 염두에 둔 이스라엘 민족공동체 형성이다. 이스라엘이 중심이 되는 역사를 구심적(centripetal) 차원에서 서술하고 있지만 이는 모든 인류를 향한 이스라엘의 원심적(centrifugal) 차원의 선교 사명에서 이해되어야 한다.⁶ 신약성경에서는 민족공동체 이스라엘이 아닌

---

4 1850년대 미국을 중심으로 자유주의 신학에 대한 비판으로 시작된 신학 사조이다. 성서에 대한 무오성을 주장하고 예수의 신성을 주장한다. 자신들의 신학적 입장을 『근본들』(*The Fundermentals*)라는 소책자로 만들어 배포한 데서 유래했다. 배덕만, 『한국 개신교 근본주의』(서울: 대장간, 2010), pp. 18-24.

5 김은수는 보수적 선교신학의 특성을 성서의 절대적인 권위, 개인적인 회심, 전도를 통한 선교, 신앙공동체 형성, 세상과 구분된 삶, 그리스도 재임의 강조 등을 중시한다고 정리하였다. 김은수, "복음주의 선교와 신학적 과제," 한국기독교학회 선교신학회, 『복음주의와 에큐메니즘의 대화』(서울: 다산글방, 1999), p. 47.

6 Charles E. Van Engen, *The Story of God's Mission in the Bible-Announcing The Kingdom*, Baker Academic, 2003, pp. 64-65. 이스라엘 선민사상의 기초가 되는 측

새로운 교회공동체를 통한 구원역사가 선교신학의 기초가 된다.

보수적 선교관에 따르면 선교란 개신교 신앙을 널리 전파하기 위한 활동으로 국내에서만이 아닌 국외에서, 특히 교회가 존재하지 않는 타문화권 지역에서 행하는 활동이다.[7] 이러한 선교활동은 19세기 후반에 시작되어 20세기에 만개한 신앙선교운동(Faith Mission Movement), 성경학교운동(Bible Institute Movement), 그리고 학생자원운동(Student Volunteer Movement 이하 SVM) 등에서 찾아볼 수 있다. 1886년 출범한 무디성경학교(Moody Bible Institute)는 해외 선교지에 파견할 선교사를 훈련시켜 총 5,400명 이상을 세계선교에 참여시켰다. SVM은 "이 세대 안에 세계복음화(Evangelization of the world in this generation)"라는 슬로건을 내걸고 해외선교활동에 집중하였는데, 1891년 제1회 대회부터 1936년 마지막대회까지 2만 500명에 달하는 해외선교사를 파견하였다.

위클리프성서번역협회(Wycliffe Bible Translators 이하 위클리프)와 대학생선교회(Campus Crusade for Christ 이하 C.C.C.)도 이러한 흐름 속에서 출범하여 성경번역과 학생동원에 있어서 대표적인 선교단체로 성장하였다.[8] 이외에 1846년 개신교연맹, 1855년 청년기독교연합(Young Men's Christian Association 이하 YMCA), 1869년 루터교회협의회, 1875년 세계개혁교회연맹(World Alliance of Reformed Churches

---

면이 구심적 서술이라면 모든 인류를 향한 구원의 기초는 원심적 서술에서 찾아볼 수 있다.

[7] 교회의 전통 속에서는 '전도'가 교회의 가장 주된 사명으로 인식되어 왔다. 전도란 마이클 그린의 정의에 따르면 "성령의 능력으로 예수 그리스도를 소개하여 사람들이 그리스도를 통해 하나님을 신뢰하고 그리스도를 자신들의 구주로 영접하고 하나님의 교회의 교제 가운데 그리스도를 그들의 왕으로 섬기게 하는 것이다" 마이클 그린, 『현대전도학』, 박영호 역(서울 : 기독교문서선교회, 1994), p. 17.

[8] 강석현, "프로테스탄트의 선교역사," 한국선교신학회 엮음, 『선교학 개론』(서울: 대한기독교서회, 2004), pp. 112-114.

이하 WARC), 1881년 감리교협의회, 1882년 영국성공회의 램베스협의회, 1891년 회중교회협의회, 1894년 여성청년기독교연합(Young Women's Christian Association 이하 YWCA) 등의 단체도 잇따라 출범하였다.[9] 이러한 전세계를 향한 선교활동은 한국에 개신교가 전래된 것과도 직접적인 관련이 있다.[10] 구한말 북미교회로부터 파송된 선교사들과 근대적 의료기관이나 교육기관도 이 시기 선교활동의 결과이기 때문이다.

(2) 보수적 선교관과 선교활동

국제 개신교 역사에 있어서 보수적 선교관에 따른 선교활동이 가장 활발하게 이루어진 시기는 19세기이다. 독일의 경건주의운동과 영국과 미국의 부흥운동이 개신교 선교의 밑거름이 되어 19세기에는 다양한 선교단체의 출현과 함께 개신교가 남북미, 호주, 아프리카, 태평양 군도, 아시아와 한국으로까지 확장되었기 때문이다.[11] 선교역사를 기록했던 케네스 라투렛(Kenneth S. Latourette)은 1815년부터 1914년까지의 시기를 선교역사상 위대한 세기라고 불렀다.[12] 독일 개신교 선교학의 기초를 마련했던 구스타프 바르넥(Gustav Warneck)에 따르면 선

---

9 이형기, 『세계교회협의회 40년사』, pp. 22-26.
10 강인철은 세계종교질서가 재편되는 가운데 주도권을 행사하게 된 미국교회의 영향 하에 한국 개신교가 형성되었음을 규명하였다. 미국 개신교 교단별 선교정책뿐만 아니라 사회경제적 지위분석을 통해 개신교 내부의 성격도 분석하였다. 강인철, "세계종교질서의 재편과 미국교회의 영향," 『한국기독교회와 국가·시민사회 1945-1960』(서울: 한국기독교역사연구소, 1996), pp. 97-128.
11 19세기 선교활동은 이전 시기 잉글랜드와 스코트랜드, 독일, 스칸디나비아, 스위스, 프랑스, 네덜란드, 그리고 미국 등지에서 일어났던 부흥운동과 관련이 있다고 할 수 있다. 즉, 18세기 각성운동이 19세기 선교활동으로 연결되었던 것이다. 이형기, 『복음주의와 에큐메니칼운동의 세 흐름에 나타난 신학』(서울: 한국장로교출판사, 1999), p. 22.
12 Kenneth Scott Latourette, *A Concise History of the Christian World Mission*, 박광철 역, 『기독교 세계선교사-하』(서울: 생명의 말씀사, 1990), p. 141.

교란 비그리스도인들 속에서 교회를 세우고 조직화하는 것을 지향하는 모든 활동이다.[13] 선교에 대한 이 같은 규정은 보수적 선교관의 대표적인 이해로 19세기 개신교의 지리적 확장을 가능케 한 주요한 선교학적 근거였다. 한국교회의 교회성장과 선교활동 역시 이 같은 보수적 선교관을 기반으로 이루어졌다. 보수적 선교관에 따라 진행된 세계선교의 역사는 후술하는 중요한 선교개념을 고찰하면서 살펴볼 수 있다.

① 이 세대 안에 세계복음화

1910년 스코틀랜드 에든버러(Scotland Edinburgh)에서 개최된 세계선교대회(The World Missionary Conference 이하 WMC)는 SVM운동을 이끌었던 존 모트(John Mott)가 주도하여 개최된 역사적 모임이었다.[14] 교단 선교부와 초교파 선교단체들이 대대적으로 참여한 이 대회에는 미국과 캐나다에서 공식적으로 1,500여명의 대표를 파견하였고 영국과 유럽 선교단체 대표 200여명, 그리고 기타 해외선교사 600여명이 참여한 대규모 선교대회였다.[15] 이 대회의 특징은 전세계 선교현장에서 올라오는 활동보고를 통한 전략회의 성격이 강했다는 점이다.[16] 이 대회는 SVM 슬로건이었던 '이 세대에 세계복음화'를 대회 주제로 삼은 데서 알 수 있듯이 보수적 세계선교를 전망하며 교회와 선교단체의 연합을 추구하는 데 목적이 있었다. 따라서 교회의 연합과

---

13 칼 뮬러, 김영동 외 역, 『현대선교신학』(서울: 한들, 1997), pp. 48-49.
14 당시 '에큐메니칼'은 특정 운동이나 조직만을 지칭하는 단어가 아니고 선교적 의미에서 연합과 일치를 뜻하며 사용되었다고 한다. 폴 피어슨(Paul Pierson), 임윤택 역, 『기독교 선교운동사』(서울: CLC, 2009), p. 549.
15 *World Missionary Conference, 1910: The History And Records Of The Conference*(New York: Fleming H. Revell Company, WMC, 1910), pp. 3-5.
16 폴 피어슨, 『기독교 선교운동사』, p. 552.

일치를 모색하였다는 측면에서 에큐메니칼 운동의 기점으로 여길 수 있다. 그러나 보수적 선교관과 진보적 선교관이 뚜렷하게 차이를 드러내고 있지 않았기 때문에 보수와 진보의 신학흐름이 형성되기 전 개신교 세계선교대회의 시초였다고 할 수 있다.

이후 진보적 선교개념 등장과 함께 선교대회는 세 흐름으로 분화되어 발전하게 된다. 1925년 스톡홀름에서는 윤리에 초점을 맞춘 삶과 봉사운동(Life and Work Movement)이, 1927년 에든버러에서는 신학에 초점을 맞춘 신앙과 직제운동(Faith and Order Movement)이, 그리고 1929년 예루살렘에서는 선교에 초점을 맞춘 국제선교협의회(International Mission Conference: IMC)가 출범하게 되었다.[17] 이후 진보적 선교신학은 지속적으로 새로운 선교개념들을 형성시켰고 이에 반발하여 신학적 입장을 표명하였던 보수적 개신교인들은 따로 선교대회를 개최하게 된다. 이렇게 볼 때 1910년의 에든버러세계선교대회는 19세기에 활발했던 선교활동과 선교회-교회 연합운동의 결산임과 동시에 20세기에 새로운 에큐메니칼운동으로 나가는 계기가 되었다.[18] 1948년 세계교회협의회(World Council of Church: WCC)가 창립된 이후 세계선교는 과거 보수적인 선교관을 유지하려는 흐름과 새로운 선교개념을 통해 패러다임을 전환해 온 진보적 흐름으로 나뉘면서 선교신학적 측면에서는 더욱 다양하게 발전하게 되었다.

한편, 에든버러대회에서는 한국 선교사 마포삼열(Samuel A. Moffet)에 의해 한국선교 현황보고가 이루어지기도 했는데, "복음화 사역에서 현지 교회가 차지하는 위치"(The Place of the Native Church in the Work of Evangelization)를 발표하며 한국교회 성장의 특징을 소개하였다. 에든버러대회의 8주제들 중 "1. 모든 비기독교 세계에 대한 복음

---

17 폴 피어슨, 『기독교 선교운동사』, pp. 552-553.
18 칼 뮬러, 김영동 외 옮김, 『현대선교신학』(서울 : 한들, 1997), pp. 150-153.

전도, 2. 피선교 지역의 교회, 3. 피선교 국가의 기독교화와 관련된 교육,"[19] 등은 한국선교와도 밀접한 관련이 있는 주제였다. 마포삼열은 한국에서의 성공 배경으로 성경 중심 신앙, 재정 자립 추구, 현지 지도자 육성 등을 꼽았다. 특히 현지교회가 주체적으로 선교활동을 수행할 수 있도록 현지에서의 지도자를 발굴하고 훈련한 것이 성공의 핵심이었다고 강조하였다.

> 어느 지역을 완전히 복음화시키는 일은 외국인 선교사에 의해서가 아니라 복음을 전하는 현지인 목사와 복음 전도자, 기독교 사역자와 교사가 있는 현지인의 교회에 의해서만 효과적으로 달성되리라는 것입니다…그 교회는 현지인 일꾼들을 통해서 그리고 한국교회와 자원해서 나선 현지 사역자들의 지원을 받는 현지인 목사와 복음 전도자에 의해 전국 복음화를 향해 신속히 진군하고 있는 것이다.[20]

구체적으로 한석진 목사, 길선주 목사 등의 사례가 소개되었는데 한민족에 대한 포교활동을 위해서는 이들과 같은 훈련된 지도자가 책임 있게 교회를 성장시켜야 한다고 주장하였다. 여기서 선교사의 역할은 교회들을 순회하며 밀접한 관계를 유지하지만 현지 교회 지도자들이 주체적으로 선교활동에 나서도록 도와야 한다고 하여[21] 선교 현지 출신의 지도자를 세우는 방식을 강조했다.

---

19 *World Missionary Conference, 1910: The History And Records Of The Conference*, pp. 11-12.
20 마포삼열, 이용원 역, "복음화 사역에서 현지 교회가 차지하는 위치," 장로회신학대학교출판부, 「선교와 신학」 25집, 2010년, p. 324.
21 마포삼열, 앞의 글, pp. 333-334.

② 한 족속, 한 복음, 한 과제

에든버러선교대회가 교회 간 선교 협력을 목표로 개최된 이후 제1차 세계대전이 발발하기까지 약 4년여 동안 서구교회가 중심이 된 식민지 선교활동이 활발하게 이어졌다. 이러한 선교는 피식민지 국가에 서구 중심적 개신교 문화가 이식되는 방식으로 진행되었는데, 세계대전 종료 후 선교방식에 대해 비판적 자성이 일면서 IMC가 새롭게 조직되고 1928년에는 예루살렘대회가 개최되었다.[22] 이후 1938년 탐바란(Tambaran)대회, 1947년 휘트비(Whitby)대회, 1952년 빌링겐(Willingen)대회로 이어졌던 선교대회는 1961년 뉴델리(New-Delhi)대회에서 진보적인 WCC와 통합되었다. IMC가 세계선교와복음화위원회(Commission on World Mission and Evangelism 이하 CWME)로 개편된 이후로도 세계선교대회는 WCC와의 관련 속에서 지속적으로 개최되었다.

그러자 보수적 선교단체들과 교회들은 WCC와 무관하게 기존의 선교관을 유지하면서 세계선교를 추진해갈 별도의 모임을 필요로 하게 되었고 1966년 4월 미국 일리노이주 휘튼대학(Wheaton College)에서 교회세계선교대회(The Church's Worldwide Mission)가, 10월에는 베를린에서 세계복음화회의(World Congress on Evangelism)가 열리게 된다. 이 두 대회는 흩어져 있던 보수적 선교단체와 교회가 한 자리에 모여 선교신학을 재점검하고 선교현장에서의 성과를 토론하는 자리로서 의미가 있었다.[23] 특히 진보적 선교신학이 활발하게 발전하면서 새로운 선교 개념들이 제시되자 전통적인 방식대로 성경으로부터 선교의 동기를 이끌어 내려는 노력이 필요하게 되었다.

---

22 임희모, "에든버러 선교사대회와 한국교회의 선교신학 정립," 한국기독교학회 선교신학회, 「선교신학」제27집, 2011년, p. 256.
23 김은수, 『복음주의와 에큐메니즘의 대화』, p. 215.

휘튼대회와 베를린대회에서의 선언은 기존 보수적 선교관을 거듭 확인하는 내용으로 채워져 있다. 1952년 빌링겐대회에서 하나님의 선교가 소개된 이후 보수적 선교방식을 정당화할 필요가 있었던 것이다. 선교가 성경 자체의 권위에 기초하고 있으며 교회의 설립이 선교활동 중 우선된다고 보는 보수적 선교관을 재확인하였다. 휘튼선언을 채택하게 된 동기에 대해 선언문은 다음과 같이 설명하고 있다.

> 확실성을 필요로 한다. 많은 에반젤리칼 개신교인들은 불안하고 걱정스럽다. 어떤 이들은 이 변화의 시대에 성서적 증언들의 타당성을 확신하지 못한다. 왜 우리는 마음과 힘, 그리고 자원을 다음 세대 모든 족속과 민족과 나라를 향해 그리스도를 증거하는 일에 쏟아야 하는가? 이 불확실성이 우리로 하여금 교회의 성서적 선교에 다시 초점을 맞추는 선언문을 작성하도록 요청한다. 우리는 우리의 확신을 분명히 밝혀야 한다.[24]

또한 미국 개신교 주요 잡지인 「크리스채너티 투데이」(Christianity Today) 창간 10주년을 기념해 열린 베를린대회는 미국 보수적 대중전도 지도자 빌리 그레함(Billy Graham)을 주축으로 100개 국 이상으로부터 1,100여명이 참석하여 열린 대표적인 보수적 선교대회였다.[25] 이 대회에서는 WCC의 선교대회 흐름에 있어서 선교에 대한 성경의 권위가 실추되고, 교회의 최우선적 사명이 사회개혁에 치중되는 등 개신교 본질과는 멀어 보이는 선교관이 대두하자, 선교에 대한 성경

---

[24] http://www2.wheaton.edu/bgc/archives/docs/wd66/b05.html Billy Graham Center Archive 검색일 2013년 3월 10일. 필자 역.
[25] 김은수, 『현대선교의 흐름과 주제』, p. 210.

적 개념을 확인하며[26] 현대 포교활동의 시급성이 재차 강조하였다. 당시 대회참석자들은 WCC가 제시하는 진보적 선교개념의 영향으로 사회적 구원과 개인적 구원의 연관성을 인식하고 있었지만 대회의 주된 관심사는 보수적 선교관에 입각한 세계복음화에 맞추어져 있었다. 1910년 에든버러대회의 주제였던 '이 세대 안에 세계복음화'가 베를린대회에서도 여전히 중요한 선교 관심사였던 것이다.

③ **복음전도와 사회적 책임**

1966년 베를린대회에서 사회적 책임과 선교의 관련성 문제가 제기되어 인종차별이나 현지교회의 지역사회 책임 등의 문제가 거론되었지만[27] 포교활동과 사회적 책임이 본격적으로 검토된 것은 1974년 로잔대회부터이다. 1974년 7월 16일에서 25일까지 스위스 로잔에서 개최된 세계복음화국제대회(The International Congress on World Evangelization 이하 로잔대회)에는 148개국으로부터 2,473명이 개인 자격으로 참가하였다.[28] 빌리 그레함이 주도적으로 이 대회를 준비하였고, 영국의 신학자 존 스토트(John Stott)가 로잔언약의 신학 작업을 주관하였다.

존 스토트는 포교활동과 사회적 책임은 동시적으로 추구되어야 한다고 하여 베를린대회에서의 포교 우선 입장을 변경시켰다. 로잔대회는 1973년 CWME 방콕대회에서 인간화를 추구하는 활동까지 선교

---

26 Carl F. H. Henry & W. Stanley Mooneyham ed., *World Congress on Evangelism, Berlin 1966*, Ⅰ Vol., (Minneapolis: World Wide Publications, 1967), p. 6.
27 Carl F. H. Henry & W. Stanley Mooneyham ed. Ibid., Ⅰ Vol., pp. 5-6, Ⅱ Vol. p. 173.
28 이 대회에서는 선교에 있어서 에큐메니칼 진영보다 개신교 교회정체성을 더욱 강화시키는 바탕 위에 사회적 책임을 감당해나갈 것을 주장하는 신학적 토론과 성명서가 채택되었다. 김은수, "복음주의 선교와 신학적 과제," p. 40.

로 받아들인 것에 대해 사회구원보다 개인의 영혼구원을 위한 선교를 주장한 다소 방어적 성격의 대회였다. 그러나 대회에서 채택된 대회 선언문격인 로잔언약은 이전의 보수적 선교관을 확장시켜 진보적 선교관에 따른 개념들을 수용하는 듯 보이는 내용을 담고 있다. 즉, 선교에 있어서 포교와 함께 사회적 책임을 감당하는 일도 중요하다는 점을 분명히 밝히고 있는 것이다. 총 15항목으로 구성된 로잔언약은 다음과 같이 보수적 선교관을 반영하면서도, 5항에서 그리스도인의 사회적 책임을 명시하여 포교와 더불어 사회적 책임의 중요성을 강조하였다.

> 우리는 하나님이 모든 사람의 창조주이시요, 동시에 심판자이심을 믿는다. 그러므로 우리는 인간 사회 어느 곳에서나 정의와 화해를 구현하고 인간을 모든 종류의 억압으로부터 해방시키려는 하나님의 관심에 동참하여야 한다. 사람은 하나님의 형상대로 창조되었기 때문에 인종, 종교, 피부색, 문화, 계급, 성 또는 연령의 구별 없이 모든 사람은 천부적 존엄성을 지니고 있으며, 따라서 누구나 존경받고 섬김을 받아야 하며 착취당해서는 안 된다. 이 사실을 우리는 등한시해 왔고, 때로 전도와 사회 참여를 서로 상반된 것으로 여겼던 것을 뉘우친다. 물론 사람과의 화해가 곧 하나님과의 화해는 아니며 또 사회 참여가 곧 전도일 수 없으며 정치적 해방이 곧 구원은 아닐지라도, 전도와 사회 정치적 참여는 우리 그리스도인의 의무의 두 부분임을 인정한다.[29]

창조주 하나님에 대한 신앙 고백에 이어 정의와 화해의 구현, 그리고 인간의 억압으로부터의 해방이 하나님의 관심이라고 규정한 내용

---

29 로잔위원회 www.lausanne.org 참조. 검색일 2013년 3월 15일.

은 진보적 선교개념인 하나님의 선교를 연상시킬 정도로 유사하다. 인간 존엄성은 차별 없이 추구되어야 하는 천부적인 가치이며 이를 등한시하여 포교활동과 사회적 책임을 상반된 것으로 여겼던 태도를 반성하고 있는 점과 사회 참여가 곧 포교일 수 없다고 못 박고는 있지만 사회 정치적 참여가 개신교인들의 의무라고 본 점 등은 과거 보수적 선교관에서는 찾아볼 수 없었던 내용들이다. 이러한 로잔언약의 내용에 대해 평가가 분분했지만, 이후 발표된 1982년 그랜드래피즈(Grand Rapids) 보고서[30], 1983년의 휘튼보고서[31], 그리고 제2의 로잔대회로 알려진 1989년 마닐라대회선언문[32] 등에서 존 스토트의 문제제기에 대한 보수적 교회의 입장이 정립되었다. 이후 포교 활동과 사회적 책임이 동시에 추구해야 할 선교적 과제임은 보수적 선교관을 바탕으로 사회적 책임을 실천하는 보수적 교회의 선교적 입장으로 수용되고 있다.

마닐라대회(Manilla Conference)는 1989년 7월 11-21일 열린 세계복음화대회이다. 170여 개국으로부터 3,000여명이 참여하였고 '그리스도께서 다시 오실 때까지 그를 선포하라', '온 교회가 온 세상에 온전한 복음을 전하라는 부름'이라는 두 개의 주제로 진행되었다. 1974년 로잔대회에서 로잔언약이 발표된 후 15년 만에 마닐라선언문(The

---

30 로잔대회 이후 존 스토트 주도 하에 '복음과 사회적 책임'이라는 주제로 1982년 미국 그랜드래피즈에서 모여 로잔언약의 제4항(복음전도의 본질)과 제5항(그리스도인의 사회적 책임)을 중심으로 논의하였다. 존 스토트 편, 한화룡 역, 『그랜드래피즈보고서: 복음전도와 사회적 책임』(서울: 두란노, 1986).
31 휘튼선언에서 특기할 만한 사항은 교회는 구호적 차원에서만 아니라 필요하다면 구조적 개혁까지도 실천해야 한다고 하여 로잔언약에서의 논의 차원을 확장시킨 점이다. "The Wheaton '83 Statement", Vinay Samuel, Christopher Sugden ed., *The Church in Response to Human Need*(Grand Rapids, Mich.: W.B. Eerdmans Pub. Co., 1987), pp. 254-265.
32 마닐라대회선언문 내용은 조종남 편, 『로잔 세계복음화 운동의 역사와 정신』(서울: 한국기독학생회출판부, 1990), pp. 69-92.

Manila Manifesto)이 채택되었는데 그랜드래피즈 보고서에 이어 포교와 사회적 책임 문제를 중요한 선교 과제로 인식하고 있음을 알 수 있다. 또한 하나님의 선교에서와 같이 교회보다 하나님 중심의 선교관이 중시되었는데, 이에 더하여 성령의 역할이 강조되면서 오순절교회와 정교회 등과의 협력 가능성이 열리게 되었다.

(3) 보수적 한국교회의 사회적 실천

전쟁 후 한국교회는 1952년 1월 14일 각 교파가 연합한 재건연구위원회를 조직하고 교회재건 활동에 들어갔다. 미국 장로교와 감리교, 그리고 성결교단의 대표들이 방한했고 교회 건축뿐만 아니라 전쟁 이후 피폐한 사회적 환경 속에서 교육, 의료, 출판, 농촌 등 전반적인 사회복구 사업을 위한 지원이 이루어졌다.[33] 1950년대 한국 개신교에서는 전후복구사업을 통한 미국교회와의 협력을 바탕으로 미국 선교사들의 영향력이 일제강점기 때보다 더욱 커지게 된다. 그러나 이들 선교사들이 미국교회 중 주로 근본주의적(Fundamental)이고 교파주의적인 보수적 교회를 배경으로 한 데 비해 미국교회협의회(National Council of Churches of Christ in the U.S.A.: NCCC U.S.A.)는 점점 탈냉전적 질서를 지향하고 선교 현지 교회들의 독립과 토착화 선교를 지원하는 입장으로 전환하고 있었다.[34]

한국에서 활동하던 선교사들의 보수화 영향으로 한국교회는 당시

---

[33] 김양선, 『한국기독교 해방 10년사』(서울: 대한예수교총회종교교육부, 1956), pp. 91-92.
[34] 특히 미국 북장로교는 1956년 초 레이크모혼크회의에서 '선교활동의 3단계론'에 따라 선교국 선교부로부터 선교지 토착교회로 모든 선교사업의 주도권을 넘긴다고 결정했지만 선교사들이 크게 반발하는 상황이 벌어졌는데, 선교국의 변화된 선교정책과 선교지의 선교사들의 입장이 달랐음을 알 수 있다. 대한예수교장로회, 『총회회의록』(서울: 대한예수교장로회, 1956), p. 66.

탈냉전 흐름을 만들고자 시도했던 WCC와 진보적 신학을 받아들인 미국교회들과 갈등을 빚기도 하였다.[35] 한국교회에 대한 보수적 선교사들의 영향은 1960년대 이후 비교적 자유주의신학의 영향 하에 탈교파주의적이며 사회참여적인 선교를 지향하는 선교사들로 세대교체가 이루어지기까지 지속되었다. 보수적 선교사들의 영향이 지배적인 가운데 해방 직후와 한국전쟁기 공산주의를 경험한 개신교인들은 자유주의체제 수호를 위해 반공주의에 입각하여 적극적으로 교회를 신축하였고 지속적인 양적 확장을 꾀하였다.[36]

한국교회 민족복음화운동은 공산주의에 대항하는 운동으로 출범했다고도 할 수 있다. 장로교 합동 측은 1만 교회 운동을 전개하였고, 통합 측은 연 300교회 개척운동을 펼쳤다. 또한 감리교는 5,000교회 100만 신도운동을, 성결교는 1만 교회 300만 신자 운동을 벌였다. 교세확장에 큰 관심을 보이지 않았던 장로교 기장측도 1974년 당시 1984년까지 2,000교회로 성장하겠다는 목표를 수립하였다.[37] 또한 1973년 5월 미국의 빌리 그레함 목사를 초청하여 여의도 광장에서 대형전도집회를 개최하였는데 한국 개신교 주요 교단들이 대부분 참여한 가운데 연인원 약 2백만 명이 참여하는 대규모 집회였다.

'5천만을 그리스도에게'라는 주제로 모인 첫날 집회에서 한경직 목사는 "이 역사적인 한국대회를 계기로 5천만 우리 겨레가 서로 사랑

---

35 신종철, 『한국장로교회와 근본주의』(서울: 그리심, 2003), pp. 162-169.
36 한국교회 교단분열에는 선교국 교회의 종교지형 변화에 따른 보수 진보 갈등이 배경이 되었다는 분석이 있다. "해방 후 장로교와 감리교 중심의 지역분할구도가 붕괴하면서 미국 남침례교 등 근본주의적이고 친 NAE, ICCC 계열의 거대교파들이 한국의 기존 소교파와 제휴하는 방식으로 진출한 후 엄청난 예산을 투입하면서 세력을 급속히 확장했던 것도 분열을 가속화한 중요한 요인 가운데 하나였다." 강인철, 앞의 책, p. 127.
37 한국기독교역사학회 편, 『한국기독교의 역사 Ⅲ』(서울: 한국기독교역사연구소, 2009), p. 127.

하고 깨끗하고 아름다운 통일된 나라를 건설하도록 성령의 새로운 역사가 일어나도록 하자"[38]고 역설하였다. 5천만을 우리 겨레로 규정한 데서 알 수 있듯이 당시 한국교회는 북한을 민족복음화의 대상으로 여기고 있었다.

이어 1974년 8월에는 한국대학생선교회(Korea Campus Crusade for Christ: C.C.C.)주최로 여의도 광장에서 엑스플로대회가 열렸다. 국제대학생선교회 총재 빌 브라이트(Bill Bright)를 초청한 이 대회는 전세계 90여 개국으로부터 3천여 명이 참가한 국제적 전도 집회였다. 또한 1977년 8월에도 77민족복음화성회가 여의도 광장에서 열렸다. 앞선 두 차례 걸친 대형 집회가 외국 저명인사를 초청한 집회였다면 이는 한국의 교역자들이 중심이 된 행사였다. 약 80만 개신교인들이 운집한 이 대회는 1907년 평양대부흥 70주년을 기념하여 다시 한 번 민족부흥을 기원하는 집회였다.[39]

이러한 1970년대 교세확장을 위한 노력들은 상당히 효과적이었다. 1950년도 총인구 20,188,641명 중 개신교 교인 수는 500,198명(2.5%)이었는데 1970년에는 총인구 31,435,252명 중 3,192,621명(10.2%), 1980년에는 37,406,815명 중 7,180,627명((19.2%)[40]으로 1970년대 두 배에 달하는 극적인 성장을 보인 것이다. 그러나 이후 통계청 인구센서스에 따르면 1995년 8,760,336명(19.7%), 2005년 8,616,438명(18.3%)으로 집계되어 정체 혹은 감소현상을 나타내었다.[41]

---

38 김인수, 『한국 기독교회의 역사』(서울: 장로회신학대학교출판부, 1997), p. 666 재인용.
39 김인수, 앞의 책, pp. 665-667 참조.
40 한국종교사회연구소, 『한국종교연감』(1995)와 한국기독교교회협의회, 『기독교연감』(1970), 문화공보부, 『종교법인 및 단체현황』(2011) 참조.
41 통계청 자료에 따르면 1995년 국내 인구는 44,553,710명, 2005년 47,041,434명

한국교회의 교세확장에서 개신교 주요 교단인 장로교와 감리교, 성결교와 침례교, 그리고 오순절교단 등 보수적 신학전통을 기반으로 하는 교파의 성장이 중요했다.[42] 이러한 양적 성장을 이룬 교회들은 1989년 여행자유화 조치가 이루어지자 이를 계기로 해외 선교에도 많은 관심을 갖고 참여하게 된다. 1970년대에는 한 해에 100명이 되지 않던 해외선교사의 수가 1980년대에 급증하여 1,000명을 넘어섰고, 1996년에는 4,402명으로 급증하였던 것이다.[43] 한국교회는 2000년대에 이르자 미국교회 다음으로 많은 선교사를 파송하게 된다.[44]

한국세계선교협의회(The Korea World Missions Association, KWMA)가 2013년 1월에 발표한 자료에 따르면 2012년 현재 한국 개신교 파송선교사는 총 25,665명으로 집계되었다. 이는 39교단과 214선교단체를 대상으로 조사한 것으로 교단 파송 선교사는 총 11,024명, 선교단체 파송 선교사 14,641명이다.[45] 이러한 수치는 한국교회가 인적, 물적 선교자원을 동원하며 미국교회와 함께 현대의 세계선교를 이끌고 있음을 나타내는 대표적 지표이다.

선교사 파송지역에 있어서는 1960년대까지 동남아시아와 대만에 집중되었는데 1970년대부터는 해외 거주 한인들을 상대로 포교활동을 벌이면서 북미, 유럽, 일본, 호주, 아르헨티나 등지로 확대되었다.

이다. 검색일 2013년 1월 10일. http://kosis.kr/gen_etl/start.jsp?orgId=101&tblId=DT_1IN0505&conn_path=K1

42 같은 시기 사회참여 신학을 바탕으로 하는 진보적 교단인 기독교장로회는 양적 성장은 이루지 못했다. 이는 개인구원보다 하나님의 선교 원칙에 입각한 민주화와 인권운동 참여 등 진보적 선교관에 입각한 활동에 전념하였기 때문이다. 한국기독교역사학회편, 『한국기독교의 역사 Ⅲ』, p. 118.

43 한국선교정보연구센타(편), 『한국선교 핸드북』(서울: 한국해외선교회출판부, 1996), pp. 23-28.

44 로잔국제복음화운동에서 발표한 미국 파송 선교사 수는 2010년 현재 46,381명으로 보고되었다. 「국민일보」 2010년 5월 9일.

45 한국세계선교협의회, 『2013-2016 한국선교백서』(서울: 선교타임즈, 2013)

1980년대에는 아프리카, 중동, 인도로 1990년대 들어서는 중국과 러시아를 비롯한 동구권 국가들로 선교사 파송지역이 계속 확대되어 왔다.[46] 그러나 해외 선교에서 교회들의 경쟁적 선교활동으로 양적 성장은 단시간에 이룰 수 있었던 반면 선교 현지에서 선교사들 간 협력보다 이해관계에 따른 마찰과 갈등이 빚어지는 등 폐단이 발생하기도 했다. 또한 교회나 교단, 선교단체들이 임의로 선교사를 파견하게 되면서 선교사의 전문성이 문제시되기도 하였다.[47]

아시아, 아프리카, 라틴 아메리카 등 저개발 지역에서는 선교사들이 현지인들의 문화나 전통을 중시하지 않고 과거 서구 교회 선교사들과 동일하게 선교 제국주의적 태도로 임하는 사례도 나타났다.[48] 이러한 선교활동에 대해 비판이 일자 선교지에서 균형 잡힌 선교신학을 수립하여 타문화에 대해 바른 관점을 가져야 한다거나 선교지 내의 협조체계 구축 및 선교사 선발과 훈련 과정을 통제해야 한다는 등 선교전략 수립에 대한 반성이 일어나기도 했다.[49]

한편, 한국교회의 양적인 성장을 이끌던 보수적 교회들 중 80년대 후반 민주화운동을 경험한 교회들을 중심으로 90년대 들어서면서 사회적 책임에 대한 각성이 일어났다. 복음주의를 기반으로 하는 사회참여운동이 출범했다고 할 수 있는데, 기독교윤리실천운동본부(이하 기윤실)[50]와 경제정의실천시민연합(이하 경실련)[51]이 출범하여 개신교

---

46 한국선교정보연구센타(편), 앞의 책, pp. 24-25.
47 박종구, 『세계선교, 그 도전과 갈등』(서울: 신망애출판사, 1994), pp. 85-93.
48 김은수, "한국교회 해외선교정책," 「한국기독교와 역사」, 28호(2008년 3월), pp. 28-32.
49 박기호, 『한국교회 선교운동사』(LA: Iam, 1999), p. 296. 이태웅, 『한국교회의 해외선교』(서울: 죠이선교회출판부, 1997), pp. 26-27.
50 기독교윤리실천운동 www.cemk.org 참조.
51 경제정의실천시민연합 www.ccej.or.kr 참조. 경실련은 경제정의의 실현이라는 목표로 1989년 출범했다. 당시 부동산투기와 재벌, 노사관계 등의 경제문제를 사회이

시민운동으로 발전하게 된 것이다. 이는 세계선교대회에서 제시된 진보적 선교관의 도전으로 보수적 선교관을 근거로 한 로잔운동이 대두된 맥락과 유사하다. 한국 개신교 내에서도 포교활동과 더불어 사회적 책임을 감당하는 것이 선교의 공통된 목표라는 인식 하에 사회참여 운동이 시작된 것이다.[52] 이러한 활동은 2000년대 와서 더욱 다양한 사회 부문별 운동으로 본격화되었는데 본서에서는 분석대상으로 다루지 않는다.

2) 진보적 선교관

본서에서 진보적 선교관이란 보수적 선교관으로부터 선교패러다임이 전환되어 형성된 선교관을 일컫는다. 1952년 빌링겐(Bilingen)에서 열린 IMC 총회에서 등장한 하나님의 선교(Missio Dei)는 당시 보수적 선교관을 완전히 뒤바꾼, 즉 패러다임 전환을 가져오게 한 새로운 개념이었다. 이후 1968년 WCC 웁살라총회, 1973년 방콕 CWME총회 등을 거치면서 진보적 선교관이 구축되었다. 20세기 초 세계선교 전략을 논의하기 위해 시작되었던 연합운동은 점차 진보적인 에큐메니칼운동으로 발전하는데 1948년 WCC가 출범하기 이전 세 흐름이 통합되면서 형성되었다.

진보적 선교관은 이전 시기의 선교활동에 대한 반성과 비판을 토대로 새로운 선교적 필요를 반영한 것이다.[53] 세계대전이 끝나고 서구

    슈화하며 시민운동으로 발전하였다.
52 기윤실 운동은 이후 개신교 내의 사회운동 단체들이 출범하는 기반이 되었다. 동일한 맥락에서 2000년대 공의정치실천연대(www.justkorea.or.kr), 좋은교사운동(www.goodteacher.org), 기독법률가회(www.clf.or.kr), 교회개혁실천연대(www.protest2002.org), 성서한국(www.biblekorea.org) 등 NGO 활동이 시작됐다.
53 한스 큉, 『현대선교의 흐름과 주제』(서울: 대한기독교서회, 2010), p. 11.

국가뿐만 아니라 제3세계에 속하는 교회들이 국제개신교조직에 합류하게 되면서 신생국 교회가 선교현지에서의 사회적 구원문제를 제기함에 따라 선교에 대한 근본적인 도전이 이루어졌던 것이다. 세계교회들은 한 사회 내에서의 구조적 문제나 국가 혹은 세계체제 내에서 정의를 실현하는 문제를 인간의 구원과 분리시켜 다룰 수 없는 상황에 직면하게 되었다. 보수적 선교관을 통해서는 답을 얻지 못한 문제들을 해결하기 위해 진보적 선교개념들이 등장했고 진보적 선교관에 따른 사회적 실천은 인권운동을 비롯한 사회개혁 운동으로 나타났다. 한국의 진보적 교회도 이러한 영향을 받았고 나아가 한국사회가 처한 특수한 상황을 재해석하는 고유의 선교신학도 구축하게 되었다.

(1) 진보적 선교개념

현대의 대표적 신학자 중 한 사람인 칼 바르트(Karl Barth)가 1932년 4월 독일교회 선교대회였던 브란덴부르크선교대회(Brandenburg Missionary Conference)에서 행한 "신학과 현대선교"(Die Theologie und die Mission in der Gegenwart)[54]라는 강연은 이전 세기에 이루어졌던 선교활동에 대한 신학적 평가였다. 여기서 바르트는 인간적인 선교 동기와 목적에 대해 전적으로 비판하며 교회의 주인이신 하나님의 선교 의지와 명령만이 추구되어야 한다고 주장하였다. 1934년 출판된 『증인으로서의 그리스도인』(Der Christ als Zeuge)에서 하나님은 선교를 주도할 뿐만 아니라 선교의 근원이며, 인간은 단지 증인으로서의 선교적 사명을 받는다고 주장한다.[55] 바르트는 또한 "교회의 본질은 파송

---

54 Karl Barth, "Die Theologie und die Mission in der Gegenwart," *Zwischen den Zeiten 10*(1932), pp.189-215. 김은수, 『현대선교의 흐름과 주제』, pp. 55-58.
55 김은수, 앞의 책, p. 57 재인용.

을 받고, 선교를 위해 세워지는 데 있다"[56]고 하는 선교적 교회론을 제시하였다. 이러한 선교적 교회론은 교회가 속한 사회 내에서 특정 역할을 하도록 하는 신학적 배경이 되었는데 세계선교대회를 통해 제시되었던 대표적인 개념들을 살펴보면 다음과 같다.

① 하나님의 선교

1952년 7월 독일 빌링겐에서 열렸던 IMC총회에 관한 독일어보고서 중 "신학적 각성"(Theologische Besinnung)이라는 글에서 칼 하르텐슈타인(Karl Hartenstein)은 'Mission Dei'라는 라틴어를 처음 사용하였다.[57] IMC총회에서 있었던 선교신학적 논의들을 요약하면서 사용한 이 용어는 이후의 선교대회에서 기존의 보수적 선교개념에 대응하는 핵심적인 개념으로 자리 잡게 된다.

> 선교란 단순히 개인의 회심이나 주님의 말씀을 향해 복종하는 것만을 뜻하지 않는다. 그것은 또한 공동체의 회집에 대한 의무만을 뜻하는 것이 아니라, 구원받은 전 피조물 위에 그리스도의 주권을 세우려는 포괄적인 목표를 가지고 아들의 보내심, 즉 하나님의 선교(Missio Dei)에 참여하는 것이다.[58]

---

56 데이비드 보쉬, 『변화하고 있는 선교』(서울: 기독교문서선교회, 2000), pp. 552-554.
57 하르텐슈타인은 빌링겐대회 참가 보고서를 작성하면서 'Missio Dei' 용어를 사용하여 대회 때 제기되었던 선교 이슈들을 정리하였는데 불행하게도 곧바로 불의의 사고로 사망함에 따라 그 용어의 해석은 후켄다이크에 의해 발전된다. 김은수, "Mission Dei의 기원과 이해에 대한 비판적 고찰", 「신학사상」Vol. 94, 1996년 가을 호, pp. 142-164.
58 Karl Hartenstein, "*Theologische Besinnung*", 김은수, 『현대 선교의 흐름과 주제』, p. 125에서 재인용.

하나님의 선교에 참여하는 선교란 선교의 주도권이 교회나 인간에게 있지 않다는 것을 의미한다. 즉, 선교는 하나님 자신에 의해 이루어지고 교회는 선교를 위한 도구라는 인식이다. 또한 선교의 주된 목적은 교회를 세우고 개인의 영혼을 구원하는 일만이 아니라 모든 세상 속에서 이루어지는 하나님의 창조활동에 봉사하는 것이라는 주장이다. 불행히도 빌링겐총회 이후 하르텐슈타인이 급작스럽게 타계하여 용어에 관한 정확한 해석은 불가능하게 되었지만 이후 다양한 선교이론들이 쏟아져 나오는 계기를 제공하였다.[59] 하나님의 선교에 따르면 선교의 목표는 하나님의 나라가 교회 안에서만 이루어지도록 하는 것이 아니고 역사적으로, 교회 밖 온 세상 속에 이루어지도록 하는 것이다.

그림 1-1 선교구조의 변화

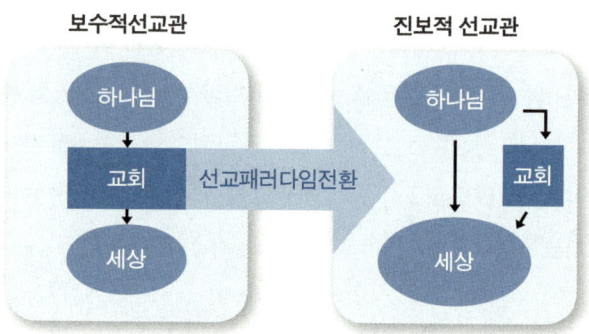

후켄다이크(C. Hoekendijik)는 이전 시기 교회 중심적 선교를 맹렬히 비판한 대표적 인물이다. 그는 이 세상 속에서 이루어지는 하나님의 창조사역에 교회가 협력자로서 역할을 한다고 보았다. "역사가 선교의 결정적인 콘텍스트라고 하는 사실을 꼭 인식해야 한다…교회는

---

[59] 김은수, "Mission Dei의 기원과 이해에 대한 비판적 고찰", 『신학사상』 Vol. 94, 1996년 가을 호, pp. 142-164.

어떤 점에서도 자신을 선교의 주체로 여길 수 없고 선교의 유일한 제도화된 형태로 여겨질 수도 없다"[60]고 하였는데 이는 선교가 단순히 지리적 확장을 통해 완성되는 것이 아니고 역사상 등장한 모든 문화적 활동 속에 관여하는 것임을 주장한 것이다.

또한 교회란 역사과정에서 등장하는 제도의 한 부분이기 때문에 선교활동에 있어서도 주체라고 볼 수 없고 단지 도구로서 일정한 역할을 하는 조직이라고 보았다. 후켄다이크에게 하나님의 선교는 세계를 향한 하나님의 총체적 지향성을 의미했다. 그는 세계평화를 위한 활동 전체를 광의의 선교로 해석하였다.[61] 따라서 현실 세계 속에서 발생하는 정치적, 경제적, 사회적 부정의(不正義)에 대항하며 사회적 약자들을 돌보는 활동 모두가 하나님의 선교에 참여하는 것으로 여기게 되었다.

② 인간화

선교가 인간화를 추구하는 활동이란 견해는 1968년 웁살라 WCC 총회를 기점으로 본격 등장하였다. 당시 세계는 미국, 독일, 프랑스, 일본 등지에서 반정부운동이 거세게 일어났을 뿐만 아니라 체코슬로바키아 프라하(Prague)에서는 알렉산더 두브체크(Alexander Dubček)를 중심으로 변혁운동을 벌였지만 소련군의 무력진압으로 실패하는 사건이 발생했다.[62] 동서진영을 막론하고 사회변혁운동이 활발했는데 이러한 운동들은 대부분 빈곤, 차별, 착취, 소외, 억압 등 사회적 문제

---

60 이형기, 『WCC, Vatican II, WARC 해방신학 및 민중신학이 지향하는 교회의 사회참여』(서울: 성지출판사, 1990), p. 33.
61 테오 순더마이어, 『선교신학의 유형과 과제』(서울: 대한기독교서회, 1999), pp. 108-109.
62 체코의 정치변동에 대해서는 진승권, 『동유럽 탈사회주의 체제개혁의 정치경제학 1989-2000』(서울: 서울대학교출판부, 2003), pp. 273-276 참조.

가 부상하며 기성세대 및 기존질서에 대한 거부감이 표출되면서 발생했다. 또한 기술의 발전과 세속화 심화로 지성인들이 반개신교 및 반교회적인 도전을 하는 상황이었다.[63] 뿐만 아니라 제3세계 신생국 교회들이 경험하는 빈곤과 개발, 종속 문제 등이 해방신학으로 구체화되면서 서구 개신교국가들에 대한 불신감은 더욱 확산되었다.[64]

세계교회는 이 같은 상황에 대응하기 위한 노력의 일환으로 제3세계 출신 교회지도자들이 대거 참여한 웁살라총회에서 사회정의와 인간성 회복을 위한 주제로, '보라, 내가 만물을 새롭게 하리라'를 정하고 선교의 목표를 새롭게 검토하게 된다.[65] 인간화 문제, 정의와 평화 문제, 인종 차별 문제 등을 다루었고 빈익빈 부익부의 세계적 확산 속에서 구조화된 비인간화 현상을 개선하는 노력이야말로 선교의 일차적 과제로 보았다.[66] 선교의 우선순위를 결정하는 기준도 첫째, 학대받고 가난하며 무력한 사회적 약자들 편에 서는가? 둘째, 사회적 책임을 지기 위해 구조문제에까지 관심을 기울이는가? 셋째, 이러한 기준들이 다른 사람들과 함께 인간성 성취를 향해 협력할 수 있도록 하는 최적의 조건들인가? 등 세 가지를 구체적으로 제시하였다.[67]

다른 한편, 1952년 빌링겐 IMC총회 이후 1961년 WCC는 IMC와 기구적으로 통합하였는데 교회협의체와 선교협의체가 공통의 과제를

63　황순환, "에큐메니칼 선교신학," 한국선교신학회 엮음, 『선교학 개론』(서울: 대한기독교서회, 2004), p. 268.
64　구스타보 구티에레즈(Gustavo Gutierez)는 1969년 몬트리올 대회에서 '발전의 의미'라는 논문을 발표하였다. 이는 후에 *A Theology of Liberation-History, Politics, and Salvation* (Maryknoll, New York: Orbis Books, 1973)이라는 제목으로 출판되어 해방신학의 대표작이 되었다. 이 또한 당시 시대상을 반영한 신학적 고민의 결과였다. 구스타보 구티에레즈, 『해방신학』(서울: 분도출판사, 2000).
65　안승오, "'인간화'개념의 기원과 방향," 「신학과 목회」제25집, 2006년 4월, p. 264.
66　세계교회협의회, 이형기 역, 『WCC 역대총회 종합보고서』(서울: 한국장로교출판사, 2003)
67　세계교회협의회, 이형기 역, 앞의 책, p. 267 참고 재구성.

위해 협력해야할 필요를 발견했기 때문이다. 즉, 선교적 과제를 수행함에 있어서 교회의 일치를 도모해야 했고 교회는 또한 선교를 위해 존재한다는 목표가 통합의 명분을 제공했다. 여기에는 "교회는 타자를 위해 존재할 때만이 진정한 교회이다"(*Being for Others*)[68]라는 본회퍼(Bonhoeffer)의 교회론이 반영되어 있다. 웁살라총회 제2분과 보고서는 선교의 갱신을 주제로 하였는데 '선교에 있어서 교회는 타인을 위한 교회'라는 항목을 두어 다음과 같이 설명하고 있다.

> 선교하는 교회는 도처에 있는 모든 사람들, 즉 복음을 듣지 못한 사람들이나 복음을 이미 접한 사람들, 그리고 자신들은 의식하지 못하지만 타인을 위하여 섬기는 사람들, 주님의 이름을 부르나 선교를 외면하는 사람들, 나아가 교회를 거부하나 여전히 새로운 인간성을 기대하고 있는 사람들 모두를 위한다. 교회는 타인을 위한 것이므로 교회의 선교는 사람들에게 도전하고 또 그들을 포용해야 한다.[69]

웁살라총회의 보고서는 『타자를 위한 교회』라는 단행본으로 출판되었고 이후 교회와 선교의 관계를 규명하는 선교신학적 근거가 되고 있다.[70] 선교적 교회론 이외에 본회퍼는 하나님의 선교에 있어서 핵심이라 할 수 있는 샬롬(Shalom) 개념을 소개하였다.[71] 세계 속에서 활동하시는 하나님의 인간화운동은 결국 샬롬을 추구하는 운동이며 교회의 선교에 있어서 주된 관심사가 되어야 한다는 것이다. 후켄다이크 역시 세계 속에서 인간화를 위해 노력하는 과정이 바로 샬롬의 과정이라

---

68 김은수, 『현대 선교의 흐름과 주제』, p. 229에서 재인용.
69 세계교회협의회 엮음, 이형기 옮김, 『세계교회협의회 역대총회 종합보고서』(서울: 한국장로교출판사, 2003), p. 264.
70 김은수, 『현대 선교의 흐름과 주제』, p. 229.
71 김은수, 앞의 책, p. 228.

고 보았다. 교회가 세상 속에서 인간화를 실현해가는 구체적 현장에서 그리스도의 현존이 나타난다는 것이다. 이때 교회는 하나님의 손 안에 있는 도구로 존재하고[72] 교회들은 상호 협력해야 한다고 하였다.

인간화 혹은 샬롬을 선교의 본질로 이해한 것은 당시 세계적으로 심화되는 비인간화 현상을 해결하기 위한 노력의 발로였다. 그러나 이 같은 진보적 개념이 수용되기 시작하면서 또 다른 이슈들이 등장했다. 제3세계 국가들의 교회에 마르크시즘이 수용되는가 하면 정의를 위해서 폭력 사용이 정당화될 수 있는가 하는 문제가 제기된 것이다.[73] 웁살라총회에서 제기된 인간화와 샬롬은 남미에서는 해방신학 출현에 단초를 제공한 반면 맥가브란(Donald Anderson McGavran)과 피터 바이엘하우스(Peter Beyerhaus) 등 보수적 학자들로부터는 큰 반발을 샀다.[74]

③ 오늘의 구원

1972년 12월 27일부터 1973년 1월 12일까지 방콕에서 열린 CWME(Commission on World Mission and Evangelism)는 오늘의 구원을 주제로 하였다. 신학에서 가장 핵심적인 개념인 구원 문제를 다루게 된 것이다. 하나님의 선교와 인간화가 선교에서 중요한 개념으로 등장하면서 전혀 새로워진 선교패러다임을 통해 구원의 문제가 제기되자 보수적 선교관을 지니고 있었던 기존의 개신교 진영과는 더욱 견해차가 커졌다. 방콕 CWME에서는 교회가 구체적인 상황 속에서

---

[72] 데이비드 보쉬, 『변화하고 있는 선교』(서울 : 기독교문서선교회, 2000), p. 572.
[73] 이형기, 앞의 책, p. 239.
[74] 안승오, 앞의 글, p. 269. 웁살라총회의 입장에 반발한 신학자들은 1970년 3월년 프랑크푸르트선언을 발표하게 된다. 그 과정에서 바이엘하우스는 '선교의 근본위기'라는 제안 글을 통해 보수적 선교관의 재구축을 주장했는데 이는 진보적 선교관과 보수적 선교관의 양극화를 반영하였다. 김은수, 앞의 책, pp. 237-242.

정치적 행동을 취하는 것도 넓은 의미의 선교활동으로 수용하기 시작했다.[75] 즉, 개인의 영혼구원 뿐만 아니라 사회적 실존에 있어서 구원을 추구할 때 필요하다면 정치적 저항운동도 가능하다고 밝힌 것이다. 경제적 착취와 억압 반대, 인간의 존엄성 추구, 소외를 넘어서는 연대, 인간의 삶을 좌절시키는 상황과의 투쟁 등 일련의 사회운동이 구원을 위한 활동이라는 주장이다.

인간의 구원이 현실 세계 속에서 소외를 낳는 구조적 문제의 해결과 무관하지 않다는 구원관은 교회의 사회참여를 지지하는 신학적 배경이 되었다. 개인 영혼의 구원에서 인간사회와 피조물 전체의 구원으로, 즉 개인구원에서 사회구원으로 구원의 개념이 확대되면서 경제적 정의, 정치적 자유, 문화적 갱신 등 제반 구조악에 대항하는 활동이 정당화되었다. 방콕 CWME의 분과위원회 S. II, '구원과 사회정의 보고서'에 나오는 다음의 내용은 교회의 사회참여를 지지하고 있음을 보여준다.

> 구원이란 사람들에 의한 사람들의 착취에 항거하여 경제적 정의를 위해서 투쟁하는 것이다. 구원이란 인권에 대한 정치적 억압에 항거하여 인간의 존엄성을 위해서 투쟁하는 것이다. 구원이란 인간소외에 항거하여 소외된 무리와 연대감을 갖기 위해서 투쟁하는 것이다. 구원이란 개인의 삶 속에 도사리고 있는 절망에 항거하여 희망을 불러일으키기 위해서 투쟁하는 것이다.[76]
>
> 구원이란 주 예수 그리스도께서 개인들을 죄와 죄의 모든 결과로부터 해방시켜 주는 것이다. 또한 구원이란 예수 그리스도께서 그의 교회를

---

75 데이비드 보쉬, 앞의 책, p. 587.
76 *Bangkok Assembly 1973*(WCC: Publications Service, 1973), p. 99. 이형기, 『복음주의와 에큐메니칼운동의 세 흐름에 나타난 신학』, p. 142에서 재인용.

통하여 이 세상을 이 세상의 모든 억압으로부터 자유케 하시는 작업이다.[77]

구원은 일차적으로 개인을 대상으로 이루어지지만 개인 혹은 교회 안에 국한되지 않고 교회가 속한 지역사회를 변화시키는 보다 넓은 차원을 포함한다고 보는 것이다. 또한 선교란 억압하는 쪽이 아닌 억압받는 자들 편에 서는 것이며 이를 위해서 사회적 연대를 추구하게 된다고 보았다. 이 같은 내용은 보수적 선교관의 관점에서 볼 때 계급투쟁적 역사관인 마르크스-레닌(Marx-Lenin)주의를 수용한 것으로 이해되었고 이에 대한 비판적 입장에서 로잔대회가 열렸던 것이다.

연이어 개최된 1975년 나이로비 WCC총회에서는 교회가 인권을 유린하는 구조적 부정의(不正義)에 대해 투쟁해야 한다고 주장했다.[78] 또한 구조화된 악, 구조적 부정의 사례를 구체적으로 제시하며 직접적으로 인권문제를 다루었다. 분과보고서 '부정의의 구조와 해방을 향한 투쟁'은 인권, 성차별, 인종차별에 대한 것으로 보고 신학적 근거를 정리하였다. 인권에 있어서는 살아야 할 기본권, 자결권, 문화적 정체성 및 소수자들의 권리, 공동체 내에서 의사결정에 참여할 권리, 분리할 수 있는 권리에 관한 인격적 존엄성에 대한 권리, 종교적 자유에 대한 권리 및 기독교적 책임 등을 논의하였다. 이 중에서 인권에 대해 신학적으로 정리한 부분을 살펴보면 다음과 같다.

> 우리의 인권에 대한 관심은 하나님께서는 모든 사람들이 완전한 인권을 행사할 수 있는 사회를 원하신다고 하는 확신에 근거하고 있다. 모든

---

77 *Bangkok Assembly 1973*, 앞의 책, p. 102. 이형기, 앞의 책, p. 140에서 재인용.
78 *Breaking Barriers Nairobi 1975*, ed. by David M. Paton(London: S.P.C.K., WM.B. Eerdmans, 1976), p. 11. 이형기, 앞의 책, p. 250에서 재인용.

> 인간은 하나님의 형상대로 창조되었기에 하나님 앞과 사람 앞에서 모든 사람들은 평등하며 존귀하다…이처럼 하나님의 의지와 사랑은 만민을 위해서 의도된 것이고, 인권을 위한 기독교인들의 투쟁은 예수 그리스도에 대한 근본적인 응답이다. 복음은 우리로 하여금 우리의 사회 속에서 일어나고 있는 인권의 유린들을 확인하며 바로잡는 일에 있어서 더욱더 활동적이 되도록 한다.[79]

1975년 나이로비총회에서는 인권 기준에 대한 구체적인 신학적 근거를 마련하였다. 특히 구조적 부정의가 반영된 구조악은 자본주의 병폐인 경제적 불의가 그 바탕이 된다고 보았는데 해방신학의 주장과 같은 맥락이다.[80] 죄는 영혼에 국한되지 않고 사회적이고 역사적인 사실이며 집단적인 차원에서 구조화되어 있기 때문에 이러한 죄로부터의 자유는 정치적 해방으로 나타나야 한다는 주장이다. 여기서 착취와 인간소외에 대한 투쟁은 인간의 이기적 욕망을 배제하고 인간에 대한 사랑을 완성하는 과정으로 본다. 정의로운 사회를 만들기 위한 노력은 곧 인간 해방을 위한 것이며 이는 곧 구원의 과정 속에 포함된다는 것이다.[81] 인간의 구체적 삶의 조건을 개선하기 위해 싸우는 현실에서의 투쟁 역시 인간소외의 극복을 위한 구원활동으로 보는 진보적 구원관이라 할 수 있다.

---

79 *Breaking Barriers Nairobi 1975*, p. 102-115, 이형기, 앞의 책, p. 251에서 재인용.
80 이형기, 『복음주의와 에큐메니칼운동의 세 흐름에 나타난 신학』, p. 250. 해방신학에서 주장하는 해방이란 "압제적 구조, 인간에 의한 인간의 착취, 민족들과 인종들 사이에 또 사회계급 사이의 지배와 노예제도 속에" 존재하는 죄로부터의 해방이다. 구스타보 구티에레즈, 『해방신학』, p. 205.
81 구스타보 구티에레즈, 앞의 책, pp. 206-208.

표 1-1 주요 선교대회에서의 선교개념 변화

보수적 선교	진보적 선교
에든버러 세계선교대회(WMC, 1910년) "이 세대 안에 세계복음화"	
빌링겐 IMC(1952년) – 하나님의 선교: "교회의 선교적 의무"	
뉴델리 WCC총회(1961년) – IMC 와 WCC 통합: "예수 그리스도–세상의 빛"	
휘튼교회세계선교대회와 베를린세계복음화회의(1966년) "한 족속, 한 복음, 한 과제"	WCC 웁살라총회(1968년) – 인간화: "보라 내가 만물을 새롭게 하노라."
프랑크푸르트선언(1970년) "선교의 근본위기"	CWME 방콕대회(1973년) – 오늘의 구원 "오늘의 세계에 있어서 구원"
로잔세계복음화대회(1974년) – 로잔언약 "복음전도와 사회적 책임"	WCC 캔버라총회(1991년) – 한국교회 통일문제, 북한교회 초청 "오소서, 성령이여 만물을 새롭게 하소서"
마닐라세계복음화대회(1989년) "그리스도께서 오실 때까지 그를 선포하라," "온 교회가 온 세상에 온전한 복음을 전하라는 부름"	WCC 하라레총회(1998년) – 희년 "하나님께 돌아가자, 소망 중에 기뻐하자"
케이프타운세계복음화대회(2010년) "믿음과 행동의 요청에 대한 선언"	WCC 부산총회(2013년) "생명의 하나님, 우리를 정의와 평화로 이끄소서"

* 김은수(1999, 2010), 이형기(1992, 1993, 2003, 2011)를 참조하여 재구성.

(2) 진보적 선교관과 인권운동

선교패러다임의 전환에 따라 새롭게 구축된 진보적 선교관은 개신교인들이 인권운동에 나서게 된 관념적 근거를 제공하였다. 일반 역사를 하나님이 개입하는 선교의 장으로 이해한 대표적 신학자는 네덜

란드의 후켄다이크이다. 그는 교회의 목적이 전도를 위한 것이 아니며, 교회는 "이 세상에 샬롬을 세우기 위한 하나님의 손에 있는 도구"라고 말한다. 교회는 오직 선교를 목표로 할 때 참된 교회가 될 수 있다는 것이다. 그러므로 후켄다이크는 교회가 자신의 존재 목적인 선교를 등한시하며 교회 자체의 존립이나 확장, 교단의 이해를 추구하는 등의 일에 더 큰 관심을 두는 것은 잘못이라고 비판한다.[82]

이와 더불어 진보적 선교관에 따르면 교회는 선교를 위해 존재하는데 구원은 교회 안에서만 아닌 세상 속에서, 역사과정 속에서 성취되는 것으로 본다. 또한 선교활동은 억눌리고 가난한 민중과의 연대를 통해서 이들의 보편적 인권을 위해 봉사하는 일이라고 보았다. 이 같은 진보적 선교관은 남미와 한국에서 해방신학과 민중신학으로 발전하였다.

한편, 하나님의 선교에는 특별한 소명을 받은 사람만이 참여하는 것이 아니고 모든 사람들이 온 세상을 향하여 부르심을 받는다고 한다.[83] 그런 의미에서 진보적 선교는 좁은 의미의 개종을 의미할 뿐인 보수적 선교와 차이가 있다. 또한 진보적 선교관에 따른 역사이해는 교회를 통한 구원성취로서의 역사가 아닌 인류 역사의 완성을 통한 하나님의 선교의 완성이라는 점에서 종말론적이다. 하나님 자신이 선교주체이며 교회는 하나님의 선교를 돕는 도구이므로 교회를 통하지 않고도 직접적인 하나님의 개입이 가능하다고 본다. 그러므로 소외된 사회적 약자들을 위한 인권운동과 사회구조를 변혁시키는 운동은 하나님의 선교에 포함된다는 것이다. 이러한 진보적 선교관은 한국교회

---

[82] 정승현, "하나님의 선교, 세상, 그리고 샬롬-요하네스 후켄다이크의 선교신학", 장로회신학대학교 세계선교연구원,「선교와 신학」24집, 2009.8, pp. 255-256.
[83] 테오 순더마이어,『선교신학의 유형과 과제』, pp. 23-27.

인권운동과 통일운동 설명하는 데에도 관념적 기초가 된다.[84]

표 1-2 선교패러다임과 선교개념 비교

선교개념	보수적 선교관	진보적 선교관
선교란	해외(타문화권)에서의 포교활동	샬롬화
선교의 주체	교회	하나님
선교목적	개인구원	사회구원
선교활동	교회설립 및 신앙교육	인권, 민주화, 생태환경 등 사회운동
교회의 역할	선교의 주체	하나님의 선교 도구

2. 대북관

선교패러다임이 교회의 사회적 실천을 규정하는 관념적 기초였다면 대북관은 북한인권운동에 있어서 행위유형에 영향을 미치는 근거라고 할 수 있다. 한국교회의 대북관은 보수적 대북관인 반공주의적 대북관과 진보적 대북관인 통일신학적 대북관으로 대별할 수 있다. 대북관 형성에는 현실적인 경험을 토대로 한 이념적 확대재생산이 크게 영향을 미쳤다. 1970년대까지 한국교회를 지배하던 대북관은 반공주의적 대북관이었다. 1980년대 진보적 교회를 중심으로 통일운동이 이루어지면서 새롭게 통일신학적 대북관이 등장했다. 대결주의

---

[84] '샬롬'(Shalom)은 평화를 뜻하는 히브리 단어이다. 세계선교대회에서 샬롬이 신학적 개념으로 수용된 것은 본회퍼가 '타자를 위한 교회'(Being for others)에서 '하나님의 선교' 핵심내용으로 소개하면서 부터이다. 샬롬은 마음속의 평안만이 아닌 사회적인 사건으로 나타나는 구체적인 인간화의 과정을 뜻한다. J. C. Hoekendijk, *Kirche und Volk in der deutschen Missionswissenschaft*, (München: 1967), 김은수, 『현대선교의 흐름과 주제』, pp. 230-231 재인용.

를 바탕으로 한 반공주의 대북관이 경험적으로 형성되고 지속적인 학습과정을 통해 굳어졌다면 통일신학적 대북관은 분단구조 개혁을 위해 동원된 개신교 윤리의 실천과정에서 구축되었다. 통일신학적 대북관은 1990년대 시작된 북한인권운동에 다양한 방식으로 영향을 미쳤다. 본 절에서는 보수적 대북관과 진보적 대북관이 형성된 역사적 과정을 살펴보고 그에 따른 사회적 실천이 어떻게 이루어졌는지 알아보고자 한다.

1) 보수적 대북관

(1) 반공주의적 대북관

한국교회 반공적 대북관 형성에는 유물론과 유신론의 이념대립 이외에도 북한지역에서 전격적으로 실시된 토지개혁과 남북을 오가며 겪은 한국전쟁 등 물리적이고 폭력적인 충돌이 크게 영향을 미쳤다. 월남 개신교인들은 북한에서 공산주의 정권의 탄압을 피해 이남행을 선택했는데 이들의 대북관은 체험적으로 형성되었다고 할 수 있다.[85] 또한 한국전쟁 이후 세계적 냉전질서가 구축되는 가운데 반공을 국시로 내세우며 출현한 국가권력과 밀착하며 반공주의 이념이 재생산되었다.

첫째, 한국교회가 공산주의에 대해 갖게 된 근본 인식은 공산주의는 유물론을 바탕으로 반종교정책을 펼칠 뿐만 아니라 종교 말살정책을 꾀한다는 것이다. 개신교인들은 공산주의가 주창하는 무신론적 유

---

85 공산정권의 탄압을 직접 체험한 개신교인들의 대북관은 보수적 대북관의 기초가 되어 뿌리깊은 대결적인 반공주의 경향을 나타냈다. 김경재는 이를 '체험적 공산주의'로 규정했다. 김경재, "분단시대 한국교회의 보수적 반공주의와 진보적 민족주의 간의 대립에 대한 비판적 성찰," 『아레오바고 법정에서 들려오는 저 소리』(서울: 삼인, 2005), p. 426.

물론과 개신 공존할 수 없다고 보았는데 단순한 사상적 지향의 차이를 넘어 종교적으로 배타적인 태도를 가졌다. 이 같은 태도는 해방 직후 교회가 적극적으로 반공운동에 나서게 된 배경을 설명한 김양선의 글을 통해 확인할 수 있다.

> 교회는 완전한 조직체를 가지고 있을 뿐 아니라 기독교 신앙과 배치되는 공산주의와는 근본적으로 적대관계에 있음으로 그들과 더불어 끝까지 싸울 수밖에 없었고 이 싸움은 신(神) 대 악마(惡魔)의 투쟁으로 인정되기 때문에 언제나 자신만만한 싸움을 전개할 수 있었고, 공산주의의 교회 내에의 침투를 방지하는 소극적인 투쟁보다는 공산주의가 이미 침투되어 있는 일반사회 속으로 뛰어 들어가 공산주의의 나쁜 점을 설파함으로써 일반 대중을 악마의 손에서 구원해내는 적극적인 투쟁을 전개하였다…교회는 먼저 공산주의를 배격하는 이유를 명백히 하였다.
>
> 가. 공산주의는 무신론을 주장하기 때문에
> 나. 공산주의는 유물론에 입각하여 인간적 유물적으로 보기 때문에
> 다. 공산주의는 반종교, 반기독(反基督)이기 때문에
> 라. 공산주의는 폭력혁명과 독재를 하기 때문에
> 마. 공산주의는 인간의 자유를 구속하고 세계를 뢰옥화(牢獄化)하기 때문에
> 바. 공산당이 한국을 지배하게 되는 때에는 한국은 소련의 지배를 받겠기 때문에 교회는 지도자들을 총동원하여 반공투쟁의 지도의 임(任)에 당(當)케 하는 일방(一方), 전신도(全信徒)를 전도운동에 총동원시켰다. 그것은 전 국민이 그리스도인이 되는 때에는

공산주의는 자연히 이 땅에서 추방되겠기 때문이었다.[86]

　유물론에 입각해서 계급혁명을 내세우는 공산주의는 개신교에 대해 반대하고 인간의 자유를 구속할 뿐만 아니라 폭력혁명과 계급독재를 통해 현실 세계를 장악하려는 악마의 화신으로 여겼음을 알 수 있다. 토지개혁이나 한국전쟁을 통해 공산주의를 경험했던 개신교인들은 반공운동이 곧 신앙을 지키기 위한 운동이라 여겼다.
　이러한 공산주의 이해는 휴전협상이 진행될 당시 휴전을 반대하는 입장에서 확인할 수 있다. 1953년 한국교회협의회가 주관한 구국기독신도대회에서 채택된 성명서에서는 휴전협정체결을 놓고 "마귀와의 타협을 강요하는 것과 다를 것이 없다…왜 자유세계는 공산주의와 유화하여야 하며 그 제물로 한국이 희생되라고 요구하는지"[87] 받아들일 수 없다고 항의하였다. 또한 같은 날짜로 표기된 〈아이젠하워 대통령에게〉라는 문건에서는 공산주의에 대해 '영구히 회개할 수 없는 마귀'로 규정한 후 "영원히 설득되지 않을 공산주의자들을 회유하려는 노력 대신에…공산주의의 위협이 없는 통일을 성취시키는 데 힘써"[88] 달라며 휴전에 반대하였다. 공산주의에 대한 종교적 적대감이 실려 있음을 알 수 있다.
　둘째, 해방 직후 공산주의자들과 교회의 갈등은 북한지역에서 취했던 일련의 개혁조치들을 통해 더욱 현실화되었고 개신교인들의 공산주의에 대한 대결의식도 고취되었다. 토지개혁으로 인한 개신교회 피해 상황에 대해서는 해방직후 북한교회사를 다루고 있는 연구들을 참조할 수 있다. 이들 연구에서는 북한 지역에서 공산주의자들과 부딪

---

[86] 김양선, 『한국기독교해방10년사』, pp. 131-132.
[87] 김양선, 앞의 책, p. 142.
[88] 김양선, 앞의 책, p. 143.

했던 보다 근본적인 이유가 이념과 종교의 대립 이외에 계급갈등이 직접적이었다고 보고 당시 개신교인들의 경제적, 사회적 배경을 분석하였다.[89] 공산주의자들과의 종교적 대립이 현상적 갈등이라면 계급갈등은 정치적이고 경제적인 세력 갈등이었다는 것이다.

> 사회주의적 경제체제로 변화하면서 종교의 물질적 기반이 붕괴되어 특정 종교가 큰 어려움을 겪었다는 것은 사회주의가 부정하는 경제체제를 기반으로 그 종교가 존재했었다는 것을 증명하는 셈이 된다. 정작 토지개혁에 희생된 쪽은 교회나 사찰이 아니라 땅을 가졌던 교인들이었다. 이런 점에서 교인 중에 지주가 많은 개신교는 토지개혁의 가장 큰 피해자였다.[90]

신앙의 자유를 보장한다는 소련군 성명서[91]나 김일성의 20개조 정강[92] 등에는 종교의 자유를 보장한다는 취지가 천명되어 있었지만 개혁정책으로 개신교인들의 경제적 토대가 위협받고 정치적 세력다툼

---

89 김양선, 『한국기독교해방10년사』, 김홍수 편, 『해방후 북한교회사』, 한국기독교역사연구소 북한교회사집필위원회, 『북한교회사』, 사와 마사히코, 『남북한기독교사론』, 김성보, 『남북한 경제구조의 기원과 전개』, 김홍수, 류대영, 『북한종교의 새로운 이해』, 강인철, 『한국의 개신교와 반공주의』등을 참고할 수 있다.
90 김홍수, 류대영, 『북한종교의 새로운 이해』(서울: 다산글방, 2002), p. 75.
91 종교의 자유를 언급하는 문건들에는 1945년 9월 20일 발표된 북조선 현지 당국 및 주민과 소련군의 상호관계에 관하여 극동지역 소련군 총사령관 연해주 군관구 및 제25군 군사회의에 보낸 적군 최고총사령부의 훈령 7항, 1945년 10월 12일 발표된 북조선 주둔 소련 25군사령관 성명서 1조, 1946년 3월 23일 발표된 북조선 임시인민위원회 정강 3항, 5항, 1946년 8월 29일 발표된 북조선노동당 강령 7, 8, 10항 등이 있다.
92 1946년 3월 23일에 발표된 '20개조 정강' (3)에는 "전체 인민에게 언론, 출판, 집회 및 신앙의 자유를 보호할 것. 민주주의적 정당, 로동조합, 농민조합 기타 민주주의적 사회단체의 자유로운 활동조건을 보장할 것"이라는 규정을 두어 명목상으로는 종교의 자유를 보장한다고 했다. 『김일성저작집』(평양: 조선로동당출판사, 1979), pp. 125-126.

이 치열해지면서 개신교와 공산주의자들의 충돌은 피할 수 없게 되었다. 한국교회의 공산주의에 대한 태도를 역사적으로 연구한 일본인 학자 사와 마사히코(澤正彦)는 해방 직후 북한지역에서 공산주의정권과 마찰을 다음과 같이 계급갈등의 결과로 보았다.

> 그러나 이북의 기독교도의 유력 멤버 중에는 대지주가 아니더라도 중소의 지주가 다수 있었다고 생각되므로 무상 몰수, 무상 분배를 원칙으로 한 토지개혁이 계급적으로 중산계급에 속했던 그들에게 큰 타격이었던 것으로 추측된다…토지개혁 때 반혁명 계급으로서 희생되었던 약 35만 명 중에 크리스챤들도 적지 않게 포함되었을 것이라 추측된다.[93]

1946년 2월 8일 북조선임시인민위원회가 출범하면서 3월에 진행한 토지개혁은 단시일 내 북한 전역에서 실시되었다.[94] 북한지역의 토지개혁은 무상몰수 무상분배의 원칙에 따라 농민들에게 토지소유권이 분여되는 방식으로 이루어졌다.[95] 결과적으로 지주계급과 부농층

---

93 사와 마사히코, "해방 이후 북한지역의 기독교," 김흥수 엮음, 『해방후 북한교회사』 (서울: 다산글방, 1992), p. 19.
94 북한지역 토지개혁에 대한 심층 분석은 김성보의 연구에서 이루어졌다. 그에 따르면 소련군정에 의해 주도된 토지개혁은 1045년 11월 23일 발생한 '신의주 반공학생 사건'을 계기로 북한 지역에서 반공세력의 주요한 사회경제적 기반인 지주제를 해체해야 한다는 인식이 뚜렷해짐에 따라 전격적으로 실시되었다. "평안북도에서 대지주들이 가장 많이 거주하고 있는 신의주에서 사회민주당이 지주층의 이해를 반영하는 정강을 주장한 점, 그리고 이 정당이 사실상 반공 학생 사건의 배후라는 인식은 결국 북한에서 강력한 지지 기반을 창출하기 위해 우익의 사회경제적 토대인 지주제를 해체하는 결정으로 직결되었다." 김성보, 『남북한 경제구조의 기원과 전개』(서울: 역사비평사, 2000), p. 127.
95 1946년 3월 5일 발표된 '북조선 토지개혁에 관한 법령'에 따라 실시된 개혁조치는 일본국가, 일본인 및 일본인 단체의 소유지에 관한 것이었고 일제 정권기관에 적극 협력했던 이들의 소유지, 그리고 월남인들의 토지까지 포함하였다. 지주계급의 토지 범위는 5정보를 초과하는 경우로 한정하였다.『김일성저작집』(평양: 조선로동당

이 몰락하였는데 개신교인들 중에는 부르주아나 중소산업인, 상업경영자, 중소지주, 그리고 인텔리 등이 많아 피해를 보는 경우가 많았다.[96] 특히 평안남북도 지역은 민족주의자, 산업자본가, 지주를 기반으로 하는 개신교의 거점지역이었다.[97] 토지개혁으로 인해 지주제가 몰락하면서 권력의 중심이 농민과 사회주의 진영으로 넘어가자[98] 생존을 위협받는 상황에서 이들 개신교인들은 소련군이나 사회주의정권에 대항하기보다 이남 행을 택하였다.[99]

한편 같은 해 1946년 11월 3일 예정된 북조선 도시 군인민위원회 선거일을 앞두고 일요일 선거에 대한 항의성 결의문이 채택되기도 했다.[100] 1945년 12월 초경, 결성된 이북5도연합노회(이하 연합노회)는 1946년 11월 선거를 앞두고 10월 20일 5개 조항으로 된 결의문을 발표하였다.

출판사, 1979), pp. 101-104.
96 사와 마사히코, "해방 직후의 북한사회와 기독교",「평화통일연구모임 자료집 1」, , 한국기독교역사연구소 북한교회사집필위원회,『북한교회사』(서울: 한국기독교역사연구소, 1996), p. 385에서 재인용.
97 김성보의 연구에서는 '한국의 예루살렘'이라고 불릴 정도로 개신교가 강한 지역이었던 평안북도 선천군의 사례를 통해 개신교 지지기반이었던 민족주의와 자본주의, 그리고 지주들의 세력약화 과정을 분석하고 있다. 김성보, 앞의 책, pp. 164-168.
98 토지개혁을 통해 토지를 소유하지 못했던 빈농들은 상당수 사회주의정권의 지지기반이 되었다. 토지개혁 당시 농민동맹원 수는 108만 3,985명이었으나 개혁 이후 144만 2,149명으로 증가했고, 조선공산당원 수도 1945년 12월 4,530명에 불과했으나 1946년 8월 36만 6천여 명으로 급증하였다. 손전후,『우리나라 토지개혁사』(평양: 과학·백과사전출판사, 1983), p. 257.
99 해방 직후의 지주나 부르주아 계층은 대부분 일제하에서 친일 혹은 부일 세력이었다. 토지개혁뿐만 아니라 8월 실시된 국유화법령 등의 조치로 일제청산 조치가 취해지자 일제하에서 관리를 지냈거나 지주였던 이들은 월남의 길을 택할 수밖에 없었다. 김흥수, 류대영,『북한종교의 새로운 이해』(서울: 다산글방, 2002), pp. 72-74.
100 시와 마사히코, "해방 이후 북한지역의 기독교," pp. 22-25.

1. 성수주일을 생명으로 하는 교회는 주일에는 예배 이외의 여하한 행사에도 참가하지 않는다.
2. 정치와 종교는 이를 엄격히 구분한다.
3. 교회당의 신성을 확보하는 것은 교회의 당연한 의무요 권리이다. 예배당은 예배 이외에는 여하한 경우도 이를 사용함을 금지한다.
4. 현직교역자로서 정계에 종사할 경우에는 교직을 사면해야한다.
5. 교회는 신앙과 집회의 자유를 확보한다.[101]

이러한 조치는 11월 3일 일요일로 예정되어 있었던 공직선거가 개신교의 종교적 자유를 침해한다고 여긴 교회의 반응이었다. 주로 서북지역의 보수적 교단 중심이었던 연합노회 측에서 개신교에 대한 종교의 자유 침해로 여겼다. 개혁조치들과 더불어 일요일 선거 거부 같은 사건들은 개신교인들에게 신앙의 자유 보장에 대한 깊은 회의를 갖게 하였고 공산주의를 표방하는 정권에 대한 불만을 증폭시켰다. 더구나 강양욱[102]을 중심으로 1946년 봄 북조선기독교연맹(11월 북조선기독교도연맹으로 개칭, 이하 조기련)[103]이 결성되어 개신교인들에게 가입하라는 압력이 가해지자 개신교인들의 이남행이 가속화되었다.

셋째, 한국교회 반공주의는 한국전쟁을 통해 강화되었고 이후 반공주의의 재생산 과정에서 더욱 고착화된다. 전쟁 기간 중 북한 점령지역에서 발생한 개신교인들에 대한 대량학살과 투옥, 그리고 교회당

---

101 김양선, 『한국기독교해방10년사』, p. 68.
102 강양욱은 김일성의 외척으로 정권 초기 비서, 인민위원회 서기 등으로 활약하며 공산주의정책에 적극 협조하였다.
103 1946년 11월 3일 일요 선거와 관련 개신교회들이 연합한 이북5도연합노회가 반대 입장을 표명하자 기독교도연맹 이름으로 다음과 같은 성명을 내기도 했다. "1. 우리들은 김일성 정권을 절대 지지한다. 2. 우리들은 이남 정권을 인정하지 않는다. 3. 교회는 민중의 지도자가 되는 것을 공약한다. 4. 그러므로 교회는 선거에 솔선 참가한다." 김양선, 『한국기독교해방10년사』, p. 56.

과 기관 건물의 파손 등은 개신교인들이 공산주의에 대해 이념적 차원을 넘어서서 현실적 적개심을 갖도록 하는 경험이었다. 한국전쟁은 남북개신교 지형에 변화를 가져왔을 뿐만 아니라 인적, 물리적 면에서도 큰 타격을 주었다.[104] 공식 통계는 밝혀져 있지 않지만 해방 당시 개신교 인구는 약 30만 명, 교회 수는 2,000~3,000여개 정도로 알려졌다.[105] 북한 측 공식통계에 의하면 1950년 이전 북한 개신교의 교회 수는 약 2,000여개, 신자 20만 명, 목사 410명, 전도사 498명, 장로 2,142명이었다.[106] 월남 개신교인들의 피해 통계 역시 정확한 집계가 이루어지지 않았다. 학자별로 교단별 통계를 활용하거나 미국, 캐나다에서 발표된 선교보고 문서를 기준으로 추산치가 제시되었지만 일관된 분석은 이루어지지 않고 있다.

강인철은 천주교에서 도출한 월남 인구 추정방식을 개신교에 적용하여 해방당시의 신자 수 추정치 201,383명 중 24.6%인 49,540명이 월남자의 최소치라고 계산한바 있다.[107] 해방 직후부터 이어진 개신교인들의 월남 행은 전쟁으로 극대화되었는데 남북군인들의 점령지가 교차하는 가운데 벌어진 지도자들에 대한 납치와 강압적인 동원, 처형, 그리고 개신교인들에 대한 집단 학살 등이 원인이 되었다.[108] 김

---

104 김남식, 『한국장로교회사』(서울: 도서출판 베다니, 2012), pp. 305-308.
105 교회 수는 김양선에 따르면 2,000개이고 한국기독교총연합회 북한교회재건위원회가 교회재건을 사업을 위해 확인한 교회 수는 2,850개 이다.
106 조선로동당출판사, 『조선중앙년감 1950』(평양: 조선로동당출판사, 1950), p. 365. 개신교인의 감소와 관련 김병로는 개신교인 수 10만 명의 차이를 1945년에서 1949년까지 감소한 것으로 보고 북한 당국의 반종교정책과 공산정권에 협력적인 조선기독교도연맹의 출현으로 개신교 신앙을 떠났기 때문이라고 보았다. 김병로, "북한 종교인가족의 존재양식에 관한 고찰: 기독교를 중심으로," 『통일정책연구』제20권 1호, 2011, pp. 160-161.
107 자세한 추산방식은 강인철, "월남 개신교·천주교인의 뿌리," 역사비평사, 『역사비평』통권 19호, 1992년 여름호, pp. 132-141.
108 공산군에 의해 개신교인들이 집단 학살당하는 사건들이 많았다. 전택부, 『한국교회 발전사』pp. 307-313 참조. 월남 개신교인들은 공산주의자들에 대한 강한 적개

양선의 연구에서는 전쟁으로 희생된 교역자 수는 남북을 합해서 장로교, 감리교, 성결교, 그리고 구세군 소속 408명이었고 전소된 교회당은 약 1,373곳에 이르렀는데 이중 북한의 교역자 310여명, 교회당 1,150곳이 피해를 입었다고 밝혀 놓았다.[109] 선교사들의 집이나 학교, 병원, 기숙사 등 근대식 건물들은 군사적 목적으로 징발되기도 했다.[110] 북한 지역 개신교는 전쟁 중 사망, 처형 혹은 월남으로 인한 인구감소와 예배당을 비롯한 건물의 손실로 물리적 기반을 크게 훼손당했다.[111] 또한 1958년 이후 단행된 반종교정책에 따라 종교인 가족이 외지로 추방되면서 서북지역은 물론 주요 도심에서 교회가 사라지게 되었다.

강인철은 개신교 반공주의의 확대재생산 과정에서 전쟁 시의 경험은 개신교 내부에서 반공주의적 세계관이 구축되는 결정적인 계기가 되었다고 주장한다.[112] 반공담론 자체가 구원론의 일부로 발전하여 1960년대와 1970년대 활발했던 개신교 부흥운동의 동기를 제공하였고 공산주의와의 대결에서 승리하기 위해서 교세를 확대시키는 것이 교회의 긴급한 관심사였다는 것이다. 1956년까지 서울과 부산, 대구 등 전국적으로 신설된 2천여 교회들 중 9할 이상이 피난민 교회였다

심을 가지고 서북청년당과 같은 조직 활동을 펴게 되는데 1950년대 대표적인 교회 기관지를 통해서 '멸공구족 민주건설'(滅共求族 民主建國)을 공표하며 공산주의를 반대하고 기독주의를 확립하는 것을 중대한 사명으로 생각하게 되었다. 『기독공보』1952.2.4. 1.4후퇴 이후에는 개신교연합 전시비상대책위원회를 구성하여 국제적 원조를 요청하였고 휴전을 반대하는 '구국기독신도대회'를 개최하기도 했다. 김양선,『한국기독교해방10년사』, pp. 79-81.

109 김양선, 앞의 책 p. 90.
110 Howard P. Moffett의 1950년 10월 25일자 평양방문 보고서, 한국기독교역사연구소,『한국기독교와 역사』제15호, 2008년, pp. 202-204에서 재인용.
111 북한지역의 개신교 상황에 대해서는 북한교회사 연구 참조.
112 강인철,『한국의 개신교와 반공주의』(서울: 중심, 2006), p. 68.

는 김양선의 보고는 이러한 정황을 잘 뒷받침해준다.[113]

또한 1970년대 전군(全軍) 신자화운동이나 전경(全警) 신자화운동이 전개된 것 역시 같은 맥락에서 이해될 수 있다. 교회가 국가의 반공정책에 부응하게 되면서 교인 수 증가를 위한 구조가 군대와 경찰 등 국가 기구 내에서도 갖추어진 것이다.[114] 공산주의의 유물론적 세계관과 계급투쟁론, 그리고 현실 세계에서 공산주의자들에 의해 이루어진 직접적인 폭력 경험은 개신교인들에게 종말론적 구원사상을 심어 놓음과 동시에 공산정권에 대한 종교적 대결주의를 부각시키게 된 계기였다. 해방 직후부터 전쟁 시까지의 공산주의 경험은 종교적 측면에서 아니라 정치적, 경제적 면에서도 현실화된 악마를 대하는 것과 같았다고 할 수 있다.

(2) 반공주의적 대북관과 사회적 실천

반공주의적 대북관을 기반으로 한 교회의 사회적 실천은 크게 세 가지 방향에서 파악할 수 있다.

첫째, 공산주의를 넘어서기 위한 민족복음화이다. 보수적 선교관에 입각한 민족복음화의 목표는 개신교인들이 선교적 열심을 바탕으로 국내외선교에 앞장서게 했다.[115] 월남 개신교인들은 특히 반공주의

---

113 장로교 1,200개, 감리교 500개, 성결교 250개, 기타교단 100개 등 총 2,000여 교회가 신축되었다는 보고이다. 김양선, 앞의 책, pp. 100-101.
114 강인철은 1950년대 초부터 1980년대 초까지 개최된 대규모 부흥회들은 먼저 기성 신자들을 반공주의적 신앙으로 단단히 무장시킨 후 이를 기반으로 민족과 국가 전체를 기독교화한다는 발상으로 진행되었다고 주장한다. 전군과 전경의 신자화운동은 이들을 대공투쟁의 첨병이자 핵심 무력으로 여겼기 때문이라는 것이다. 강인철, 앞의 책, p. 74.
115 1907년 평양에서는 장대현교회를 시작으로 대대적인 부흥운동이 일어났었는데 이후 평양은 제2의 예루살렘이라는 별칭을 얻을 정도로 세계선교역사에 있어서 의미 있는 도시가 된다. 보수적 개신교인들에게 있어서 남북한 통일은 민족복음화를 완성하기 위한 하위 목표로 설정된다.

와의 대결의식 속에서 교회성장을 추구한 측면이 컸다. 이들은 한국 교회의 양적 성장을 이끄는 데 큰 역할을 했을 뿐만 아니라 반공주의 이념을 교회 안팎에서 공고히 하는 데에도 핵심적인 역할을 했다. 강인철의 분석에 따르면 해방 후 한국전쟁까지 약 8년간 북한에서 활약하다가 월남한 개신교인들은 전쟁 이후 가장 극단적인 반공주의 세력 중 하나였다. 월남 이후 곧바로 북한교회를 모태로 하는 실향민 교회를 세우고 '북한교회의 남한 내 재건'을 추진하였다는 것이다.

대표적인 교회는 수도권에서만 보더라도 영락교회, 광림교회, 충현교회, 소망교회, 금란교회, 노량진교회, 구파발교회, 신길교회, 신촌교회, 벧엘교회 등인데 월남한 교역자들에 의해 세워진 손꼽히는 대형교회들이다.[116] 또한 1970년대 '민족복음화운동'을 제창하여 초대형 부흥집회들을 주도했던 신현균 목사, 1958년에 C.C.C.를 창립하여 초대형 대중전도집회들을 이끌었던 김준곤 목사 등도 역시 월남한 교역자들이다. 이들은 장로교, 감리교, 성결교 등 각 교단에서 주요직책을 맡으며 지속적인 재생산 기제들을 통해 반공주의를 구축해갔다.[117]

둘째, 반공을 국시로 출현한 국가권력과의 연대를 통해 개신교 조직의 전국적 확산이 이루어졌다. 월남 개신교인들은 미국과 캐나다 등 세계교회들로부터 교회신축을 위한 지원을 받는 한편 국가권력과 더욱 밀착하게 된다. 특히 1960년대 반공을 국시로 삼으며 출현한 국가권력과의 협력은 미국과 유엔의 지원을 받는 자유민주주의 전초기지를 지키는 것이라 여겼다. 이 같은 정황은 1961년 반공을 명분으로 내세운 5.16쿠데타를 지지하고 환영한 한국기독교연합회 성명서를 통해서 확인할 수 있다. 이 시기에 개신교 내에서 반공주의는 진보와 보수를 막론하고 수용된 이념이었다.

---

116 강인철,『한국의 개신교와 반공주의』(서울: 중심, 2006), pp. 497-499 참조.
117 강인철, 앞의 책, pp. 102-104.

> 금반 5.16 군사혁명은 조국을 공산침략에서 구출하며 부정과 부패로
> 기울어져 가는 조국을 재건하기 위한 부득이한 처치였다고 생각하며
> 그 애국정신을 높이 평가하는 동시에 발표된 혁명공약 실천에 있어서
> 과감하고도 민속한 모든 시책을 환영한다.[118]

이러한 반공주의적 교회가 사회적인 문제에 대한 입장을 표명하며 조직화한 것은 NCCK가 1988년 '민족의 통일과 평화에 대한 한국기독교회 선언'(이하 통일과 평화선언)을 발표한 직후부터이다. 이 선언에는 분단체제 안에서 남북이 상대방에 대해 깊고 오랜 증오와 적개심을 품어왔던 것 자체를 죄로 인정하는 죄책고백이 포함되어 있다.[119] 이러한 입장표명은 당시만 해도 견고한 반공주의를 토대로 하였던 보수 교회들에 큰 충격을 던져 주었다. 이후 통일과 평화선언에 대한 비난 성명이 잇달았고[120] 보수적 교회들이 조직적으로 결집하기 시작했다. 대표적인 반박성명인 한국복음주의협의회가 발표한 '한국기독교교회협의회의 통일론에 대한 복음주의 입장'은 7가지 항목으로 이의를 제기하며 반대 입장을 표명하였다. 이중 북한교회의 실체성을 인정하거나 미군 철수를 거론한 것에 반대하는 주장이 실려 있

---

118 한국기독교교회협의회, "NCC가 발표한 역대의 성명서들",『기독교연감: 1972』(서울: 한국기독교교회협의회, 1972), p. 295.
119 "민족의 통일과 평화에 대한 한국기독교회 선언," 한국기독교교회협의회 편, 앞의 책, p. 104.
120 한국기독실업인회(1988. 3. 17), 한국개신교교단협의회(1988. 3. 24), KNCC선언 범교단평신도단체 대책위원회(1988. 3. 26), 한국기독교교역자협의회(1988. 4. 11), 영락교회(1988. 4. 17), 한국기독교남북문제대책협의회(1988. 4. 19), 대한예수교장로회 평양노회(1988. 6. 17), 이북노회협의회(1988. 7. 4) 등이 통일과 평화선언에 대한 반박성명으로 발표되었다. 반면 성명서 준비에 동참했던 교단이나 관련단체들 중 한국기독교장로회 총회(1988. 3. 7), 한국기독학생회총연맹(1988. 4. 19), 한국여신학자협의회(1988. 4. 25) 등은 지지 성명서를 발표했다. 이러한 반박과 지지성명이 잇달아 발표된 것은 NCCK의 통일과 평화선언이 당시 한국개신교 전체가 통일논의에 관심을 갖게 한 사건이었음을 보여준다.

다. 또한 성명서를 발표한 NCCK 자체의 대표성도 문제 삼았다.[121]

당시 6개 교단이 가입되어 있던 NCCK가 한국교회를 대표하는 것처럼 표현된 것에 대해 보수교회들은 "KNCC가 한국교회를 대표하는 기관이 될 수 없다"[122]고 하며 연합단체를 조직했다. NCCK의 명시적인 탈반공주의 선언으로 보수적 개신교인들은 "공산권이 무너지고 있는 마당에 하루속히 하나의 연합체를 조직하여 남북통일을 실현시키기 위해 북한선교에 힘을 쏟아야 한다"[123]며 반공주의에 입각한 통일과 북한선교를 준비한다는 목적 하에 한국기독교총연합회(한기총)을 설립하게 된다. 한기총은 가장 광범위한 개신교 조직으로 2012년 현재 67개 회원교단과 16개의 회원단체[124]로 구성되어 있다. 이들 회원교단 소속 개신교인들은 전체 개신교 인구의 약 80%[125]이상에 해당하며 북한선교에 관심이 큰 보수적 개신교인 대부분을 포함한다고 할 수 있다.

한편 또 다른 보수적 북한선교 방식은 단파방송을 이용한 선교활동으로 방송선교 사례를 들 수 있다. 1956년 12월 23일 출범한 극동방

---

121 김명혁 편저, 『한국복음주의협의회 성명서모음집』(서울: 기독교문서선교회, 1998), pp. 35-38.
122 김수진, 『한국기독교총연합회 10년사』(서울: 쿰란출판사, 2002), p. 50.
123 김수진, 앞의 책, p. 51.
124 한기총은 2012년 내부갈등으로 몇몇 주요 교단과 단체들이 탈퇴한 상황인데 그럼에도 불구하고 보수적 교단들의 가장 큰 연합단체이다. 이것은 한 기독언론사의 기사를 통해 확인할 수 있다. "한기총 2012년 신임교단장 및 총무 취임예배-이탈측 교단들 빼고도 67개 교단들 참석해 400여명 참여," www.kidokin.kr 참조. 검색일 2013년 1월 10일.
125 한국세계선교협의회가 한기총과 통계청 자료를 토대로 2009년 집계한 한기총소속교단 소속 개신교 인구는 76개 교단 13,907,323명 중 64개 교단 11,677,546명이다.(www.kwma.org 선교정보/선교동원 참조) 이 수치는 개신교 교인의 84%에 해당한다. 중복집계가능성과(교적부상 이중 교인) 명목상 교인 집계 가능성으로 다소간 부풀려진 통계일 수 있으나 한기총 소속교단이 수치상 압도적 다수를 점하고 있음을 알 수 있다.

송은 공산권선교를 목표로 하였다. 극동방송의 설립목적은 1963년 1월 국가재건최고회의에 제출한 진정서를 통해서도 확인할 수 있다.

> 본 방속국은 공산세력의 침해로서 한국이 양단되고 6.25의 참변이 아직 휴전이라는 전쟁상태에 놓여 있는 이 나라에서 북한을 위시하여 인접 공산권(중공, 소련)에 복음을 전함으로 공산주의를 분쇄하는 데 일익이 되고저 체신당국의 허가를 얻어 1956년 12월 23일부터 한국어, 영어, 중국어, 소련어로써 방송을 시작했습니다…그리고 북한에 있는 수많은 군용 및 민간 지점을 향하여 확성 방송을 실시하고 있는데 해병 제1여단을 통하여 대적진 방송을 본 방송이 그 일부를 담당하고 있다는 사실은 심리전략에 크게 기여하고 있습니다.[126]

극동방송은 1980년대 초부터 중국선교 내지 공산권선교에 앞장섰고 방송뿐만 아니라 중국에 성경 반입을 위한 계획을 실행에 옮기거나 중공선교 세미나와 공산권선교 세미나 등을 개최하였다. 1986년부터 1991년까지는 공산권동포에게 사랑의 선물 보내기 운동을 펼치면서 중국을 직접 방문하기도 하였다. 또한 1987년 7월에는 한국선교문제연구소를 설립, 공산권 선교 자료를 제작하였다. 주파수가 고정된 단파라디오를 공산권에 보내는 사업도 진행하였다.[127] 1988년 6월에는 한국선교문제연구소를 중심으로 공산권 선교단체협의회가 조직되기도 하였다. 1990년 4월에는 북방선교방송인대회가, 1991년 10월에는 북방선교의 밤 등의 행사가 열렸다.[128] 이같이 활발했던 극동방송의 북방선교 활동은 개신교회의 지원과 관심도 있었지만 무엇보

126　극동방송40년사 편찬위원회,『극동방송 40년사』, pp. 85-86.
127　극동방송 40년사 편찬위원회,『극동방송 40년사』, pp. 269-271, 273-279 참조.
128　극동방송 40년사 편찬위원회, 앞의 책, pp.

다도 1988년부터 노태우 정부가 추진한 북방정책 방향과 일치하면서 국가로부터의 지원을 받으며 더욱 활발하게 전개될 수 있었다. 노태우 대통령은 북방정책 추진에 있어서 극동방송의 기여를 높이 평가했고 출력 증강과 지방방송국 설립에 지원을 아끼지 않았다고 한다.[129]

셋째, 고토회복에 대한 열망이 반영된 북한지역교회재건운동이 시도되었다. 북한지역의 교회를 모교회로 설립된 교회들 중심으로 1990년대부터 북한교회재건운동이 일어났다. 그러나 반공주의에 입각해 시도되었던 이러한 노력은 북한의 공식교회를 협력 상대로 인정하지 않은 채 중국을 통한 성경전달이나 지하교회(혹은 비공식교회)설립 등 직접선교를 선호했다. 1990년대 북한이 국가적 위기에 처해 붕괴론이 팽배했을 때에는 대부분의 보수적 교회들이 교단을 초월하여 북한교회재건운동에 참여하기도 했다. 그러나 북한 붕괴가 현실화되지 않고 공식교회와도 협력이 이루어지지 않는 상황에서 중국을 통한 지하교회지원운동으로 전환되었다.

2) 진보적 대북관

(1) 통일신학적 대북관 형성

1970년대와 1980년대를 거치면서 민중신학이 한국의 진보적 신학으로 자리매김했다면 해방 50주년이 되는 1995년을 염두에 둔 희년신학이 통일신학으로 등장했다. 1988년 2월 발표된 통일과 평화선언 속에는 희년선포운동이라 할 수 있는 5가지 실천방안이 포함되어 있다. 희년은 구약성서에서 표방하는 공동체윤리를 현실화시킨 제도이다. 선언문에는 다음과 같이 희년 개념을 요약하고 있다.

---

129 강인철, 『한국의 개신교와 반공주의』, pp. 305-307 참조.

'희년'은 안식년이 일곱 번 되풀이되는 49년이 끝나고 50년째 되는 해이다(레 25:8-10). 희년은 '해방의 해'이다. 희년선포는 하나님의 백성이 하나님의 역사적 주권을 철저히 신뢰하고 그 계약을 지키는 행위이다. 희년은 억압적이고 절대적인 내외 정치권력에 의하여 이루어진 모든 사회적 경제적 갈등을 극복하여 노예 된 자를 해방하고, 빚진 자의 빚을 탕감하며, 팔린 땅을 본래의 경작자에게 되돌려주고, 빼앗긴 집을 본래 살던 자에게 돌려주어 하나님의 정의를 바탕으로 하는 샬롬을 이루어 통일된 평화의 계약공동체를 회복하는 해(레 25:11-55)이다.[130]

이러한 희년 개념은 진보적 통일운동에 있어서 민족공동체 설립의 원칙으로 삼는 정의와 평화의 신학적 근거가 되었다. 희년이 제도화된 공동체 속에서는 창조적 자기실현으로서 노동의 권리와 노동 보호를 위해 휴식할 수 있는 안식의 권리가 보장되며 궁극적으로는 경제적 토대[131]의 공평성이 유지된다.[132] 이를 한반도 상황에 적용할 때 희년을 추구하는 통일운동은 민족이 가장 최적화된 상태로 회복되는 과정이라는 것이다.[133] 희년정신에 근거해서 민족공동체 회복을 신학적

---

130 한국기독교교회협의회, 『한국교회 평화통일운동자료집 II』(서울: 한국기독교교회협의회), 2000, p. 108.
131 12부족들의 부족공동체로 시작된 이스라엘은 민족공동체로 발전하는 과정에서 인구수대로 토지를 공평하게 분배하였는데 당시에도 토지는 중요한 경제적 토대였다. 이러한 토지는 하나님으로부터 공급되었기 때문에 사적인 매매를 금하였고 부득이한 형편으로 사용권을 팔거나 저당 잡혔을 경우에도 50년에 한 번씩은 원래대로 되돌릴 수 있도록 제도화한 것이 희년제도의 물리적 구조였다. R. A. 토레이, 『토지와 자유』(서울: 무실, 1989)
132 안병무, "성서의 희년사상, 그 가능성과 한계", 채수일 편, 『희년신학과 통일희년운동』(서울: 한국신학연구소, 1995), p. 27.
133 구약성경 속의 희년정신은 기본적으로 '땅'과 '가난한 동족'의 왜곡된 실존을 온전한 상태로 복귀시키는 것을 목표로 한다. 경제적 사회적 차원에서 인간의 평등을 지향하고 있다고 할 수 있다. 통일신학으로서 제시되는 희년사상은 남북분단 속에서 발견되는 상황신학이라 할 수 있다. 이경숙, "'기쁨'과 '은총'의 해, 희년의 성서적

으로 정리하는 작업은 안병무, 이경숙, 채수일, 김용복 등에 의해 시도되었다.[134] 이들의 연구에 따르면 공통적으로 민족의 회복과 사회적 약자들의 인권 회복이 연동된다. 그래서 통일은 민족이나 국가의 공동선과 이익을 실현하는 것일 뿐만 아니라 인간의 자유와 존엄성을 최대한 보장하는 것이어야 한다.

또한 통일논의에는 민족 구성원 전체의 참여가 보장되어야 하고 분단체제로 인해 고통받고 있을 뿐 아니라 늘 소외되어 온 민중의 이해가 우선적으로 반영되어야 한다고 주장한다.[135] 진보적 교회가 정립한 민중신학이 한반도적 상황에 따른 희년신학으로 발전한 모습이다. 희년의 실현으로서 통일은 민중들에게는 곤고한 삶을 개선시키는 역사적 사건이 되고 민족 전체적으로는 적대적 관계 청산과 평화 실현이 된다는 것이다.

이 같은 인식의 배경에는 통일논의를 독점하다시피 했던 정부 차원의 통일노력이 허구적이었다는 자각[136]과 분단 상황이 정권유지를 위

의의", 채수일 편, 앞의 책, p. 69.
134 안병무, "성서의 희년사상, 그 가능성과 한계," 이경숙, "'기쁨'과 '은총'의 해, 희년의 성서적 의의" 채수일, "통일희년운동의 전망과 대안," 김용복, "세계 에큐메니칼운동과 희년의 지구적 지평," 이상 채수일 편, 『희년신학과 통일희년운동』(서울: 한국신학연구소, 1995) 김용복, "평화통일을 위한 민족의 희년의 선포," 한국기독교교회협의회 통일위원회 편, 『남북교회의 만남과 평화통일신학』(서울: 한국기독교사회문제연구원, 1990)
135 김흥수는 1988년 2월의 '통일선언'에서 이 두 가지 원칙이 반영되어 있음을 확인하였는데 이는 바로 진보적 개신교 통일운동진영에서 주장되어 왔던 바인 것이다. 김흥수, "한국교회의 통일운동역사에 대한 재검토," 채수일 편, 앞의 책, p. 449.
136 민족의 분단문제를 해결하고 민족통일의 사명을 감당하는 것을 시대적 선교과제로 삼았던 개신교 지식인들은 분단 상황 하에서 반공법으로 인한 공작정치로 민중이 가장 큰 피해를 받는다고 여겼다. 민중의 인권이 끝없이 유린되고 민족분단이 고착되는 것은 독재체제가 공고화될수록 심해진다고 보았다. 그러므로 분단구조 속에서 최대 피해자인 민중이 주체가 되어 통일을 이루어야 하는데 이는 결국 분단 상황 속에서 기득권을 누리는 반통일세력에 대한 생존권 투쟁이라고 보았다. 안병무, "씨올과 민족통일", 『민중사건 속의 그리스도』(서울: 한국신학연구소, 1989), p. 110-125.

한 안보논리에 이용당해왔다[137]고 하는 판단이 작용하였다. 분단구조 속에서 가장 큰 고통이 민중들에게 전가되고 있고, 그렇기 때문에 민중 스스로가 분단구조 해소를 위한 주체로 나서야 한다는 아래로부터의 통일론이 형성되었다고 할 수 있다.

다른 한편, 통일과 평화선언은 당시까지 지배적이던 반공주의적 대북관을 벗어나서 탈반공주의를 선언했다는 의미가 있었다. 이것은 남북 적대적 대결구도 속에서 장기간 지속된 군사적 긴장이 민주주의를 훼손했다는 자각이 있었기에 가능한 일이었다. 소극적 평화유지에 머물지 않고 분단극복을 통한 적극적 평화[138]의 결과로 통일이 성취될 수 있다는 인식이야말로 한국의 진보적 교회가 통일운동에 나설 수 있게 한 근거였다. 적극적 평화를 위해서는 무엇보다 반공주의적 대북관의 변화가 요청되었고 분단의 원인에 대해서도 새로운 조명이 필요했다.

통일과 평화선언에서는 민족분단의 현실을 직시하면서 한반도의 남북분단은 현대 세계의 정치구조와 이념체제가 낳은 죄의 열매라고 규정하고 있다.[139] 이는 남북분단의 원인을 세계질서 속에서 파악하는 것으로 한반도 문제 해결의 국제적 성격을 인식한 것이다. 이어서 민족의 분단이 장기화되면서 이산가족으로 인한 고통, 남북한 적대적

---

137 언론을 통제하고 안보를 내세우기 위한 공작정치가 이어지자 개신교 일각에서는 반공법을 국내정치에 이용한다고 생각하게 된다. 정권의 위기 때마다 간첩단 사건이 조작되는 가운데 개신교 인권운동 진영에서 허구적 통일논의를 거부하고 민중에 의한 주체적인 통일운동 참여를 진지하게 모색하게 되었다. 안병무, 앞의 글 p. 117, 118.
138 요한 갈퉁(Johan Galtung)은 평화를 '소극적 평화'와 '적극적 평화'로 나누고 전자는 단순히 다툼이 없는 상태를 뜻하지만 후자는 갈등이 발생하는 근본적 원인 해결이 이루어진 상태를 뜻한다. 한반도에 있어서는 분단구조를 해소하는 것이 적극적인 평화를 실현하는 일이 될 것이다. 요한 갈퉁, 『평화적 수단에 의한 평화』(서울: 들녘, 2000), pp. 36-68.
139 "민족의 통일과 평화에 대한 한국기독교회 선언," 한국기독교교회협의회 편, 앞의 책, pp. 103-104.

대결로 인한 군비경쟁, 안보와 이데올로기를 내세운 인권탄압, 남북한 적대시 정책 등이 지속되는 현실에 대한 책임이 개신교인들에게도 있었음을 지적하며 죄책고백을 하였다.[140]

> 우리는 한국교회가 민족분단의 역사적 과정 속에서 침묵하였으며 면면히 이어져 온 자주적 민족 통일운동의 흐름을 외면하였을 뿐만 아니라 오히려 분단을 정당화하기까지 한 죄를 범했음을 고백한다. 남북한의 그리스도인들은 각각의 체제가 강요하는 이념을 절대적인 것으로 우상화하여 왔다. 이것은 하나님의 절대적 주권에 대한 반역죄(출 20:3-5)이며, 하나님의 뜻을 지켜야 하는 교회가 정권의 뜻에 따른 죄(행 4:19)이다.
> 특히 남한의 그리스도인들은 반공 이데올로기를 종교적인 신념처럼 우상화하여 북한 공산정권을 적대시한 나머지 북한동포들과 우리와 이념을 달리하는 동포들을 저주하기까지 하는 죄(요 13:14-15, 4:20-21)를 범했음을 고백한다. 이것은 계명을 어긴 죄이며 분단에 의하여 고통받았고 또 아직도 고통받고 있는 이웃에 대하여 무관심한 죄이며 그들의 아픔을 그리스도의 사랑으로 치유하지 못한 죄(요 13:17)이다.[141]

이러한 죄책고백은 개신교 정체성을 가장 잘 드러낸 요소로 다른

---

140 교회의 죄책고백은 독일교회의 전통 속에서 찾을 수 있다. 히틀러 치하에서 1940년 9월 본회퍼(D. Bonhoeffer)에 의해 처음 발표된 죄책 고백은 제2차 세계대전이 끝난 이후 EKD가 '슈투트가르트 죄책성명(Schulderklarung)'을 발표하여 히틀러 정권이 인류에게 범한 죄책을 교회가 나서서 하게 된 것이다. EKD의 죄책고백의 전후 상황과 사회적 영향에 대한 자세한 분석은 정종훈, 『민주주의를 꽃피우는 공공신학』(서울: 한국장로교출판사, 2009), pp. 85-117.
141 "민족의 통일과 평화에 대한 한국기독교회 선언," 한국기독교교회협의회 편, 앞의 책, p. 105.

통일선언과 구별되는 특징이다.[142] 통일의 원칙도 제시하고 있는데 7.4공동성명에서 밝힌 자주, 평화, 민족적 대단결의 원칙 이외에 인도주의 원칙과 민주적 참여 원칙을 추가하였다.[143] 선언에서는 민족분단의 현실에 대해서도 적시했는데 분단이 만들어낸 인도주의적, 경제적, 정치적, 군사적 상황은 남북에서 동일하게 인간의 자유와 존엄을 훼손하는 구조라 보았다.

> 가. 통일은 민족이나 국가의 공동선과 이익을 실현하는 것일 뿐 아니라 인간의 자유와 존엄성을 최대한 보장하는 것이어야 한다. 국가나 민족도 인간의 자유와 복지를 보장하기 위해서 있는 것이며, 이념과 체제도 인간을 위해 존재하는 것이기 때문에 인도주의적인 배려와 조치의 시행은 최우선적으로 고려되어야 하며 다른 어떠한 이유로도 인도주의적 조치의 시행이 보류되어서는 안 된다.
>
> 나. 통일을 위한 방안을 만드는 모든 논의 과정에는 민족 구성원 전체의 민주적인 참여가 보장되어야 한다. 특별히 분단체제 하에서 가장 고통을 받고 있을 뿐 아니라 민족 구성원 다수를 차지하고 있으면서도 의사결정 과정에서 늘 소외되어 온 민중의 참여는

---

142 전 국사편찬위원회 위원장이었던 이만열은 이에 대해 "한국 기독교는 민족 분단이라는 이 엄청난 죄악을 두고 누구도 떠안지 않으려는 이 죄책을 스스로 떠안고 그 죄책을 먼저 고백하였다. 그렇게 함으로 지금까지 그 책임과 허물을 상대방에게 미루고 뒤집어씌우기를 버릇처럼 해 왔던 분단된 조국의 쌍방이 자신의 잘못을 인정할 수 있는 길을 열었다"고 평가했다. "'민족의 통일과 평화에 대한 한국기독교회선언'(1988)의 역사적 의의", 이만열, 『한국기독교와 민족통일운동』(서울: 한국기독교역사연구소, 2001), p. 404. 남북교회의 첫 만남부터 한국교회 대표로 참석했던 강문규 역시 선언의 핵심을 죄책고백에서 찾았다. 강문규, "민족 통일과 평화에 대한 교회의 입장," 「기독교사상」 1988년 4월호, p. 17.

143 이만열, "한국 기독교 통일운동의 전개과정," 『민족통일을 준비하는 그리스도인』 (서울: 두란노, 1995, p. 66.

우선적으로 보장되어야 한다.[144]

이러한 규정은 분단구조로부터 희생되고 있는 남북 민중들에 대한 동시 조망을 통해 통일의 지향점이 한반도 전체 인권의 회복에 있음을 밝힌 것이다. 분단구조로 인한 고통이 남북한 공히 사회적 약자들에게 더 크게 작용한다는 인식은 교회가 반공주의적 대북관에서 통일신학적 대북관으로 전환시킬 수 있는 계기가 됐다.

(2) 통일신학적 대북관과 사회적 실천

통일과 평화선언에는 민족공동체 회복을 위해 북한을 재인식해야 한다는 자각이 반영되어 있다. 반공주의적 대북관에 근거한 적대적 대결의식이 결국 남북 민중들의 삶을 억압할 뿐만 아니라 실질적인 통일논의도 가로막고 있다고 본 것이다. 민족적 희년이라 선언한 1995년 8월 15일에 해방 50주년을 기념하여 진보적 교회들은 '1995 평화와 통일의 희년선언'을 발표하였다. 이 선언 역시 분단극복을 위해 남북개신교가 노력할 것을 다짐하는 신앙고백 차원의 희년선포였다. 이 선언에서는 동서냉전 해소가 급박하게 이루어졌음에도 불구하고 남북관계가 여전히 냉전적 대결관계를 청산하지 못하는 이유를 남북 상호간에 기초적인 신뢰가 형성되어 있지 못한 데 있다고 보았다. 그러므로 개신교가 평화와 통일을 위해 설정했던 과제들을 더욱 충실하게 실천할 것을 재차 다짐했다. 구체적으로 평화와 통일에 대한 신앙고백운동, 남북 민간의 화해 운동, 인도적 삶의 회복 운동, 남북의 나눔과 더불어 사는 운동, 하나의 민족교회 형성운동 등을 제시하였

---

144 "민족의 통일과 평화에 대한 한국기독교회 선언," 한국기독교교회협의회 편, 앞의 책, pp. 105-106.

다.[145] 이후 진보적 교회는 인도적 지원에 있어 보수적 교회와 연대하며 북한과 지속적인 협력 관계를 구축하고자 했다. 이에 관해서는 제3장에서 자세히 다루게 될 것이다.

3. 분석틀

본서에서 연구를 위한 분석틀은 한국교회 북한인권운동에 영향을 주는 선교패러다임과 대북관을 기본 요소로 하고 있다. 교회의 사회적 실천은 선교패러다임에 따라 달라지는데 보수적 선교관에서 진보적 선교관으로 전환이 이루어지면서 본격적인 인권운동이 시작되었다. 또한 대북관은 북한인권운동에 영향을 미치는 변수로 보수적 대북관과 진보적 대북관에 따라 행위유형이 달라진다고 규정한다.

해방 후 경험하게 된 북한 공산주의에 대한 현실적 경험은 종교적 혐오증을 바탕으로 보수적 대북관을 구성하게 된 배경이다. 그러나 장기간의 분단 상황이 지속되면서 보수적 대북관을 그대로 유지하는 교회가 있는가 하면 한국사회 인권운동을 이끌었던 진보적 교회를 중심으로 분단문제를 새롭게 인식한 후 통일지향의 진보적 대북관을 형성하게 된 경우도 생겨났다. 보수적 대북관으로부터 진보적 대북관으로 변화 된 데에는 선교패러다임 전환과정에서와 같이 역사적 경험이 중요했다. 한국교회 북한인권운동 분석을 통해 대북관 변화가 나타나는 모습을 확인할 수 있다.

---

[145] 한국기독교교회협의회 편, 앞의 책, p. 365-368. 1988년 이후 7년간 희년운동을 범 교회적으로 추진하는 데에 미흡했음을 인정하고 더욱 힘써 수행해야 할 과제를 다시금 제시한 것인데 8.15직전주일 남북공동예배 등은 현재까지도 계속 이어져 오고 있다.

기능주의에 따르면 한 사회 안에서 종교가 행하는 기능은 통합기능, 통제기능, 그리고 변혁기능으로 대별된다.[146] 이중 인권개선을 위한 활동은 구조 변화를 추구하며 이루어지기 때문에 주로 변혁기능을 감당하게 된다. 한국교회는 인권운동 과정 속에서 이 같은 종교의 사회 변혁기능을 경험한 바 있다. 인권운동에서와 같이 노동자와 도시 빈민 등 기층 민중들을 위한 인권문제 해결을 위해서는 민주화운동이 요청되었고, 민주화운동에 대한 이념적 공격이 가해지자 분단구조 속에서의 운동의 한계를 깨달은 진보적 교회가 통일운동에 나서게 되었다. 결국 인권운동으로 시작된 사회변혁운동은 한반도 전체의 구조변화를 추구하는 운동으로 발전하게 된 것이다. 본 연구에서는 한국교회 북한인권운동 역시 이러한 연장선에서 분석, 평가되어야 한다고 보고 한반도 거주민 전체의 인권보장이라는 차원에서 북한인권문제에 접근하고자 한다. 따라서 한국교회 인권운동과 통일운동, 그리고 북한인권운동 참여를 일관되게 설명하기 위해서 선교패러다임을 기본변수로 하면서 대북관을 또 다른 변수로 하는 분석틀을 구축하였다.

명제 1) 교회는 선교패러다임에 따라 사회적 실천을 달리한다.
명제 2) 교회의 대북관은 북한인권운동에 영향을 미친다.
명제 3) 한국교회의 북한인권운동에서는 보수와 진보의 행위가 수렴하거나 교차한다.

---

146 이원규, 『종교사회학의 이해』(서울: 나남출판, 2010), pp. 210-215.

그림 1-2 분석틀: 선교패러다임과 대북관에 따른 북한인권운동

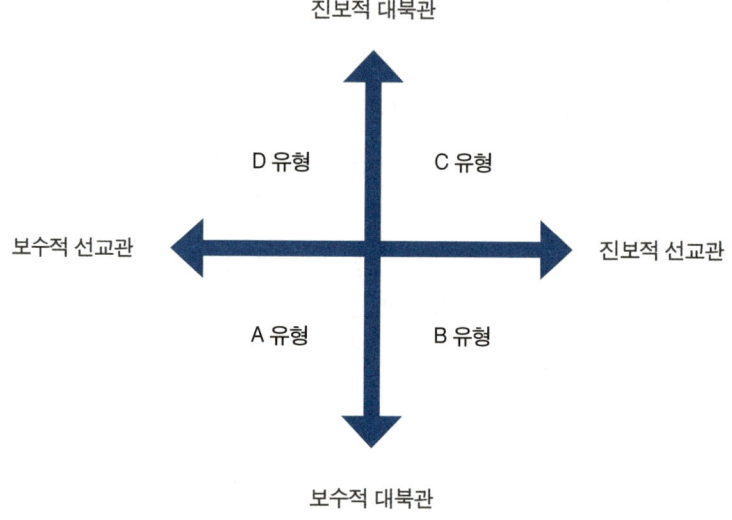

A 유형 : 보수적 선교관과 보수적 대북관을 바탕으로 교회설립 중심의 북한선교를 추구하는 유형

B 유형 : 진보적 선교관과 보수적 대북관을 바탕으로 자유권 중심의 북한인권운동을 추구하는 유형

C 유형 : 진보적 선교관과 진보적 대북관을 바탕으로 기존의 인권운동과 통일운동 맥락에서 생존권 중심의 북한인권운동을 추구하는 유형

D 유형 : 보수적 선교관과 진보적 대북관을 바탕으로 생존권 중심의 북한인권운동을 추구하는 유형

한국교회 인권운동 참여

　세계 선교신학의 영향을 받으며 사회적 실천의 장을 마련했던 진보적 교회는 인권운동뿐만 아니라 민주화운동, 그리고 통일운동에 있어서 진보적 선교관에 입각한 선교활동을 펼쳤다. 같은 시기 보수적 교회는 앞서 언급된 바와 같이 교세확장을 시도하며 대대적인 부흥운동을 벌였다. 본 장에서는 선교패러다임의 변화가 한국교회 인권운동과 통일운동 참여에 영향을 미쳤다고 보고 먼저 1970년대 인권운동이 이루어진 과정을 알아보고 다음으로 1980년대 통일운동 배경에 대해서도 살펴본다.

1. 인권운동의 전개

1) 배경

　1960년대에는 경제개발 5개년 계획이 수차례 추진되면서 양적성장이 크게 진척되었다. 그러나 외형적인 고도성장이 가능했던 이유는 저임금, 저곡가 정책을 근간으로 한 노동집약적 수출산업이 산업화 초기 경제발전의 동력이 되었기 때문이다.[1] 산업화가 진행되면서 농촌은 이농현상과 함께 낙후되어 갔고, 급속한 도시화와 함께 도심주변엔 도시빈민이 증가하였다. 산업 노동자들은 열악한 노동조건 속에서 고된 노동을 이어가야 했다.[2] 도심인구가 증대함에 따라 개신교 교회는 포교활동에 관심을 갖고 인구밀집지역인 공단주변과 도시빈민 거주지에서 활발한 전도활동을 벌였다. 그러던 중 1970년 11월 13일 청계천 평화시장에서 일하던 전태일이 "근로기준법을 준수하라! 우리는 기계가 아니다! 일요일은 쉬게 하라!" 등의 구호를 외치며 분신하는 사건이 발생했다.[3] 이 사건은 당시 교계에 큰 충격을 주었고 기존의 교세확장을 위한 '산업전도'에서[4] 노동자들의 노동현실을 변화시키기 위한 '산업선교'가 시작되는 계기가 되었다.

1960년대의 개신교 사회참여운동은 1965년 한일국교정상화에 대한 개신교 성명서 발표, 1967년 7월 6.8부정선거 규탄 성명서 발표, 1969년 3선 개헌을 반대하는 개헌문제와 양심자유 선언 발표 등 주로 정치적 이슈에 대한 도덕적 입장을 표명하는 방식이었다.[5] 학생과 지식인들이 중심이 된 지식인운동의 특징이 있었는데 1970년대 들어서면서부터 점차 노동자와 도시빈민, 그리고 농민 등 기층민들의 인권문제를 중심적으로 다루는 사회운동으로 전환되었다.

---

1 김인걸 외, 『한국현대사 강의』(서울: 돌베개, 1998), pp. 309-320.
2 이대근, "경제성장과 구조적 불균형", 한국사회과학연구협의회 편, 『한국사회의 변화와 문제』(서울 : 법문사, 1986), pp. 175-201.
3 「경향신문」, 1970년 11월 14일. 임송자, "전태일 분신과 1970년대 노동·학생운동", 한국민족운동사학회, 『한국민족운동사연구』 Vol.65, 2010, p. 320에서 재인용.
4 여기서 산업전도란 급속한 산업화로 도심지역의 공장주변에 인구가 모여들자 개신교의 교세확장을 위해 추진되었던 보수적 방식의 선교활동을 일컫는다.
5 이덕주·조이제 엮, 『한국그리스도인들의 신앙고백』(서울 : 한들, 1997), pp. 260-270.

초창기 개신교의 도시빈민선교나 산업전도 활동은 신앙고백차원의 순수한 포교활동으로 시작되었다. 그러나 포교현장에서 마주하게 된 도시빈민들의 주거환경이나 노동자들의 노동현장은 인권문제를 사회적 이슈로 다루게 되는 근거를 제공했다. 그러나 교회의 인권에 대한 관심은 정부와 사용주, 그리고 기성노조와의 관계에서 갈등을 유발하게 된다. 특히 정부가 대화와 타협보다 노동통제정책을 강화하자 진보적 교회가 중심이 된 개신교 인권운동은 민주화운동과 더불어 반정부투쟁으로까지 확산되었다. 이 운동은 정부 당국에 의한 이념공격과 이를 근거로 하는 정치 탄압에 직면하게 되었는데[6] 이 과정에서 개신교 내부적으로는 정부와의 관계를 놓고 보수적 교회와 진보적 교회 간 입장이 갈리기도 했다.

2) 인권운동 참여과정

(1) 산업전도에서 산업선교로

1968년 아시아기독교협의회(Christian Conference of Asia: CCA) 방콕회의는 각국에서의 산업전도를 산업선교로 전환하는 문제를 다루었다.[7] 한국에서도 1969년 1월 27일 NCCK가 주최한 제2회 전국교회지도자협의회에서 이 문제를 논의하였다. 한국교회가 최초로 산업전도에 관심을 갖게 된 것은 1957년 4월 12일 예수교장로회(통합) 총회가 '산업전도위원회'를 설치하면서부터였다. 이후 1961년 기독교

---

6 이덕주, 조이제, 앞의 책, p. 306.
7 이 같은 '산업선교'개념은 방콕대회에 참여하고 온 산업선교 실무자들에 의해 한국 상황에서도 바로 적용되었다. "Industrial Mission is Concerned with the proper development of industry and community. Industrial Mission is NOT Preaching at the Factory gate." 영등포산업선교회 40년사 기획위원회, 『영등포산업선교회 40년사』(서울: 영등포산업선교회, 1998), p. 110.

대한감리회, 대한성공회, 1963년 기독교장로회, 1965년 구세군 등 각 교단들이 잇달아 활동을 전개하였다. 산업전도가 보수적 선교관에 입각한 활동이었기 때문에 초창기에는 노동자들이 처한 열악한 노동환경이나 노동조건 등에 관심을 기울이기보다 개인의 영혼구원 관점에서 교단별로 포교활동에 임했다. 산업전도는 공장 내 전도지 배부나 예배, 봉사활동이나 상담 등이 주를 이루었고 대상에 있어서도 사용주나 관리자, 노동자 모두를 포괄하고 있었다.[8]

당시 산업전도와 관련된 활동이 어떻게 진행되었는지 알 수 있게 해주는 현장보고서에 따르면 산업전도를 위한 교육은 노동자들의 요구에 따라 노동문제, 산업전도 문제, 공장 안에서의 신앙문제 등을 다루었다. "1) 산업사회 안에서의 자기 신앙의 내용이 무엇이며, 2) 그 사회 안에서 개인소명과 공동사명, 3) 산업사회에 대한 이해 등에 강조를 둔 노동자 및 지도자 훈련을 실시한 것이다."[9] 즉, 개신교 신앙인으로서 작업장에서는 어떤 모습이어야 하는지에 초점을 맞춘 신앙훈련 성격이 강한 교육이었던 것이다.

이러한 산업전도 활동이 10여년 가량 계속되던 중 전태일 사건이 발생했고 현장 실무자들 사이에서도 "단순한 복음전달자로서는 산업사회의 노동자에 접근조차 하기 어려우며 진정으로 그들의 삶의 문제를 포용키 어렵다"[10]는 반성이 일게 되었다. 목회자들이 노동 현장으로 파송되어 노동자의 일상을 경험하고 노동 현장으로부터의 필요를 파악하려는 노력이 시작된 것이다. 예장통합에서는 조지송 목사가 탄광, 철광, 섬유공장 등을 돌며 노동현장을 체험하였고 감리교에서는

---

8 조승혁, 『도시산업선교의 인식』(서울 : 민중사, 1981), pp. 39-44.
9 기독교도시산업선교위원회, 『평신도 운동을 통한 산업전도의 과제』, 조승혁, 『도시산업선교의 인식』, p. 94에서 재인용.
10 한국기독교사회문제연구원, 『1970년대 민주화운동과 기독교』(서울 : 한국기독교사회문제연구원, 1982), p. 86.

조승혁, 김치복, 조화순 목사 등이 현장을 찾아들어 갔다. 기장에서는 고재식, 이규상, 정태기, 김광집 전도사 등이 노동체험을 하며 산업선교 훈련을 받았다.[11] 이렇게 노동현장을 직접 체험한 목회자들은 개인전도에 초점을 맞춘 산업전도 방식으로는 진정한 복음이 전달될 수 없다고 여기게 되었는데 이에 관련한 조승혁 목사의 설명은 다음과 같다.

> 이제 교회는 교회적인 역사나 신학, 또는 제도와 전통에서 벗어나 세상의 생생한 문제를 만나 이를 이해하고 소화하는 곳에서 교회의 사명을 감당하여야 하겠다. 교회는 건물 중심에서 벗어나 일하는 세계와 근로자를 교회로 삼아야 할 것이다. 하늘을 나는 말씀이 아니라, 과도노동, 임금인상, 노사분쟁, 부당노동행위, 산재보험, 해고문제 등이 기독교적인 면에서 이해되고 해석되어지는 피부에 닿는 설교를 통하여 메시지가 전달되어져야겠다. 말로만의 사랑이 아니라 우리가 현실적으로 섬겨야 할 그리스도가 근로대중임을 명심코 십자가의 경험을 근로대중을 위한 행위를 통해서 경험하는 마음의 자세가 성숙되어질 수 있는 데까지 교회는 나와야겠다.[12]

이 같은 인식이 가능해진 것은 노동현장의 체험과 함께 1968년 WCC 웁살라대회에서 제시된 하나님의 선교[13] 개념이 한국교회 일각

---

11 영등포산업선교회 40년사 기획위원회, 『영등포산업선교회40년사』, p. 59, p. 96.
12 조승혁, "근로자와 교회", 대한기독교서회, 「기독교사상」통권 제136호 1969년 9월호, p. 83.
13 1968년 스웨덴에서 개최된 WCC 웁살라 대회에서 발표된 '하나님의 선교' 개념은 당시 전세계적으로 거세게 일어났던 인권운동과 관련 개신교 내에서 신학적인 논의과정을 통해 입장을 정리한 내용이다.

에 적극적으로 소개되었기 때문이다.[14] 진보적 선교관을 바탕으로 산업선교활동이 본격적으로 확산되면서 1978년 9월 5일부터 7일까지 수유리 아카데미하우스에서는 NCCK 신학문제연구위원회와 도시농촌선교위원회가 산업선교신학정립협의회를 열고 산업선교신학선언을 발표하였다. 이 협의회는 당시 산업선교 활동이 고용주나 국가기관에 의해 용공으로 매도되며 이념공세를 받게 되자 이에 대한 대응 차원에서 열린 것이다.

산업선교신학선언은 산업선교에 대한 비복음성, 용공성, 불순성 비난에 대한 신학적 비평을 포함하고 있다. "산업선교는 산업사회를 대상으로 한 복음운동이기 때문에 기독교 선교의 개념을 가장 구체적으로 밝혀주는 것으로…산업사회에서 짓밟힌 인권을 예수의 이름으로 회복시키며 정당한 노동의 대가를 받지 못하는 사람들에게 예수의 정신에 따라…계약을 이행케 하도록 하는 일이다…특히 오늘의 한국사회를 구조적으로 바꾸어가고 있는 산업사회 속에서 하나님 자신의 뜻에 의하여 진행되어지며…하나님의 선교에 영광스럽게도 동참하는 직책을 받은 것이 산업선교"[15]라고 신학적 정당성을 밝혀 놓았다. 제대로 된 대우를 받지 못하는 노동자들과 열악한 환경 속에서 도시 빈민으로 살아가는 가난한 이웃들의 인권을 개선하고 지원하는 도시산업선교회 활동은 바로 하나님의 선교의 일환이라는 주장이다.

---

14 NCCK는 1978년 8월 『산업선교를 왜 문제시하는가?』라는 책자를 통해 산업선교에 관한 구체적인 입장을 정리하였다. 한완상 박사 "선교의 거침돌", "한국교회 선교의 새로운 방향", 박형규 목사 "도시선교란 무엇인가?", 조승혁 목사, "산업선교는 왜 하여야 하는가?", 조지송 목사, "산업선교의 특성과 문제점", 인명진 목사, "노동문제와 산업선교", "인천 동일방직사태 경위보고", 김관석 목사 "세계 공동체 속의 한국교회" 등의 글을 통해 학계, 산업선교 실무자, NCCK 등의 입장을 밝혔다. 이들의 신학적 토대는 '하나님의 선교' 개념을 기반으로 하고 있고 NCCK는 당시 남한 교회에 새로운 선교개념을 소개하는 역할을 하고 있었다.
15 이덕주·조이제, 『한국그리스도인들의 신앙고백』, pp. 312-326.

(2) 도시빈민을 위한 인권운동

도시빈민을 위한 인권운동은 1968년 12월 2일 연세대 도시문제연구소가 창립되면서 시작되었다. 미국연합장로교 도시산업선교 총무인 조지 타드(George Tad) 목사가 한국을 방문하였을 당시 도시빈민문제에 관심을 갖고 활동하던 개신교 목회자들이 도움을 청하였고 타드 목사는 3년에 걸쳐 10만 달러 지원과 교육훈련가 파송을 약속했다. 이어 연합장로교 소속 화이트(White) 목사가 내한하여 도시문제연구소 내에 도시선교위원회가 만들어졌는데 이론교육과 더불어 현장 중심의 선교활동을 추진하게 된다.[16] 도시선교위원회에는 개신교 박형규 목사가 위원장으로 임명되었고 가톨릭 박종선 신부, 마가렛 수녀 등 신구교 교역자가 공동으로 참여하는 교육훈련프로그램이 진행되었다.

도시선교위원회는 1969년부터 1973년까지 낙산아파트, 연희아파트, 금화아파트, 창신동 등 슬럼지역을 중심으로 도시빈민운동을 위한 실무자 교육을 진행하였다. 교육 후에는 지역의 현안을 해결하기 위해서 지역운동에 합류하였다. 1969년 창신동에서 문제가 된 철거에 따른 보상 문제나 차후 대책 등을 위해 청원운동과 시위에 협력한 사례가 대표적이다.[17] 이는 앨린스키(Saul Alinsky)[18]의 지역주민조직

---

16 한국기독교교회협의회 인권위원회, 『1970年代 民主化運動, I』(서울 : 한국기독교교회협의회 인권위원회, 1986), p. 133.

17 1970년 4월에는 와우아파트가 붕괴되는 사건이 발생한다. 이를 계기로 시민아파트 주민 조직운동이 더욱 고조되었는데 주민들이 자치조직을 통해 자발적으로 문제해결에 나선 성공적 경험으로 기록되었다. Margaret & Herbert White ed., *The Power of People*, EACC-UIM, 1973, Tokyo, 69. 한국기독교사회문제연구원, 『1970년대 민주화운동과 기독교』(서울 : 한국기독교사회문제연구원, 1982) 재인용, pp. 90-91.

18 사울 D. 알린스키는 지역사회조직 이론을 개발하였는데 오재식에 의해 소개되었다. 오재식은 월드비전 회장, 아시아교육연구원 원장 등을 역임하면서 NCCK 활동에도 주력하였다. 전민경, "한국 기독교 NGO의 발달과정과 오재식의 생애사적

(Community Organization) 운동이론을 한국 사회에 도입하는 과정에서 시도된 것이었지만 개신교 사회운동 발전에 있어서 중요한 경험이 되었다.[19]

1970년 4월 29일 21개 시민아파트 지역에서 주민대표 240명이 참여하는 서울 시민아파트 자치위원회를 본격적으로 가동시켰다. 도시빈민선교를 위한 미국연합장로교회에 의한 3년 지원기간이 끝나자 기감, 기장, 예장통합 등 주요 개신교 교단 소속 성직자들은 1971년 9월 1일 초교파적 선교기구인 수도권도시선교위원회를 조직하게 된다. 이들의 목표는 "도시빈민지대의 힘없고 가난한 이들이 자신들의 문제를 돌아보고 이를 스스로 해결할 수 있는 힘을 갖게 하는" 선교활동을 전개하는 것이었다.

구제 중심의 선교를 뛰어 넘어 지역주민들의 의식을 일깨우고 주체적으로 참여하도록 돕기 위한 지원활동을 천명한 것이다. 수도권도시선교위원회는 활동지역과 책임자를 분담하여 나누고 서울의 오장동, 영등포 구로동, 사근동, 성동지역, 그리고 인천의 만석동과 안양 등지로 찾아가 철거민 이주 문제나 불공평한 세금 징수, 의료문제 등 지역현안을 해결하고자 하였다. 남대문 시장인근과 도봉동, 신정동 등 여타 지역에도 실무자들이 파견되어 주민조직운동이 이어졌다. 또한 청계천 성정동에서는 활빈교회가(1971년 10월) 설립되었고 광주 대단지에서도 주민교회가(1972년 4월) 출범했다.

그러나 1973년 7월 남산 부활절연합예배사건으로 위원장이었던 박형규 목사와 권호경 전도사가 구속되고, 9월 14일에는 인천에서 이해학 전도사가 구속되는 등 실무책임자들의 활동이 불가능해지자 수도권도시선교위원회를 중심으로 한 선교활동은 중단되게 된다. 이후

실천에 대한 연구", 성공회대학교 NGO대학원 석사학위논문, 2010.
19 조승혁 편엮,『알린스키의 생애와 사상』(서울 : 현대사상사, 1983)

1973년 12월 수도권특수지역선교위원회로 명칭을 바꾼 도시빈민선교는 활동지역을 서울의 빈민지대로 집중시키면서 조직을 재정비하고 새롭게 활동하게 된다.[20] 수도권특수지역선교위원회 신조에는 다음과 같이 활동 방향과 목적이 표명되어 있는데, 하나님의 선교 신학 사상을 바탕으로 한 것을 알 수 있다.

> 우리는 하나님의 뜻을 이 땅에 이루기 위하여 하나님과 함께 일하는 선교자이다(마 4:23, 고후 6:1). 우리는 이 사회의 소외지역에서 가난과 질병에 시달리고 절망의 수렁에서 몸부림치는 민중의 신음소리를 듣는다(출 3:7). 우리는 오늘날 정치적, 경제적, 사회적 부조리가 하나님의 사랑의 도리를 저버린 부유한 자와 특권자 그리고 지식인들의 부정과 부패, 수탈과 억압에 기인한다고 본다(암 5:10-13)…우리는 가난한 백성에게 그리스도의 은혜의 해(눅 4:13-18)를 선포하고 그리스도의 몸이 되어 그늘 속에서 하나님의 해방 사업에 참여하는 것이 오늘의 교회에 주어진 근본적인 선교사명이라고 믿는다(마 25장).[21]

사회적 약자들이 고난에 처하게 되는 근본 원인이 정치, 경제, 사회의 부조리한 현실에 있기 때문에 그 해결책 모색이 곧 하나님의 선교라고 받아들였던 것이다.

(3) 노동자를 위한 인권운동

전태일의 분신사건은 개신교는 물론 노동운동 전체에 획기적인 전환점이 되었다.[22] 당시 평화시장은 노동운동의 사각지대라 할 수 있을

---

20 한국기독교교회협의회 인권위원회, 『1970年代 民主化運動, I』, pp. 132-136.
21 한국기독교교회협의회, 앞의 책, p. 140에서 재인용.
22 안병무, "민중에 의한 전승", 『안병무전집 2-민중신학을 말한다』(서울 : 한길사,

정도로 노동환경이 열악했다. 개신교인이었던 전태일[23]은 삼동친목회 활동을 하면서 평화시장, 통일상가, 동화시장 등에 입주해 있던 8백 여개 업체 2만 5천여 노동자들의 근로조건을 조사하였다. 그에 따르면 하루 작업시간 평균 13-14시간, 한 달 작업일 평균 28일이었다. 일요일조차 제대로 쉬지 못하는 연속근무로 여성노동자 대부분은 신경성소화불량, 만성위장병, 신경통 등을 앓고 있었다. 더욱이 보조로 일하는 13-17세 소녀들은 영양실조와 직업병에 시달리면서 월 3천원의 임금을 받는 형편이었다.[24] 1969년 한국노총의 사업보고서에는 1967년 당시 생계비가 19,590원일 때 사무직 노동자 임금이 16,210원인 반면 중노동 노동자 임금이 9,500원, 경노동 노동자 임금이 6,435원이었다. 이보다 더 낮은 월 3,000원의 임금을 받고 일하는 어린 노동자들의 노동환경은 처참한 것이었다.[25]

전태일은 최하층 노동자들의 기본적인 처우개선을 위한 노동운동을 펼쳤으나 노동탄압이 거세지기만 하자 분신이라는 극단적인 방법을 통해 근로조건개선을 호소했다. 이러한 전태일의 분신은 1973년 11월 27일 전국연합노조 청계피복지부 결성으로 결실을 이루게 된다.[26] 개신교 내부에서도 사회의 가장 낮은 곳에서, 가장 낮은 자들을 돌보는 민중신학이 태동하는 계기가 되었다.[27] 도시산업선교회 활동

1993), pp. 313-317.
23 전태일은 창현교회의 주일학교 교사로서도 활동하였다. 이덕주, 조이제 편,『한국 그리스도인들의 신앙고백』, p. 306.
24 김정남,『진실, 광장에 서다』(서울 : 창비, 2005), pp. 37-38.
25 조승혁, "근로자와 교회",「기독교사상」제136호 1969년 9월호, p. 80에서 인용.
26 임송자, "전태일 분신과 1970년대 노동·학생운동", p. 337.
27 70년대 들어서 민중의 저항이 극적인 사건들로 터져 나오자 진보적 개신교인들은 구체적 사건들에 개입하면서 보다 조직적으로 행동화하기 시작하였다. 한국기독교사회문제연구원,『1970년대 민주화운동과 기독교』(서울 : 한국기독교사회문제연구원, 1982), p. 119.

은 1970년대 노동운동에 있어서 섬유산업 중 여성노동자들이 다수를 점하던 작업장을 중심으로 전개되었다. 이들 작업장들은 당시 산업별 노조에 가입되어 있지 않거나 가입되어 있더라도 근로기준법 적용이 불가능한 형편이었다. 특히 유신체제에서는 국가권력과 반공이데올로기가 강고하고 산별노조체제를 통해 노동운동이 통제되는 상황이었다.

이에 도시산업선교회는 국제개신교와 NCCK의 지원을 받으며 활동하였다.[28] 1970년대 경인지역 대규모 작업장에서 노동조합이 결성되는 경우 예외 없이 산업선교회의 영향을 받아 이루어졌는데 동일방직, 원풍모방, 남영나이론, YH무역, 반도상사, 콘트롤데이타 등의 사례가 대표적이다.[29] 1987년 민주노조운동이 정점에 도달하기 전 1980년대 초반까지 산업선교회는 민주노조운동에 있어서 중심적인 역할을 감당하였다. 당시 도시산업선교 출신 민주노조운동 활동가들의 증언을 통해 확인해 보면 다음과 같다.

> 이원보(한국노동사회연구소 소장) : 이미 70년대 전반기에 산업선교회가 조직 증가에 기여하게 되는데 왜 그런가 하면 조직을 하긴 해야 하는데 독자적으로는 할 수가 없으니까 가까이 산업선교회에 가서 자문도 구하게 되고 해서 조직을 만드는 예가 많았습니다.
>
> 김지선(삼원섬유) : 외부적으로 드러나서 공동투쟁을 한 경험은 없지만

---

28 도시빈민활동은 주로 주거문제해결을 위한 지역주민 자치활동으로 1968년 창립된 연세대 도시문제연구소를 중심으로 1973년까지 활발하게 진행되었다. 본 연구에서는 논의를 집중하기 위해 도시산업선교회의 활동에 주목하여 분석하기로 한다. 도시빈민의 주거 문제가 결국 노동자들의 주거문제로 환원되는 측면이 있기 때문이다.

29 권진관, "1970년대의 산업선교 활동과 특징", 한국기독교역사연구소, 『한국기독교와 역사』Vol. 22, 2005, p. 88-89. 성공회대학교 사회문화연구소, 『1970년대 산업화초기 한국 노동사 연구』(서울 : 노동부, 2002), p. 351, p. 387.

지금 YH나 동일방직이나, 특히 저는 동일방직에 가까이 했어요. 인천 같은 경우는 산업선교가 중요하게 반공이데올로기나 노동자들에 대한 이데올로기로부터 극복해주는 외피 역할을 했어요.

김정근(민주노총 쟁의국장) : 당시에는 집회시위 자체가 불법이었기 때문에 집회는 종교건물에서나 가능하였으며, 특히 경인 지역의 주요 집회는 거의 교회에서 개최하였다. 집회 내용은 탄압내용과 투쟁현황 공유, 단결을 강화하는 노래극 또는 연극 등의 문화행사, 노선, 사상 투쟁의 장으로 진행되었다.

이근복(새민족교회 목사) : 아마 노동운동을 하는 사람 치고 영산회관의 집회에 한번이라도 참석하지 않은 사람은 없었을 것입니다. 아무튼 1985년을 전후하여 영산은 지역노동운동의 메카였습니다. 영등포 구로지역의 노동자들을 다 지도할 수 있는 능력이 되지는 않았지만 영산은 노동운동의 보루였습니다.[30]

도시산업선교회는 일차적으로 노동교육을 통해 노동자들의 의식을 변화시켜 노동자들이 자신의 삶에 긍지를 갖게 하는 등 노동자로서의 주체의식 형성에 주력하였다. 육체노동을 천하게 여기는 전통적인 사고가 노동자 스스로 열등감을 갖게 했다면 도시산업선교회의 노동교육은 자본주의 사회가 구축한 구조적 모순과 정치적 억압에 대항하여 노동인권을 주장할 수 있도록 노동자들의 의식을 키우는 교육이었다.[31] 열악한 노동조건 개선을 위한 민주노조 운동과 더불어 인권 및 민주주의 교육은 노동자 스스로 문제해결의 주체로 나설 수 있는 의

---

30 김재성, "도시산업선교가 노동운동에 미친 영향", 한국신학연구소, 『한국개신교가 한국 근현대의 사회, 문화적 변동에 끼친 영향 연구』(서울 : 한국신학연구소, 2005), pp. 525-526.
31 김재성, 앞의 글, p. 527.

식개혁 운동이었다. 당시 도시산업선교회 회원으로 교육 프로그램에 참여하였던 한 노동자는 다음과 같이 회고했다.

> 8개월 동안 격주로 모여서 밤에, 거의 밤새우다시피 하는데, 강사가 고정되어 있지 않아요. 필요한 신학교수도 오고 뭣도 오고. 조화순 목사님이나 교회는 대단히 인간 본래적으로 가지고 있는 인간에 대한 사랑이라든가, 양심이라든가, 정의감이라든가, 의협심 그런 걸 정말 콱 끄집어내는 형식이야. 강의가 됐든 뭐가 됐든 굉장히 감동적이었어요. 빼놓지 않고 나가게 된 게 그 감동 때문이었어요. 강의 중심이 아니라, 토론하고, 참 좋았던 게 촛불의식 같은 것. 너나없이 그 자체에 감동되어서 눈물 줄줄 흘리고 사람들 부둥켜안고 동지애와 형제애를 느끼게 하고요…산업선교회라든가 크리스천아카데미 등의 영향이 그런 데서도 나타난 거야. 단순히 먹고 사는 것 이상의 가치를 심어줬다고 하는 것, 그걸 위해서는 정말 목숨까지도 버릴 수 있다고 하는, 그런 정의감이라든가 양심이라든가, 연민, 의협심 이런 것들이 실제 그것이 바로 단위 사업장 안에서도 지도자들이 그런 자세들을 가지고 있었기 때문에 대중들에게 전폭적인 신뢰를 얻을 수 있었고 또 그것이 버텨나갈 수 있는 힘이었다고 봐요.[32]

영등포와 인천의 산업선교회가 초창기 진행한 프로그램은 주로 산별노조와의 긴밀한 협조 하에 이루어진 노동자 및 노조간부 교육이었다. 또한 미조직 노동자들을 대상으로 노동조합 조직 교육에 주력하였고 조직이 완성된 후에는 산별노조와 연결시키는 등 노동조합운동

---

32 성공회대학교 사회문화연구소, 『1970년대 산업화초기 한국 노동사 연구』, p. 359, p. 365.

을 지원하였다.[33]

도시산업선교회는 1969년부터 노동운동 지도자 훈련 프로그램을 실시하였는데 노동운동의 실제와 이론, 조직가의 자질과 노조 조직기술 등 노동조합활동을 위한 전문교육이었다. 이러한 교육은 3년에 걸쳐 총 21회 진행되었고 약 12,000명의 교육생들이 배출되었다. 1968년부터 1972년까지 영등포산업선교회와 경인지역 산업선교회가 지원한 노조는 100여개에 이르며 노동자 수는 4만 여명에 달했다.[34] 1970년대 출범한 청계피복지부(1970.11.22), 동일방직 노동조합(1972.5.10), 원풍모방 지부(1972-1974), 콘트롤데이타 지부(1973.4.15), YH무역지부(1975.5.24) 등은 핵심적인 민주노조였고 대부분 도시산업선교회가 주도하거나 지원하는 가운데 형성되었다.[35] 이렇게 도시산업선교회는 노조조직 뿐만 아니라 이후 발생한 노동쟁의에 있어서도 핵심적인 역할을 했다.

한편 전태일 사건으로 노동운동에 더 큰 관심을 보이기 시작한 NCCK는 노동운동과 민주화운동에 대한 탄압이 심해지는 상황[36]에서 1973년 11월 23-24일 신앙과 인권협의회를 개최하고 연달아 발생하는 인권침해 문제를 지속적으로 다룰 상설기구를 설치하기로 결정하였다. 이 협의회는 학원, 여성, 노동자, 언론인 등 구체적인 인권보

---

33 한국기독교사회문제연구원, 『1970년대 민주화운동과 기독교』, p. 120.
34 영등포산업선교회 40년사 기획위원회, 『영등포산업선교회 40년사』, p. 96.
35 국교회산업선교25주년기념대회 자료편찬위원회, 『노동현장과 증언』(서울 : 풀빛, 1984), pp. 280-450. 1973년-1979년까지 도시산업선교회나 JOC가 주도한 주요 노동쟁의들에 관한 증언들을 기록하고 있다.
36 1972년 유신헌법이 채택되고 유신체제가 가동되자 노동운동과 도시빈민운동, 농민운동 등 기존의 기층운동들에 대한 탄압이 노골적으로 이루어졌다. 부문운동 차원의 사회운동은 유신철폐를 주장하는 범민주 운동으로 확산되었고 이에 성직자, 학생, 노동자 등의 무차별 투옥이 이어졌다. 이러한 상황 하에서 개신교는 교단 차원에서 뿐만 아니라 NCCK 차원에서 공동대응을 해나갈 필요가 생기게 된 것이다.

호 대상을 언급한 한국교회 최초의 인권선언을 발표하기도 했다.[37]

1. 억눌린 자들을 해방시키는 복음적 교회가 되기 위하여 교회의 내적 갱신을 기한다.
2. 교회는 개인의 영혼 구원에 힘쓸 뿐만 아니라 '구조악'으로부터 인간을 구출하기 위하여 사회 구원에 힘쓴다.
3. 교회는 인권 확립을 위하여 교회의 자원을 집중시킨다. 국제사회 속에 살고 있는 우리는 세계 교회와 함께 인권 확립을 위해 투쟁할 것이며, 이 투쟁은 세계의 평화와 인간 회복의 꿈이 실현되어 하나님의 나라가 성취되기까지 지속할 것을 우리는 신앙공동체로서 선언하는 바이다.[38]

선언문 1항은 교회의 내적 갱신을 우선적으로 언급하고 있는데 당시 위급한 인권 상황에 대한 교회의 관심을 촉구하는 의미가 있었다. 또한 구원의 차원이 개인을 초월하여 사회 구원으로 확장되고 이를 위해 세계교회와의 연대를 추구하였다.

1974년 4월 11일에는 NCCK 인권위원회가 조직되었다. 인권위원회는 "인간의 존엄에 관한 성서적 신앙에 입각하여 선교의 자유를 수호하며 인권의 유린을 방지 또는 제거하는 책임을 교회로 하여금 성실히 이행하도록 촉구함"[39]을 천명했고 이후 개신교 인권운동뿐 아니라 민주화운동에 있어서도 중요한 토대가 되었다. 인권위원회에는 예

---

37 이덕주, 조이제, 『한국그리스도인들의 신앙고백』, pp. 309-312.
38 한국기독교교회협의회, 『한국교회 인권운동 30년사』, p. 61.
39 한국기독교교회협의회 인권위원회, 『1970年代 民主化運動, I』, pp. 57-94. NCCK인권위원회의 조직과정과 구체적 활동에 대해 자세히 기록하고 있는데 당시 인권운동에 있어서 사회적 거점역할을 담당하였다. 신앙의 발로에서 출발한 인권운동이었지만 정부의 노동통제정책과 충돌하면서 탄압받게 되었다.

장통합과 기감, 기장을 비롯 6개 교단 대표 12명이 참여하였고 예장 통합과 기감, 기장은 도시산업선교에 있어서도 연대활동을 펼쳐나갔다. NCCK 인권위원회는 개신교 교단 참여를 바탕으로 도시산업선교회 활동에 대한 신학적 방어를 위해 산업선교신학선언을 발표하는 등 노동조합운동에 대한 이념적 탄압에 대응하였다.

1978년 2월 21일 발생한 동일방직 사건은 대표적인 사례이다. 인천 동일방직 노조지도부를 선출하는 과정에서 이를 방해하기 위해 투표하러 오는 여성 노동자들에게 인분을 뒤집어씌우고 얼굴에 문지르거나 입, 귀, 가슴에 던져 넣는 사건이 발생했다. 뿐만 아니라 고용주측과 정부 당국은 도시산업선교회가 공산주의단체로서 노동자 배후에서 노동운동을 조종한다고 비방하며『산업선교는 무엇을 노리나』, 『정치신학의 논리와 형태』,『이것이 산업선교다』,『산업선교, 왜 문제시되는가』[40] 등의 책자를 한국노총 조직을 통해 배포하였다. 도시산업선교가 본격적으로 용공으로 매도되기 시작한 것이다. 이에 예장 통합, 기감, 기장, NCCK, 사회선교협의회, 기독청년협의회 등은 대책위원회를 구성하고 공동으로 대처했다.[41] 특히 영등포산업선교회를 책임지고 있었던 인명진 목사가 설교 내용 문제로 구속되자 예장통합 측은 예장산업선교회수호위원회를 결성하고 교단 차원에서 대응하는 상황이 벌어지기도 했다.[42]

---

[40] 장숙경의 연구에서는 홍지영의 활동에 대한 자세한 내용이 소개되고 있다. 종교문제연구회 소장 홍지영이 발간한 이들 책자들은 급속도로 퍼져 나가세 되었고, 그는 경찰교육과 한국노총이 주관하는 새마을교육, 노동문제 세미나, 조직활동대 요원 교육 등에도 특별강사로 초청되어 강연에 나섰다고 한다. 또한『현대사조』와『자유공론』등을 통해서도 산업선교에 대한 이념공세가 이어졌다고 한다. 장숙경, "한국 개신교의 산업선교와 정교유착," 성균관대학교 대학원 박사학위논문, pp. 267-284.

[41] 이덕주, 조이제,『한국그리스도인들의 신앙고백』, p. 313.

[42] 영등포산업선교회 편,『영등포산업선교회 40년사』, pp. 198-199.

이런 배경 속에서 발표된 산업선교신학선언은 무엇보다 용공논란에 대해 소명하고자 하였는데 이를 계기로 산업선교에 임하는 진보적 교회의 입장이 정리되었다.[43]

> 산업선교는 산업사회에서 가장 고난당하고 있는 형제들에 대한 하나님의 사랑을 실천하고, 이 형제들을 부당하고 억울하게 하는 기업주들의 횡포를 묵인 내지 비호하는 불법을 고발하는 일은 오히려 하나님의 공의를 천명하고 사회정의를 부르짖는 일이다. 결코 공산주의가 말하는 계급의식에서 조직과 폭동을 정당화하는 일은 아니다.
> 산업사회에서 착취와 수탈당하는 약한 인간들에게 진정한 인간애를 표시함이요, 기업가의 노동자 학대와 핍박을 깨우쳐 줌으로서 산업사회에 침투할 수 있는 공산주의의 유혹을 가장 적극적으로 저지하는 운동이 산업선교이니만치 더 구체적인 운동을 하는 것을 다른 곳에서는 볼 수 없다.[44]

산업선교가 신앙심을 바탕으로 하는 사회적 실천이라는 주장과 공산주의를 위한 계급투쟁이 아님을 주장하며 오히려 공산주의에 대한 유혹을 저지하기 위한 활동이라는 논리를 펴고 있다. 당시 공산주의는 진보적 입장에서도 배척의 대상이었고 산업현장에서 발생하는 비인간화 현상이 오히려 공산주의 침투에 유리하다고 인식하는 입장이었다.

또한 산업선교는 샬롬화를 목표로 하기 때문에 "산업사회에 속한

---

43 대한예수교장로회 총회전도부 산업선교위원회 편, 『교회와 도시산업선교』(서울: 대한예수교장로회 총회전도부, 1981), pp. 183-200.
44 이덕주, 조이제, 『한국그리스도인들의 신앙고백』, p. 317.

모든 사람-기업주나 노동자를 포함한-에게 예수 그리스도의 구원의 메시지를 전달하여 이 사회 전체가 하나님의 나라의 한 부분이 되어 가도록 힘써야"[45] 한다고 하여 계급 혁명과는 차별화했다.

이밖에도 NCCK는 신학문제연구위원회, 도시농촌선교위원회 등을 통해 70-80년대 민주화 과정에서 불거진 다양한 인권 이슈들에 대해 성명서를 발표하고 시국기도회와 법률지원 등을 통해 인권운동을 이끌었다.[46] 도시산업선교회가 민주노조운동을 지원하며 노동현장으로 파고들어 직접적으로 노동선교를 감당했다면 NCCK는 민주화운동과 인권운동에 있어서 대정부투쟁이 가능하도록 물리적, 정신적 장을 제공하였다. 진보적 교회는 유신체제 하에서 대통령긴급조치와 국가보위법으로 노동운동과 민주화운동이 억압되는 상황 속에서 시민저항의 근거지가 되었다.

---

[45] 이덕주, 조이제, 앞의 책, p. 320.
[46] 언론이 통제되는 상황에서 NCCK는 인권운동이나 산업선교에 있어서 발생하는 시사적인 이슈들에 관한 신학적 입장을 정리, 신앙고백서 형식이나 성명서 형식으로 발표하곤 했다. 이덕주와 조이제의 조사에 따르면 1970년대 개신교에서 발표된 성명서는 332건에 이른다. 이덕주, 조이제, 앞의 책, 부록 '신앙고백 및 성명서 목록' 참조.
또한 1974년 7월 18일 민청학련 사건 관련 구속자들을 위한 목요기도회가 시작되어 5월 13일 대통령 긴급조치 제9호가 선포되어 중단되기까지 매주 목요일마다 지속되었다. 1976년 3.1민주구국선언 이후에는 금요기도회가 진행되었는데 1976년 5월 3일 시작되어 1979년 10.26사태가 벌어졌을 때까지 지속되었다. 시국사건이 발생하면 개신교 내부에서는 기도회를 통해 모임을 갖고 구속자들의 근황과 현안들에 대해 정보를 교환하며 대책을 논의하게 된다. 또한 인권운동과 민주화운동으로 구속되는 개신교인들을 위해 법률구조활동도 전개된다. NCCK는 1977년 5월 26일 임원회를 열고 법률구조 활동의 대상이 되는 사건을 정하고 구조 활동의 범위에 대해서도 규정하게 된다. 한국기독교교회협의회 인권위원회, 『1970年代 民主化運動, I』, pp. 85-103.

3) 인권운동의 특징

1960년대 말부터 1970년대까지 개신교 인권운동은 도시빈민과 노동자들을 지원하는 데에 집중되었다. 도시빈민운동은 슬럼가나 도심 주변 빈민지역에서 주거문제와 생존권 문제를 해결하기 위해 지역주민들을 조직화하며 집단행동으로 발전할 수 있도록 교육하는 방식이었다. 노동운동은 기존의 노조가 노동자들의 열악한 노동조건을 개선하지 못하는 것으로 판단, 개별 사업장 별 민주노조 조직을 지원하는 방식이었다.[47] 노조 지도자 배출을 위한 전문교육을 실시하고 실질적 조직 활동도 지원했던 것이다. 그러나 이러한 개신교의 인권운동이 사용주로부터는 물론 정부로부터도 용공세력이라는 이념적 공격을 받게 되자 개별 사업장 차원을 넘어서는 투쟁으로 확산되었다.

개신교 인권운동에 나타난 특징들은 다음과 같이 정리할 수 있다.

첫째, 인권운동에 적극적으로 나섰던 진보적 교회는 신앙 고백적 차원에서 사회적 약자들에 대한 권리를 주장하였다. 산업화와 도시화가 낳은 성장의 그늘 속에서 기본적 생존권조차 보장받지 못하는 도시빈민이나 열악한 작업환경 속에 처한 노동자들을 위해 사회적인 해법을 찾아 나섰던 것이다. 더구나 청년노동자 전태일이 분신을 통해 노동자 인권수호를 호소하는 사건을 접하면서 기층민들을 대상으로 하는 사회적 실천에 눈뜨게 되었다.[48] 신학적으로는 1952년 빌링겐대회에서 제시된 하나님의 선교가 이후 1961년 뉴델리대회와 1968년

---

47 당시의 노조는 한국노동조합총연맹(한국노총)이 산업별노조체계로 구조화되어 있었기 때문에 산별노조에 가입하지 못한 개별사업장은 노조활동을 할 수 없는 형편이었다.

48 1960년대 학생과 지식인들이 중심이 되어 한일협정반대, 3선 개헌 반대 등의 민주화운동에서 기층민 중심의 운동으로 삶의 현장을 찾아 본격적으로 나서게 되는 분기점이 되었다고 여겨진다.

움살라 대회를 거치면서 인간화 개념으로 발전하였는데 이로써 교회 울타리를 벗어나 사회 현장에서 신앙적 실천행위로서의 인권운동에 참여할 수 있는 근거가 마련되었다.

둘째, 한국교회 인권운동은 도시빈민이나 노동자들의 삶의 현실 속으로부터 필요를 충족시키기 위한 정치활동으로 발전하였다. 이는 관념론적 사회운동과는 다른 접근으로 상향적(Bottom-Up) 운동방식이라 할 수 있다. 슬럼지역과 시민아파트 지역에서 주민조직운동을 펼치기 위해 교육훈련을 진행했던 도시빈민선교는 1973년 발생한 남산부활절연합예배 사건을 기점으로 정치적 투쟁과 연계되었다. 또한 영등포도시산업선교회, 기독교도시산업선교회(인천)[49] 등 지역을 기반으로 하는 도시산업선교회가 노동조합 조직과 노조활동을 지원하는 교육프로그램을 운영하면서 노동문제가 단순히 개별 작업장에서의 노사 간 문제가 아니라 정치와 경제 등 사회전체의 구조와 관련된 문제임을 깨닫게 되자 개신교 노동운동은 산업선교 차원을 넘어서는 정치적 민주화운동으로 확산되었다.

셋째, 한국교회 인권운동은 교회나 교단들의 연합을 통해 진행되었는데 국내뿐만 아니라 국제 개신교 조직과도 연대했다. 개별교회↔교단↔개신교 연합단체↔국제 개신교기구 등 범 개신교 네트워크를 형성하며 이루어졌는데 이는 물리적, 인적, 정신적으로 중요한 자원이 되었다. 1957년 3월 미국 장로회 소속으로 CCA 산업전도위원회 총무를 맡고 있던 헨리 존스(Henry D. Jones)목사가 내한한 이후, 예장통합은 산업전도에 적극적으로 참여하였고 NCCK 전도국 산하에는 산

---

[49] 대표적으로 영등포도시산업선교회는 1972년 한국모방 민주노조운동에, 인천기독교도시산업선교회는 192년 동일방직 노조민주화를 지원하였다. 성공회대학교 사회문화연구소, 『1970년대 산업화초기 한국 노동사 연구』, p. 229. 그 밖에도 서울도시산업선교회, 동서울도시산업선교회, 청주도시산업선교회, 경주도시산업선교회 등이 동일한 산업선교활동을 펼쳤다.

업전도위원회가 조직되었다. 그러나 WCC노선을 놓고 장로교 내에서 분쟁이 커지자 산업전도는 NCCK차원에서 이루어지지 못하고 개별 교단 차원에서 진행되었다. 감리교의 경우 시카고에서 산업전도 경험을 쌓았던 오명걸(George E. Ogle)목사가 인천 산업전도위원회에 참여하여 활동하였다.

표 2-1 도시빈민, 산업선교활동에 대한 정부 조치와 개신교 대응

시기	주요 이슈 및 활동내용	정부조치	개신교대응
1968~ 1979년 인권운동 관련 개신교 활동	● 이농민과 도시빈민들로 구성된 판자촌 등 도심 슬럼가 주민들의 자치활동 지원(철거, 상하수도 개수, 화장실개수, 전기가설 등)/도시빈민문제 관련 실무자 교육프로그램 진행, 지역주민조직 및 지역 현안 처리(서대문 금화아파트, 창신동 낙산아파트, 연희동 시민아파트, 오장동, 구로동, 사근동, 청계천, 이문동, 망우동, 성동, 인천, 안양 등지)[연세대 도시문제연구소 도시선교위원회] ● 도시산업선교회 활동-영등포산업선교회, 인천산업선교회 등		
	1973년 4월 부활절연합 예배 시 모인 10만 여명에게 2000여 전단지배포. 내용:"회개하라, 때가 가까웠느니라", "화있을진저 위정자여, 국민주권 대부받아 전당포가 왠말이냐!", "회개하라 이후락 중앙정보부장", "윤필용 장군을 위해 기도합시다" 등의 표현. 당시 유신체제하의 상황을 신앙적 표현을 통해 비판	배포된 전단지가 문제되어 7월 3일부터 5일 관련자들 구속. 내란예비혐의. 수도권도시선교위원회 실무자들 중 박형규 목사와 권호경전도사 등 목회자들과 KSCF학생단체 회원들 포함. 징역 1년에서 2년 형 선고. 그러나 이틀 만에 피고인 보석 결정	탄원서 제출. 성명서 발표. 기도회 개최. 교계지도자들 국무총리 면담. 독일, 일본, 미국 등 해외교회들과 개신교 국제기구 WCC에 호소
1973년	1973년 개신교 보수진영과 진보진영의 NCCK 연합체인 '대한기독교연합회'12월 24일 '개헌청원 100만인 서명운동': 1) 국민 기본권 보장 2) 삼권분립체제 재확립 3) 공명선거에 의한 평화적 정권교체의 길 열 것 등 주장./"경제의 파탄, 민심혼란, 남북긴장의 재현이란 상황 속에서 학원과 교회, 언론계와 가두에서 일고 있는 자유화의 요구"-민주수호국민협의회(함석헌, 장준하, 천관우, 김동길, 계훈제, 백기완 등)	1974년 1월 8일 대통령긴급조치1,2호 선포/1월 15일 장준하와 백기완 구속.1월 21일 김진홍, 이해학, 이규상, 김경락, 인명진, 박윤수 등 목회자들 구속 비상보통군법회의 회부/2월 24일 김동완, 이미경, 권호경, 박주환 등 구속	NCCK대책회의 소집, 교회와사회위원회 김종필 총리에게 서한 발송

1974년	학생운동조직 '전국민주청년학생총연맹' 이름으로 전단작성 4월 14일 한국신학대학 학생회 구국성명발표. 1974년 신학기부터 학생운동조직의 적극적 확산을 위해 집합. 이후 경북대, 서강대, 연세대 등 학생운동 분출 움직임/ '민중·민족·민주선언', '결의문', '민청학련의 전단'-	1974년 4월 3일 대통령 긴급조치 4호 선포. '민청학련'사건 발표, 국가의 안전보장에 중대한 위협이 되는 존재로 규정하여 최고 사형까지 규정. 1,024명이 수사대상이 되어 253명이 군법회의에 송치. 이들 중 윤보선, 지학순, 박형규, 김동길 등 개신교 지도자들 다수 포함	구속자 석방을 위한 목요기도회 시작, 4월 11일 NCCK인권위원회 발족, 11월 27일 '민주회복국민회의' 구성, '74년 인권선언문' 발표/ 구속자 석방을 위한 탄원서제출-박정희대통령 앞
1976년	1976년 3월 1일 '민주구국선언서' 발표. 명동성당에서 신구교 합동미사-문익환, 윤보선, 김대중, 함석헌 등의 이름으로 선언서 발표 준비. '민주회복국민회의', '갈릴리교회' 등	1976년 3월 10일 대통령긴급조치 제9호 위반혐의로 문익환, 함세웅, 김대중, 문동환, 이문영, 서남동, 안병무, 신현봉, 이해동, 윤반웅, 문정현 등 신구개신교 지도자 구속	1976년 3월 9일 NCCK인권위원회 '전국 교회에 드리는 편지' 소속교회들에 발송. '3.1성직자 구속사건 대책위원회' 조직과 입장발표. '성명서', '결의문', '공개서한', '진정서', '담화문' 등 발표
1978년	1978년 1월 22일 '『산업선교는 무엇을 노리나』배포에 관한 우리의 입장'/1978년 3월 22일 '도시산업선교 용공시에 대한 성명서'/1978년 3월 27일 '동일방직사건에 대한 성명서'/1978년 9월 5일~7일 '산업선교신학정립협의회' 개최 후 '산업선교신학선언' 채택-한국교회사회선교협의회, NCCK, 예장 산업선교수회위원회	1976년 초부터 개신교 내부 세력을 내세워 사회선교에 종사하는 사람들을 용공적이라고 선전하는 작업 전개.1월과 4월에 『한국기독교와 공산주의』, 『한국기독교의 이해』등 소책자 제작, 수사기관과 정보기관 등에 배포. 5월부터 7월에 걸쳐 도시빈민선교 관계자들이 장기 구금상태에서 조사받고 연행, 수색당하는 사건 발생. 권호경, 김동완, 허병섭, 모갑경, 박형규, 조승혁, 이규상 등 실무자들에 대한 장기구금 및 반공법위반혐의 수사	금요기도회 개최, NCCK인권위원회 경위조사 및 대책활동 '진정서', '건의문', 산업선교신학선언 채택

* 한국기독교교회협의회 인권위원회 편, 『1970년대 민주화운동 Ⅰ, Ⅱ, Ⅲ』 내용을 토대로 재구성

2. 인권운동과 통일운동 연계

1) 배경

1970년대 개신교 목회자들과 현장 활동가, 청년학생들이 본격적으로 도시빈민선교나 산업선교에 참여하면서 대통령긴급조치 제9호 혹은 국가보위법 위반으로 구속되는 사건들이 연이어 발생했다. 대표적으로 1973년 남산부활절 연합예배사건, 1974년 전국민주청년학생총연맹 사건(이하 민청학련사건), 1976년 3.1민주구국선언사건, 1978년 동일방직사건 등을 꼽을 수 있다. 이러한 사건들에 관여한 진보적 교회는 신앙 고백에 기반을 둔 사회적 실천차원에서 신앙 활동을 펼쳤던 것이다.[50]

이러한 상황이 지속되면서 한국교회가 본격적으로 통일운동에 임한 시기는 1980년대 초반부터이다. 1970년대 정부는 1972년 '7.4남북공동성명'과 1973년 6월 23일 '평화통일 외교정책선언'을 통해 조국통일 3대원칙과 조국통일 5대 강령을 제시하였다. 이후 남북조절위원회와 남북적십자회담 등 남북교류가 이루어져 국민적 통일열망이 고조되었다. 그러나 1972년 10월 비상계엄 선포에 이어 11월 21일 유신헌법이 통과되고 북한에서도 12월 사회주의헌법이 등장하면서 남북관계는 급속히 냉각되었다. 이에 인권운동을 적극적으로 펼쳤던 NCCK 인권위원회와 기독교사회운동연합 등 진보적 단체들은 1973

---

[50] '성육신'전통이라고도 할 수 있는데 예수 그리스도의 삶을 본받아 소외되고 고난 중에 있는 이웃을 찾아가 그들을 위한 선한 이웃이 되어주는 신앙적 행위이다. 신학적으로 민중신학을 낳는 배경이기도 했다. "민중신학은 신학적인 개념이나 관념으로 서술한 도그마화한 신학이 아니라 산업사회와 같은 현장에서 소외당함을 받은 민중이 하나님의 참 삶에 대한 올바른 이해를 성서의 입장에서 밝혀 주는 것이다." 한국기독교교회협의회 신학문제연구위원회, 도시농촌선교위원회 편, 『산업선교신학 정립협의회 보고서』(서울: 한국기독교교회협의회, 1978), p. 118.

년 반독재·민주화, 민족통일 등을 내용으로 하는 '1973년 한국 그리스도인 선언'을 발표하게 된다.[51] 정부에 대한 진정성 있는 통일정책 실행을 요구한 최초의 성명서였다. 이후 1980년대에 들어서서 광주민주항쟁과 부산미문화원사건이 발생하면서 진보적 교회를 중심으로 분단현실이 인권탄압 정당화 기제라고 규정하며 민주화운동과 더불어 통일운동을 변혁과제로 인식하게 된다.

안보담론이 여전히 최우선시되는 상황 속에서 민족 화해를 주장했던 진보적 교회는 내부적으로 민족분단을 회복할 신학적 모색과 함께 외부적으로는 국제개신교 조직과의 협력 방안을 모색하였다. 이후 1980년대 한국교회 통일운동은 남북교회의 직접 만남으로 시작되었다. 해외동포기독자대표 모임과 WCC 국제위원회가 주축이 된 모임 등 다양한 차원에서 남북교회 대화가 성사되었다. 이러한 남북교회의 만남은, 민간 차원에서는 통일논의조차 거론하기 어려운 상황에서 시도된 민간 주도의 교류협력이었다.

2) 인권운동과 통일운동 연계과정

(1) 민주화와 통일에 대한 논의

인권 실현을 위한 민주화는 분단구조 개선과 함께 이루어질 수 있다고 인식한 진보적 교회는 민간차원에서 시도할 수 있는 통일운동을 적극 모색하였다. 당시 통일운동에 앞장섰던 조용술 목사의 증언에서도 한국교회 통일운동이 인권운동에서 비롯된 것임을 확인할 수 있다.

---

51 한국기독교교회협의회 인권위원회, 『1970年代 民主化運動, I』, pp. 251-253.

> 한국의 인권상황이 왜 이처럼 열악한가에 대해 고민하던 우리는 언론의 자유가 박탈당하고, 비인간적인 노동조건 속에서 살아가는 노동자들의 요구가 묵살당하는 이런 상황의 배경은 바로 분단이라고 생각하기 시작했다. 정부는 국민들에게 항상 준전시 상황을 언급하면서 헌법에도 보장하고 있는 인간의 모든 기본권을 빼앗아갔다.[52]

인권운동차원에서 볼 때 분단구조는 경제적으로나 정치, 군사적으로, 또한 사회문화적으로 제약적 상황이 아닐 수 없었다. 인권 보장과 민주화운동은 결국 통일운동과 병행되어야 한다고 인식한 진보적 교회는 정부가 통일논의를 독점하는 가운데에서도 선통일-후민주, 선민주-후통일, 그리고 병행론 등 다양한 논의를 제기하였다. 먼저 통일을 최우선시 하는 주장은 장준하를 통해 제시되었다. "모든 통일은 좋은가?"라는 화두를 던지면서 갈라진 민족이 하나가 되는 통일이야말로 민족사적 발전을 위한 최대의 과제라는 입장을 표하였다.[53] 그는 복합국가론을 통일의 방법론으로 제시하면서 "모든 가치를 통일에 두고 분단적인 사고행동을 반민족적인 것으로 규정"[54] 하자고 제안했다. 민족회복으로서의 통일에 최우선적 관심을 두고 민주화운동의 지향점도 법, 제도, 교육, 가치관, 문화 등 분단과 냉전질서의 산물을 청산하는 일에 맞춰져야 한다고 주장하였다.

함석헌은 체제를 초월하여 민중들이 중심이 되는 통일을 추구해야 한다고 주장했다. 1972년 7.4 남북공동성명이 발표되기 전 6월 20일 강연에서 남북의 민중들이 주체가 된 만남이라야 참된 만남이며 민족

---

52 조용술, "1980년대 인권선교 방향", 『한국교회 인권선교 20년사』(서울: 한국기독교교회협의회, 2005), p. 50.
53 장준하, 『민족주의자의 길』(서울: 사상, 1985), pp. 53-57.
54 통일노력60년 발간위원회 편, 『하늘길 땅길 바닷길 열어 통일로』(서울: 도서출판다해, 2005), p. 126.

전체를 아우르는 통일운동이 이루어질 수 있다고 보았다.[55] 또한 공산주의에 앞서기 위해서 민주주의 제도를 더욱 견고하게 구축해야 한다고 하며 민주화운동을 우선시하기도 했다. "우리 국민의 대다수가 공산주의를 반대하는 것은 인권을 유린하고 정치적 자유를 박탈하며 절대적 독재를 강제"[56]하기 때문이라는 것이다. "우리가 확신하는 바로는 공산독재체제에 효과적으로 대응하는 방법도 국민 각자의 자유의 신장과 민주정치제도의 확신을 갖게 하는 데 있으며 그것이 또한 대한민국의 건국 정신이요, 오늘까지 무수한 애국적 희생을 제물 삼아 지켜온 우리 자유한국임을 알고 있다"[57]라며 선민주-후통일 논지를 펼쳤다.

이러한 선민주 논의 기저에는 공산주의와 경쟁적 관점에서 교회가 먼저 자기개혁적인 모습을 보여야 한다는 인식이 전제되어 있었다. 특히 박형규 목사는 공산주의에 대한 경쟁력을 갖기 위해서 교회가 개혁적인 모습을 보여야 한다고 주장했다. 성장우선주의 논리를 내세우며 교세확장에 몰두하던 1970년대 교회를 대상으로 다음과 같이 비판하였다.

> 남한의 교회는 사회의 불의한 현실을 고발하고 버림받고 멸시당하는 군중을 모아 신국운동을 전개한 예수의 집단이 아니라 예수를 십자가에 못박은 바리새파에 더 가까운 집단이 되어 버렸다. 시내의 웅장한 교회당들은 중산층의 점잖은 사교장과 양심 무마의 값싼 요양원으로 되었고 교회가 외면한 하층대중들은 강렬한 마취제를 공습해 주는 신흥종교와 신비경험을 찾아다니거나 실의와 자포자기에 빠질 수밖에

---

[55] 통일노력60년 발간위원회 편, 앞의 책, p. 127.
[56] 한국기독교교회협의회 인권위원회 편, 『1970年代 民主化運動, I』, p. 438.
[57] 한국기독교교회협의회 인권위원회 편, 앞의 책, p. 265.

없다.[58]

당시 한국교회가 자본주의의 모순과 사회악에 대해서 제대로 문제의식을 갖지 못한 채 무조건적인 반공주의를 표방하는 태도에 관한 자기반성적 비판이다. 신학적 각성도 요구하며 남북대화가 추진된다면 교회는 정부를 비판하는 대신 오히려 선교준비에 박차를 가해야 한다고 주장하였다.[59]

문익환 목사 역시 한국사회 내부의 부조리한 사회문제들을 개혁해야만 공산주의자들을 앞설 수 있다는 논리로 민주개혁을 주장하였다.[60] 1960년대 팽배했던 북진통일론과 같은 남북대결논리에서 벗어나 한국교회 내부로부터 대안을 모색한 점에서 의의를 찾아볼 수 있다.[61] 이후 문익환 목사는 민주화와 통일은 분리하여 생각할 수 없다며 민주 - 통일 병행추진을 주장하였다. "통일은 민주화를 전제하고 있으며 민주화는 통일을 전제하고 있다. 이 둘을 우리는 끊어서 생각할 수 없다. 그런 의미에서는 선민주 후통일도 아니다. 이 둘은 하나라고 나는 말하고 싶다"[62]라는 주장으로 통일과 민주화가 유기적으로 맞물려 있음을 강조하였다. 또한 함석헌의 주장과 같이 통일에 있어서 민중의 주체적 참여를 강조하며 "민중의 부활이 없는 민족통일"은

---

58 박형규, "한반도의 미래와 교회의 선교자세," 「기독교사상」, 1971년 9월, p. 48.
59 다른 한편으로 오재식은 당시의 상황에 대해 통일이나 민족을 우선시하는 입장은 이념문제로 공격받기 쉬운 형편이었기 때문에 '선민주 후통일' 논리가 상대적으로 더 안전하게 여겨졌다고 회고하였다. 박경서, 이나미, 『WCC창으로 본 70년대 한국민주화인식』, p. 287, p. 284.
60 문익환, "남북통일과 한국교회," 「기독교사상」, 1972년 10월 참조.
61 김홍수, "한국교회의 통일운동역사에 대한 재검토," 『희년신학과 통일희년운동』 (충남: 한국신학연구소, 1995), pp. 439-440.
62 문익환, "민주회복과 민족통일", 『씨올의 소리』, 1978년 3월호, 『문익환전집 3권』, (서울: 사계절, 1999), p. 23에서 재인용.

기만적이라고 보았다.[63]

1972년 7.4 공동성명이 발표된 이후 남북에서 공히 독재정치를 위한 법적 통제가 이어지자 정권차원의 통일논의는 한계가 있음을 지적하며 1980년대 들어 민간차원에서 통일운동이 본격화되었다.[64] NCCK는 1983년 6월 통일문제협의회를 출범시켰는데 정부의 방해로 협의회 개최가 무산되자 항의성 성명을 발표하였다. 성명서는 통일이 민족 전체의 과제이기 때문에 통일과정에 전 민족의 참여가 보장되어야 함을 주장하며 민주적 참여원칙을 내세웠다. 또한 민족분단의 구조와 논리를 넘어서는 통일의 과제는 교회의 선교적 책무라고도 주장하였다.

> 분단 당사자들이 자기들의 고집과 욕심을 넘어서서 민족역사의 지향점을 볼 수 있게 하는 것이 교회의 사명이라고 믿는다. 민족분단의 구조와 논리는 한국교회에도 침식되어 교회는 화해자로서의 선교적 사명을 다하지 못해왔다. 하느님의 화해와 평화의 복음을 선포하지 못하고 권력자들의 논리에 사로잡혀 민족의 마음을 일깨우는 책임을 다하지 못한 것이다. 이와 같은 선교적 과제를 수행하기 위하여 교회는 화해의 복음을 실증하고 경험하는 공동체로 형성되어야 한다.[65]

이러한 입장은 1980년대 발표된 통일관련 선언 내용에서 지속적으

---

63 문익환, "민중의 부활, 민족의 부활", 『통일은 어떻게 가능한가』, 문익환, 『문익환전집 1권』(서울: 사계절, 1999), p. 93에서 재인용.
64 주재용과 안병무 등 신학자들은 집권자들의 정권유지 수단으로 전락한 통일론이 한계를 드러냈다고 주장하며 '민에 의한 통일'를 주장하며 성경적 근거들을 제시하였다. 주재용, "한국교회의 통일론," 『기독교사상』, 1981년 6월, p. 32. 안병무, "희년선포와 통일헌법," 『신학사상』 통권 76권 1992년 pp. 162-172.
65 한국기독교회협의회, 『한국교회 평화통일운동자료집』, p. 31.

로 주장되었는데 민주화와 통일의 당위성은 무엇보다도 도시빈민이나 노동자, 농민 등 기층민들의 인권실현에 있다고 천명했다.

(2) 민주화운동과 이념논쟁

1973년 7월 남산 부활절연합예배사건으로 구속된 개신교 목회자들은 도시빈민선교회의 현장실무자들이었는데 이들의 구속으로 도시빈민선교활동은 타격을 입게 되었다. 또한 1974년 발생한 민청학련사건으로 개신교 목회자들과 청년학생들이 구속되자 이들을 위한 기도회가 열리고 성명서 및 진정서 등이 발표되었다.[66] 뿐만 아니라 세계교회에 도움을 청하는 호소도 이루어졌다. 1975년 4월 NCC의 김관석 총무가 독일선교단체 Bread for the World(이하 BFW)의 자금유용 건으로 입건되고 도시산업선교와 관련된 인사들도 입건되자 BFW 국장이었던 볼프강 슈미트(Wolfgang Schmidt)가 증인으로 법정에 서게 된다.[67] 이를 계기로 WCC는 1975년 12월 긴급회의를 열어 한국교회의 민주화운동 지원 및 인권개선을 위한 방안을 논의했는데 이 회의 참석자가 중심이 되어 후에 민주화기독자동지회가 결성된다.[68]

한편 1976년 발표된 '3.1민주구국선언'을 계기로 유신체제에 반대하는 정치투쟁이 본격화된다. 이는 긴급조치 제9호 발동 등 비정상적인 사회통제가 심화되고 노동 3권은 물론 구속적부심제 폐지로 기본권마저 심하게 제약되는 상황에서 벌어진 것이다.[69] 명동성당에서 열

---

66 한국기독교교회협의회, 『한국교회 인권운동 30년사』(서울: 한국기독교교회협의회, 2005), pp. 84-94 참조.
67 강문규, "한국 NCC와 에큐메니칼 운동," 박상증 편, 『한국교회와 에큐메니칼 운동』(서울: 대한기독교서회, 1992), p. 91.
68 김흥수, "한국 민주화 기독자 동지회의 결성과 활동," 한국기독교역사연구소, 『한국기독교와 역사』제27호 2007년, pp. 205-211.
69 강만길은 이에 대해 3.1민주구국선언은 성격상 '반유신 운동'이었다고 규정한다. 강만길, "3.1민주구국선언의 역사적 성격,"3.1민주구국선언 관련자, 『새롭게 타오

린 3.1절 기념미사에서 발표된 이 선언은 민주주의를 위한 노력이 신앙심을 기초로 이루어졌음에도 정부로부터 탄압이 가해져 신앙의 자유마저 훼손당했다는 기독인들의 주장이 담겨 있었다.[70] 선언문 서문에는 인권과 통일문제에 대한 상황인식이 구체적으로 표현되어 있다.

> 우리의 비원인 민족통일을 향해서 국내외로 민주세력을 키우고 규합하여 한걸음 한걸음 착실히 전진해야 할 이 마당에 이 나라는 일인독재 아래 인권은 유린되고 자유는 박탈당하고 있다.
> 이리하여 이 민족은 목적의식과 방향감각, 민주주의에 대한 신념을 잃고 총파국을 향해 한 걸음씩 다가서고 있다. 우리는 이를 보고만 있을 수 없어 여·야의 정치적 전략이나 이해를 넘어 이 나라의 먼 앞날을 내다보면서 〈민주구국선언〉을 선포하는 바이다.[71]

통일과 민주주의, 그리고 인권의 상호관련성이 표현되어 있는 위의 내용은 당시 경제입국과 안보논리를 내세운 정부정책이 인권의 희생을 강요하며 정당성을 잃고 사태를 더욱 악화시키고 있다는 문제의식을 반영하고 있다.

반면, 정부가 도시빈민선교와 도시산업선교에 대한 용공성 논란으로 이념공격을 지속하는 가운데 친정부적 보수 개신교 진영에서는 이를 동조하고 나섰다. 특히 1975년 4월 30일 베트남의 공산화를 목격한 보수 교회는 1975년 4월부터 7월 사이 대대적인 반공행사를 개최하며 반공과 국가안보를 주장하였다.[72] 노동자들과 도시빈민 등 사회

르는 3.1민주구국선언』(서울: 사계절, 1998), pp. 23-28.
[70] 김권정, "1970년대 한국교회의 민주화운동에 관한 연구," 「숭실사학」제13집 1999년 8월, p. 126.
[71] 한국기독교교회협의회, 『한국교회 인권운동 30년사』, p. 109에서 재인용.
[72] 1975년 4월에서 7월 보수 교회들이 주최한 주요 행사는 장숙경, "한국 개신교의 산

적 약자들의 인권개선을 위해 앞장섰던 진보적 교회가 민주화를 넘어 통일운동으로 활동을 넓히고 있었던 것에 비해 보수적 교회는 여전히 반공주의에 기초한 국가안보의식을 뚜렷하게 드러내고 있었다.

(3) 반공이데올로기와 미국에 대한 인식전환

1970년대 인권운동 경험을 통해, 특히 1976년 3.1선언발표 이후 이데올로기 공세가 다각적으로 진행되자 인권운동에 참여했던 진보적 교회는 분단 구조 속에서 민주화운동이 갖는 한계를 거듭 인식하게 되었다. 더구나 1980년 5월 발생한 광주민주화항쟁은 이전 시기 보수적 교회와 반공의 토대를 공유하던 진보적 교회가 한반도 분단 문제에 대한 근본적 성찰을 하는 계기가 되었다. 1980년 5월 21일 계엄사령부가 발표한 담화문은 광주민주화항쟁에 대해 "상당수의 타 지역 불순 인물 및 고정 간첩들이 사태를 극한적인 상태로 유도하기 위하여 여러분의 고장에 잠입, 터무니없는 악성 유언비어의 유포와 공공 시설의 파괴, 방화, 장비 및 재산 약탈 행위 등을 통하여 계획적으로 지역감정을 자극, 선동하고 난동행위를 선도한 데 기인"[73]한다는 내용을 담고 있었다. 1970년대 발생한 민청학련사건과 인혁당재건위 사건, 그리고 도시산업선교회사건을 경험한 진보적 교회는 광주민주화항쟁에 대해 '공산주의자들에 의해 기도된 정부전복, 공산정권 수립의 국가변란사건'이라고 규정하는 정권의 주장을 신뢰하지 않았다.

나아가 미국에 대해서도 민주주의를 지지하는 우방국이라는 인식을 바꾸는 계기가 되었다. 1982년 3월 18일 발생한 부산 미문화원 방화사건은 반미의식이 표현된 대표적 사례이다. 관련자들 1심 공판 최

업선교와 정경유착," 성균관대학교 박사학위논문, 2009년, p. 265 〈표 5-5〉 참조.
73 "이희성 계엄사령관 광주사태 담화문," 한국기독교교회협의회 인권위원회, 『1980년대 민주운동 Ⅰ』, (서울: 한국기독교교회협의회, 1987), p. 148.

후진술에서 주동자였던 문부식은 "지금까지 반공만 내세우면 어떠한 정권일지라도 그것을 지원해 오던 미국에 경고할 목적으로 나는 방화를 결심했고 또 실행했다. 물론 거기에는 광주민주화항쟁에 대한 미국의 책임을 응징한다는 의미도 있었다"[74]라고 진술했던 것이다. 대구고등법원에 낸 탄원서에는 미국이 전두환 정권을 암묵적으로 지지했다는 사실에 대한 배신감이 드러나 있다.

> 유신정권 20년간 미국은 민주주의를 거부하는 군부정권을 지원해오지 않았습니까?…주한미군의 허락 없이는 대규모의 병력이동이 불가능하다면, 광주사태시 수많은 공수부대요원을 광주에 투입시켜 전두환 군부가 단독적으로 시민들을 학살할 수가 있었겠습니까?…어찌 우방으로 자처해온 미국이 그토록 잔인한 광주시민학살을 지원할 수 있단 말입니까? 광주시민을 죽인 무기는 바로 소위 '한미군사협정' 하에 우리 국민들의 세금으로 사들였던 미국산 무기가 아니었겠습니까?[75]

특히 방화사건을 주도했던 문부식, 김은숙 등이 부산 고려신학대 학생이었다는 점과 이들을 보호하였던 사람이 가톨릭 신부였다는 점에서 충격적이었는데 개신교와 천주교가 용공세력의 온상으로 여겨졌기 때문이다. 그러나 사실상 이들의 신변을 보호했던 신부들은 자수를 권했고 김수환 추기경은 대통령과 면담하여 선처를 요청하는 등 사건 해결을 위해 노력했다. 두 사람은 자수를 택했으나 이들을 보호하던 신부는 범인 은닉혐의로 연행되고 관련자들도 구속되었다.[76] 문

---

74 한국기독교교회협의회 인권위원회 편, 앞의 책, p. 199에서 재인용.
75 문부식이 대구고법에 낸 탄원서, 한국기독교청년협의회 외, 『한미관계의 재조명』, (서울: 민주화운동기념사업회, 1986), pp. 111-112.
76 김명배, 『한국기독교 사회운동사』(서울: 북코리아, 2009), pp. 273-278.

부식의 탄원서에서 나타났던 미국에 대한 문제의식은 당시 인권운동에 참여하고 있던 목회자들과 활동가들에게 공통적이었다. 한국교회사회선교협의회가 4월 15일 발표한 '부산 미국문화원 방화 사건에 대한 우리의 견해'[77]는 방화 사건의 발생 원인과 본질 파악은 한미관계 현황을 제대로 인식해야 가능하다며 다음과 같이 주장했다.

> 미국을 향해 가한 직접적인 적대 행위로 나타난 이번 방화사건의 의미를 규명하기 위해서는 우선 한미관계의 현주소를 인식하는 데서 출발해야 한다고 생각한다. 해방 후 미국이 한반도의 운명에 관여하게 되면서 미국은 한국민의 가장 은혜로운 우방으로 인식되었다. 그러나 1980년 5월, 영원히 치유될 수 없는 상처가 되어 버린 광주사태를 미국이 용인함으로써 한국민의 대미인식에 결정적인 변화가 오게 되었다.[78]

미국에 대해서 진보적 교회의 인식전환이 반영된 이 최초의 성명서 발표로 NCCK 인권위원회 위원장인 박형규 목사와 사회선교부 총무 권호경 목사 등 11명이 검찰 조사를 받으며 일단락됐다.[79]

개신교 인권운동에 앞장섰던 목회자들과 활동가들은 1979년 10.26사태로 유신체제가 무너졌지만 1980년 광주학살사건과 제5공화국 출범으로 새로운 군사정권이 들어서게 되자 분단구조 속에서 추진하는 인권운동 한계를 더욱 인식하게 된다.[80] 또한 미국에 대한 기

---

77 이덕주, 조이제, 『한국그리스도인들의 신앙고백』, pp. 354-357.
78 이덕주, 조이제 편, 앞의 책, p. 355.
79 한국기독교교회협의회, 앞의 책, pp. 200-202 참조.
80 박경서, 이나미, 『WCC창으로 본 70년대 한국민주화인식』(서울: 지식산업사, 2010), p. 289. 그러나 다른 한편에서 보수적 교회의 지도자들은 수차례 '조찬기도회'에 참석하여 감사기도를 드리는 등 '불순분자의 배후 조종으로 발생한 최대 위기'였던 광주항쟁을 진압한 전두환 정권을 지지하고 나섰다. 김흥수, "5월 광주항쟁에 대한 기독인들의 종교적 반응," 한국기독교역사연구소, 『한국기독교와 역사』

존의 인식이 달라지면서 민주화 세력 스스로 분단극복에 나서야 한다고 여기 된다.[81] 앞서 언급한 바와 같이 민주화와 통일의 실현이 인권회복을 위한 궁극적 과제임을 거듭 확인하게 된 이들 개신교인들은 1980년대 국내외에서 통일을 위한 구체적 활동을 모색했고 국제개신교조직의 지원 속에서 독자적인 통일운동을 추진하게 되었다.

(4) 본격적 통일운동

① 남북교회의 만남

진보적 교회의 통일운동은 남한과 북한의 교회가 직접 만남으로써 시작되었다.

첫 번째 공식만남은 1986년 9월 2-5일 스위스 글리온에서 있었던 WCC국제위원회 주최 세미나(글리온제1차협의회)에서 이루어졌다. 이 세미나에서는 조선기독교도련맹(조기련)[82]의 고기준 목사와 NCCK 강문규 대표가 평화통일을 주제로 발제하였고 성만찬과 성경공부를 함께 진행했다.[83] 이 글리온제1차협의회에서는 통일문제에 대한 남북 양측의 공식적 입장이 표명되었다. 북측은 정부의 입장과 동일한 통일론을 주장하였고 남측은 평화의 내용을 자유, 정의, 화해로

제5호, 1996년, pp. 166-169.
81 1980년대 중반에 이르러 진보적 교회의 반미 감정이 더욱 격해지는 모습은 전국목회자정의평화실천협의회가 발표한 '한미관계에 관한 성명'에 잘 나타난다. 여기서 미국을 '제국주의에 사로잡힌 사탄'으로까지 규정했다. 광주항쟁은 전통적인 한미관계에 비판적인 시각을 촉발시켰고 다른 한편에서는 민족운동 차원의 통일운동이 자주적으로 실현되야 한다는 각성을 불러 일으켰다. 김흥수, "5월 광주항쟁에 대한 기독교인들의 종교적 반응," 『한국기독교와 역사 제5호』(서울: 한국기독교역사연구소, 1996) 참조.
82 1999년 조선그리스도교련맹으로 개칭되기 전까지 사용되던 명칭이다.
83 강문규, "최근 10년간의 남북기독교 통일운동과 교류," 『기독교대연감』(서울: 기독교문사, 1992), p. 115.

규정하며 남북 정부가 기존 권력구조를 강화하는 정치적 수단으로 통일문제를 다뤄왔음을 지적하였다.[84] 북한 정부의 정치적 입장을 대변하였던 조기련과 NCCK 대표단의 만남은 상호간 입장의 차이가 극명했기 때문에 함께 종교의식에 참여했다는 점에 의의를 두는 데 그쳤다.

두 번째 만남은 1988년 11월 24-25일 스위스 글리온에서 이루어졌다(글리온제2차협의회). 이 회의에서는 2월 29일 발표된 통일과 평화 선언에서 한국교회의 실천과제로 제시한 1995년 평화와 통일의 희년 선포를 수용하며 8.15 직전주일을 공동기도주일로 정하고 공동기도문을 제정하였다.[85] 또한 한반도의 평화와 통일을 위한 글리온선언을 채택하여 8가지의 실천적 과제를 제시하였다.[86] 이 선언은 분단 이후 남북한민간단체 간에 최초로 합의를 이끌어 냈다는 점에서 의의가 있었다. 협의회에 참석한 남북한 대표들은 각 정부의 통일정책을 그대로 제시하였기 때문에 의견 차이를 좁힐 수는 없었다. 평화공존의 원칙이나 통일을 지향하는 큰 틀에서 합의를 이끌어내는 데에 만족해야 했다.[87]

세 번째 만남 역시 스위스 글리온에서 1990년 12월 1-4일 이루어졌

---

[84] 와인 가르트너, "남북교회 상봉기1," 한국기독교교회협의회 통일위원회 편,『남북교회의 만남과 평화통일신학』(서울: 민중사, 1990), pp. 34-37.
[85] 박성준, "1980년대 한국기독교 통일운동에 대한 고찰,"『神學思想』71집 1990년 겨울, p. 963.
[86] 남북교회의 실천적 과제는 1) 1995년을 '통일의 희년'으로 선포와 공동주일 행사 2) '조국통일 3대원칙'과 평화공존의 원칙 3) 남북한 민중의 민주적 참여 4) 동북아시아의 평화 지향 5) 민족의 신뢰성 구축 6) 군비축소를 위한 평화협정 전환 7) 이산가족 재회와 남북교류 8) WCC의 협력 등이다. "1988. 11. 23-25 WCC, NCCK 한반도의 평화와 통일을 위한 글리온 선언," 한국기독교교회협의회,『한국교회 평화통일운동자료집』, pp. 148-149.
[87] 강문규, "한반도 평화통일을 위한 제2차 글리온 회의," 형상사 편집부,『교회도 하나 나라도 하나』(서울: 형상사, 1989), p. 183.

다(글리온제3차협의회). 이 회의에서 남북교회는 이전 1984년 도잔소 합의정신과 글리온제2차협의회 선언문의 정신을 계승하면서 1995년을 목표로 희년 5개년 공동작업 계획을 정하고 실천하기로 합의하였다.[88] 실천사항 중 8.15 직전주일에 남북에서 진행하기로 합의한 남북 공동주일예배는 이후 계속 이어졌다.[89]

② 성명서 발표

1980년대 한국교회가 통일운동에 참여하는 주요 방식 중 하나는 성명서 발표였다. 성명서에는 통일운동의 신학적 근거뿐만 아니라 정세인식에서부터 목적과 배경에 이르기까지 일관된 분석과 함께 통일의 내용과 방향성이 담겨져 있었다. NCCK는 1981년 한독교회협의회 합의사항을 이행하기 위해 1982년부터 준비 작업을 거쳐 1983년 통일문제협의회를 출범시키려 했다. 그러나 정부의 방해로 협의회 개최가 무산되자 이에 대한 항의성 성명서를 발표하였다. 앞서 살펴본 바와 같이 통일문제협의회 개최 방해에 관한 성명서는 당시의 정치적 지형 속에서 교회의 통일운동 참여 자체가 화해와 평화의 복음을 전하는 선교활동이었음을 알 수 있게 해준다. 특히 적대적 남북관계의 경쟁구조 속에서 교회가 화해자로 나서야 한다고 주장한 점은 1980년대 전개된 한국교회의 통일운동참여 동기를 잘 설명한다.

이후 NCCK는 1985년 2월에 '이 땅에 평화'라는 주제로 열린 제34차 총회에서 평화와 통일에 대해 논의하고 한국교회 평화통일 선언(이하 제34차 총회선언문)을 발표하였다. 이 선언 역시 한반도의 분단

---

[88] "1990. 12. 4 WCC 한반도 평화통일을 위한 글리온 제3차 협의회 합의서," 한국기독교교회협의회, 『한국교회평화통일운동 자료집』, pp. 188-189.
[89] NCCK 화해통일위원회 게시판에는 공동기도주일 예배 시 낭독되는 공동기도문이 공개되어 있다. www.kncc.or.kr 참조. 검색일 2013년 4월 10일.

구조가 민족의 주체적인 발전을 저해하고 사회정의와 인권을 제약하며 독재정치를 정당화시키고 정치사회경제문화의 모든 삶의 조건 속에 군사화를 조장, 민중의 고난을 가중시켰다고 규정했다. 특히 분단이데올로기는 "동료 인간을 불신하고 감시하는 심리적 불안과 적대의식을 조장하며 민중의 정신병리를 만연시켰고, 정신적, 학문적, 문화적 자유와 창조성을 제약함으로써 민족의 발전적 창조역량을 황폐케"[90]한다고 보았다. 분단구조 속에 빚어지는 민중들의 삶의 왜곡을 해결하기 위해서 최우선적으로 통일이 요청된다는 인식이다. 남북한 군사대결이 첨예한 상황 속에서 평화담론을 주장한 이 성명서는 진보적 교회가 반공주의를 극복하게 되는 과정과 배경을 알 수 있게 해준다. 분단구조 속에서는 남북한 모두 안보담론을 통한 독재권력 구축이 용이하기 때문에 이를 극복해야 한다는 문제의식이 싹텄던 것이다.

1988년 2월 29일 연동교회에서 열린 제37차 총회에서 채택된 통일과 평화선언은 앞서 살펴본 바와 같이 진보적 통일신학의 토대가 되었다. 선언문은 분단과 증오에 대한 죄책고백과 더불어 인권보장과 민주적 참여가 보장되는 통일의 방향을 제시하였다. 또한 남북한 정부를 향해 민족회복과 평화증진을 위해 노력할 것을 제언했다. 특히 4항에는 전쟁방지와 긴장완화 방안으로 네 가지 구체적 실천항목을 제시했다. 이중 "평화협정이 체결되고 남북한 상호간에 신뢰회복이 확인되며 한반도 전역에 걸친 평화와 안정이 국제적으로 보장되었을 때, 주한미군은 철수해야 하며 주한 유엔군 사령부도 해체되어야"한다는 내용은 보수적 교회들의 큰 반발을 사서 선언문 전체에 대한 거부감을 갖도록 하였다.[91]

---

90 한국기독교교회협의회, 앞의 책, p. 49.
91 한국교회가 반공을 국시로 했던 정부와 공조할 수 있었던 이면에는 자유주의 수호의 우군으로 여긴 미국에 대한 동맹국 정서가 바탕이었다. 남북한 상호신뢰와 한반

선언에서는 또한 평화와 통일을 위한 한국교회의 과제를 다섯 가지로 제시하였는데 무엇보다도 해방 50년이 되는 해인 1995년을 희년으로 선포하고 이후 전개되는 개신교 통일운동의 좌표가 되도록 하였다. 이는 세계교회협의회의 도잔소협의회보고와건의안(1984), 제4회 한·북미교회협의회메시지(1986), 미국교회협의회 한반도의평화와통일정책성명(1986), 제6차 한·독교회협의회공동성명(1987)등의 제안을 수용하며 지지를 표한 것이다.[92] 선언문은 또한 평화와 통일을 위한 연대운동을 지속하여 국제개신교 조직과의 협력, 나아가 타종교나 타운동들과의 폭넓은 협력을 제안했다.

1988년 2월 새로운 정부가 들어서자마자 NCCK가 발표한 통일과 평화선언은 1987년 민주화운동의 열기에 이어 통일논의에 불을 지피는 파장을 일으켰다.[93] 개신교 내부에서는 앞서 살펴본 바와 같이 반공주의에 대한 죄책고백과 미군철수, 국가보안법 폐지 등의 내용이 문제가 되면서 보수적 교회들의 잇단 반대성명이 쏟아져 나왔다. 그러나 1990년대 이후 보수적 교회들이 대거 대북지원에 참여하게 되면서 통일과 평화선언 내용을 놓고 벌어졌던 논쟁점들은 희석되었고 보수

도 평화의 국제적 보장을 미군철수와 유엔군 사령부 해체 전제 조건으로 명시했음에도 보수교회들은 위기의식을 표현하며 조직적 대응책을 모색하게 된다.
92 "민족의 통일과 평화에 대한 한국기독교회 선언," 한국기독교교회협의회,『한국교회 평화통일운동자료집』, pp. 108-110.
93 한국기독교교회협의회가 발표한 이 선언으로 한국 개신교 내에서 통일논의가 활성화되었을 뿐만 아니라 보수 진영의 조직화 현상도 나타났다. 또한 전체 통일운동에 있어서도 1988년 2월 민주통일민중운동연합이 통일위원회를 구성하고 학생운동권에서도 1988년 3월 29일 서울대 총학생회장에 출마한 김중기 후보가 김일성대학에 '남북한 청년학생 체육대회와 국토종단 순례대행진을 위한 남북청년학생회담'(6.10 남북학생회담) 개최를 제안하는 등 대학별 통일관련 사업이 주요 관심사로 떠올랐다. 1988년 4월 16일에는 서울지역총학생회연합이 중심이 되어 연세대에서 '한반도 평화와 조국의 자주적 통일을 위한 국민대토론회'가 열렸다. 통일과 평화선언의 발표과정과 영향력에 대한 자세한 분석은 김동진의 연구에서 찾아볼 수 있다. 김동진, "한반도 평화구축과 기독교 에큐메니칼 운동 연구, 1945-1991," 북한대학원대학교, 박사학위논문, 2010년, pp. 181-213.,

적 대북관을 유지하던 교회들의 태도에도 변화가 생기게 되었다.

(5) 국제개신교조직의 지원과 해외 통일운동

국제개신교조직의 지원에 힘입어 국내 인권운동이 본격화하고 민주화운동으로 확산되었지만 통일운동은 여의치 않자 개신교 일각에서는 해외에서 통일운동을 모색하게 되었다. 1970년대부터 한국사회 민주화운동을 지원해온 WCC와 독일, 미국, 일본 NCC 등 국제개신교조직은 통일운동에 있어서도 국제네트워크를 통한 협력을 아끼지 않았다.[94] 1975년 11월 6-7일 WCC 세계선교위원회는 제네바에서 한국 문제에 관한 긴급비공식모임을 소집하여 도시산업선교, KSCF, NCC 등의 운동을 지원하기위한 방안을 마련하였다.[95] 이 회의의 결정에 따라 한국민주사회건설세계협의회가 구성되었고 국내 인권운동 지원에 중점적 역할을 감당하게 된 것이다. 이후 1976년 5월 시카고 모임에서는 한국민주화운동세계협의회로 명칭을 변경하였고, 1977년 10월 뉴욕모임에서는 다시 한국민주화기독자동지회(이하 민주동지회)로 개칭하면서 국내외 민주화운동 지원이 이루어졌다.

민주동지회는 1979년 11월 22일부터 25일까지 일동 동경에서 연례모임을 갖고 통일운동이 민주화운동과의 유기적 관련성을 토대로 이루어져야 함을 분명히 했다.[96] 또한 1981년 4월부터 5월 3일까지 독일 스튜트가르트(Stuttgart) 근교 밧볼(Bad Ball)에서는 민주동지회 인사들과 WCC CWME 위원들이 모여 한국에서의 민주화운동과 통

---

94 한국기독교교회협의회 인권위원회, 『1970年代 民主化運動, I』, pp. 36-37.
95 김흥수, "한국민주화기독자동지회의 결성과 활동," 한국기독교역사연구소, 『한국기독교와 역사』Vol. 27, 2007, pp.206-207.
96 "New York 회의록", 1977년 10월 22-25일 이삼열 기증문서, 김흥수, "한국민주화기독자동지회의 결성과 활동", 한국기독교역사연구소, 앞의 책, p. 211에서 재인용.

일운동에 관한 세계교회 협력을 모색했다. 밧볼회의에서는 민주화를 위한 장기적 전략과 각국의 지원활동 방향성 모색을 위해 실무협의가 이루어지는 가운데 독일교회에 협력을 요청하였다.[97]

한편 통일운동이 해외에서 진행되면서 북한과의 직접적인 교류는 유럽과 미주에 거주하던 개신교 교포들로 구성된 조국통일북미주협회와 통일신학동지회가 연합한 조국통일기독자회(기통회)를 통해 이루어졌다.[98] 1978년 유럽, 미국, 캐나다의 한인 개신교인들이 북한과 관계를 맺고 있었던 기독교평화회의를 통해 편지를 보낸 것이 계기가 되었다. 1981년 오스트리아 비엔나에서 시작된 제1회 통일대화는 1991년 독일 프랑크푸르트 대화까지 10회에 걸쳐 이루어졌다. 이 과정에서 남북교회 공동사업으로 1983년과 1984년 공동성경과 찬송가가 출판되었고, 1988년 9월 9일에는 평양 봉수교회가 건립되었다. 또한 통일대화를 주도하였던 홍동근 목사는 1990년 김일성종합대학 종교학과의 초빙교수로 1년 6개월 가량 개신교 신학을 강의하기도 했다.

기통회에 참여하였던 인사들은 주로 한국사회 민주화를 주장하는 반정부 성향의 해외 교포들이었는데 북한의 정치인과 종교인을 초청하여 한국의 민주화 문제 등을 다루는 정치적 성격이 강한 운동을 벌였다.[99] 이는 민주동지회가 국제개신교기구인 WCC를 통하여 접근하던 것에 비해 기통회는 주로 해외 교포개신교인들 중심으로 구성되어 한국의 정치 상황으로부터 상대적으로 자유롭기 때문에 가능한 일

---

97 박상증, 『제네바에서 서울까지』(서울: 새누리신문사, 1995), pp. 64-66.
98 홍동근, 『비엔나에서 프랑크푸르트까지』(서울: 형상사, 1994). 이 책에서는 1981년부터 1991년까지 진행된 남북해외동포개신교인들의 통일대화과정이 비교적 상세히 기록되어 있다.
99 김흥수, 류대영, 『북한종교의 새로운 이해』(서울: 다산글방, 2002), pp. 246-251 참조.

이었다.[100] 당시만 해도 반공이념으로부터 크게 벗어나고 있지 못했던 NCCK는 국내 활동에 있어서 민주화운동이 좌경운동시되어 정부로부터 공격의 대상이 되는 현실을 고려해야 했기에 반공주의적 입장을 일시에 떨쳐 버릴 수 없었다. 따라서 진보적 인사들에게 보수·반동·친미라는 비판을 받더라도 전략적 차원에서 친북주의자들이나 북한과 직접적인 관계를 피했던 것이다.[101]

밧볼회의의 요청에 의해 1981년 6월 8일에서 10일까지 NCCK 국제위원회와 독일개신교연합회 세계선교회 동아시아위원회 대표들은 서울에서 4차 한·독교회협의회를 열고 공동선언을 채택했다. 양국은 분단국으로서의 공통된 관심사항인 통일문제에 교회가 사명감을 가지고 참여해야 한다고 밝혔다.[102] 또한 NCCK 내에 통일문제를 연구하기 위한 기구를 설치하기로 합의하여 1982년 NCCK 통일문제연구원 운영위원회가 구성되어 활동하게 된다.[103] 독일교회의 지원은 1980년대 NCCK 통일운동 확산의 주요 원천이었다.[104]

---

100 오재식은 당시의 상황에 대해 통일이나 민족을 우선시하는 입장은 이념문제로 공격받기 쉬운 형편이었기 때문에 '선민주 후통일'논리가 상대적으로 더 안전하게 여겨져 반공주의자들이라는 비난을 감수하면서도 친북인사들과는 연대할 때에도 조심스러웠다고 전한다. 박경서, 이나미, 『WCC창으로 본 70년대 한국민주화인식』, p. 287, p. 284.
101 김흥수, "한국민주화기독자동지회의 결성과 활동," 한국기독교역사연구소, 앞의 책, pp. 218-220.
102 제4항 "우리의 가장 중요한 관심사는 분단된 조국의 통일이다. 양국의 분단은 역사적으로 각기 다른 세력과 발전과정에 의해 형성되었다. 우리는 자유와 정의가 보장된 평화스러운 통일을 바라는 민중의 열망 속에서 양국교회에 주어진 책임을 느끼며 교회가 이에 참여해야 한다는 데 의견을 모았다." 한국기독교교회협의회 통일문제연구원 운영위원회, 『NCC통일문제협의회 자료집』, 1985, p. 4. "1981. 6. 8-10 한독교회협 제4차 한독교회협의회 공동선언," 한국기독교교회협의회 편, 『한국기독교와 역사』Vol. 27, p. 24.
103 박성준, "1980년대 한국기독교 통일운동에 대한 고찰,"『신학사상』제71집 1990년 겨울호, p. 961.
104 독일교회로부터의 재정지원으로 1980년대 통일문제협의회 활동이 계속될 수 있었다고 한다. NCCK 화해통일국 국장 황필규 목사 인터뷰. 2012년 4월 3일.

그러나 1983년 NCCK가 통일문제협의회를 개최하기로 하고 이를 준비하던 중 정부의 제제로 무산되는 등 국내 통일운동은 당시까지도 여의치 않은 형편이었다. 이런 상황에서 WCC 국제위원회는 1984년 10월 29일-11월 2일 일본 도잔소(東山莊)에서 동북아시아의정의와 평화협의회를 개최하여 국제개신교 차원에서 한반도 평화와 통일문제를 논의하고 '분쟁의 평화적 해결에 대한 전망'을 보고서와 건의안 형식으로 채택하였다.[105] 도잔소협의회에는 북한의 조선기독교도련맹이 처음으로 초청되었는데 비록 대표단을 파견하지 못했지만 회의의 축하와 성공을 기원하는 중앙위원회 명의의 메시지가 전달되기도 했다.[106] 보고서에서는 분단이 한반도에 있어서 전쟁 위협과 독재, 인권유린과 경제적 손실 등 모든 악의 근원임을 밝히고 있는데 분단에 따른 왜곡된 상황을 다음과 같이 설명하고 있다. 먼저, 인도적 피해상황에 대해서이다.

> 제2차 세계대전이후 거의 40년 동안을 천만 이상의 사람들이 부모, 형제, 남편으로부터 떨어져 살고 있다. 그들 중에는 일제 식민지 시대부터 이산가족의 쓰라림을 안고 있다. 끊임없는 적대감이 의심과 불신 분위기를 한국사회에 만들어내고 있으며, 안보란 이름으로 남북한의 권위주의적 정부를 정당화시키고 있다.[107]

---

105 '도잔소협의회'는 WCC 제6차 총회에서 결의한 피조물의 평화, 정의, 통전을 만들어 나간다는 취지의 후속조치로 동북아 지역에서 홍콩과 대만, 그리고 한반도에서의 평화에 초점을 맞추게 된 것이다. "1984. 10. 29-11.2 도잔소협의회의 보고와 건의안," 한국기독교교회협의회 통일위원회 편, 『남북교회의 만남과 평화통일신학』(서울: 민중사, 1990), p. 13.

106 Erich Weingartner, "The Tozanso Process. Ecumenical Efforts for Korean Recomciliation and Reunification," *The Reconciliation of Peoples: Challenge to the Churches*, Edited by Gregory Baum and Harold Wells(Maryknoll, New York: Orbis Books, 1997), pp. 71-72.

107 "1984. 10. 29-11.2 도잔소협의회의 보고와 건의안," 한국기독교교회협의회 통일

분단으로 인한 개인의 피해를 우선적으로 언급하면서 또한 군사화된 분단으로 인한 경제적 왜곡에 대해서도 지적하고 있다.

> 두 개의 남북한이 38선을 사이에 두고 대립하는 무장된 진영이 계속되었다. 해를 거듭할수록 양쪽의 무기 비축의 질과 양은 높아만 가고, 현역 병력에 있어서 한반도는 군사적 최대강국 중의 하나가 되었다. 남한은 4,000만 인구 중에서 62만 명의 현역병을 확보하고 있으며, 4만 여명의 미군들이 아직도 논란이 많은 국제연합(UN)의 깃발 아래에서 작전을 수행하고 있다. 북한에는 1,900만 인구 중에서 약 78만 명이 군복무를 하고 있다.
> 양쪽은 국가예산의 30~40%를 차지하고 국민총생산액의 6~10%에 달하는 군비지출에 대한 경제적 부담을 안고 있다. 이 액수는 국가발전을 심각하게 지연시키거나 전도할 수가 있는 엄청난 비용이다.[108]

남북이 적대적이며 물리적인 대결로 인해 발전이 제한되고 있으며 긴장과 갈등이 고조되고 있음을 강조하고 있다. 또한 분단으로 인한 이념갈등이 지배세력에게 이용되는 상황도 지적하였다.

> 양쪽의 다른 쪽에 대한 극단적인 이념적 태도와 강력한 선전활동은 분단을 고정화시키는 데 이바지하고 있다. 다른 쪽으로부터의 도발에 대한 양쪽 국민들의 두려움은 정당한 것으로 이해되어야 한다. 그럼에도 불구하고 왜곡된 선전활동으로 이런 두려움은 더욱 커지고 있고 또

위원회 편, 앞의 책, p. 15.
[108] "1984. 10. 29-11.2 도잔소협의회의 보고와 건의안," 한국기독교교회협의회 통일위원회 편, 앞의 책, p. 15.

정부당국은 이것을 이용하고 있다…남북한은 통일을 향한 용기 있는 발걸음을 내딛는 대신에 개방된 통일논의에서 민중들을 계속적으로 배제하고 있다.[109]

분단 상황에 대한 문제의식은 무엇보다 교회 역할에 대한 강조로 이어졌다. 남북의 적대관계와 단절을 극복하기 위해서는 북한에 대한 정확한 정보와 교류가 필요하지만 한국 개신교인들이 해결할 수 없는 상황이므로 국제개신교차원에서 북한교회를 직접 접촉하여 남북개신교인들이 만날 수 있는 여건을 조성해주어야 한다고 결정하였다.[110]

도잔소협의회는 국제개신교 차원에서 남북문제해결을 모색한 첫 공식회의였고 이후 남과 북의 교회뿐만 아니라 북한교회와 세계교회가 만나는 계기로 작용했다. 각 회원국 교회에게는 북한 교회와 직접 접촉할 것을 권하는 건의안이 전달되었다.[111] 이후 1985년 11월에는 WCC 국제문제위원회의 에릭 와인가르트너(Erich Weingartner)와 코쉬(Koshy)가 조선기독교도련맹과 조국평화통일위원회의 초청으로 처음 북한을 공식 방문하였다. 이때 NCCK가 기증한 성경과 찬송가를 선물로 전달[112]하면서 남북교회가 연결될 수 있는 계기를 만들고

---

109 "1984. 10. 29-11.2 도잔소협의회의 보고와 건의안," 한국기독교교회협의회 통일위원회 편, 『남북교회의 만남과 평화통일신학』, pp. 15.
110 도잔소회의에서 건의한 내용은 "(1) 세계교회협의회는 아시아기독교협의회와 협력하여 방문 혹은 다른 접촉형태를 통해 북한에 있는 교회, 기독교인들과 일반 사람들과의 관계개선을 촉진시킬 것을 탐구해야 한다. (2) 세계교회협의회는 아시아기독교협의회와 협력하여 가능한 한 남북한의 기독교인들이 대화로 만날 수 있는 기회를 마련하도록 한다. (3) 여러 교회들은 북한을 방문할 계획이나 북한방문 결과를 세계교회협의회나 아시아기독교협의회에 긴밀하게 서로 알리고 나누어야 한다. "1984. 10. 29-11.2 도잔소협의회의 보고와 건의안," 한국기독교교회협의회 통일위원회 편, 앞의 책, pp. 16-17.
111 김흥수, 류대영 공저, 『북한종교의 새로운 이해』, p. 253.
112 에리히 와인가르트너(Erich Weingartner), "북한교회 공식방문기," 형상사 편집부 편, 『교회도 하나 나라도 하나』(서울: 형상사, 1989), p. 41. 당시 북한에는 1만여

자 하였다. 이는 WCC가 각국교회들에게 제시한 지침에 따른 것이었다. 미국 NCC 대표단은 1986년 4월 18일 평양을 처음 방문하였고, 1987년에도 재차 방북하게 된다. 일본 NCC는 1987년 5월에, 캐나다 NCC는 1988년 11월에 북한을 공식 방문하였다.

한편, 1984년 3월 한국과 미국, 캐나다 교회협의회가 참여한 제3차 한·북미 교회협의회에서는 미국이 남북한 분단에 있어서 책임이 있음을 지적하였는데[113] 미국교회는 한국교회와 함께 한반도 통일을 위해 노력해야 함을 명시한 결의문이 채택되었다. 한반도 분단과 분단 유지에 있어서 북미교회의 책임을 인정한 후 미국과 캐나다 교회협의회는 WCC를 통해 적극적으로 남북교회의 만남을 지원하였다.[114] 미국교회협의회 총회가 1986년 11월 채택한 한반도의평화와통일정책 성명에는 미국 크리스천의 책임이 비교적 구체적으로 명시되어 있다.

미국 크리스천의 책임

한반도의 상황은 미국 안에 있는 우리 크리스천들에게 평화를 위해 해야 할 일들에 보다 더 몸 바쳐야 할 강대국의 시민인 우리들의 분열과 실패의 결과들을 너무나 뼈저리게 기억시켜준다. 우리는 우리 국가가, 그리고 군사적 경제적 이해가 한국을 분단시키고 그것을 유지시키고 또 더욱 고정화시킨 역할을 해왔음을 깊이 의식하고 있다. 우리는 특별히 이러한 사실과 오늘날 우리나라가 한국을 정치적으로 경제적으로

개신교인들이 존재하고 있고, 약 500여 가정에서 모여 예배를 드리며 신앙생활 유지하는 것으로 보고되었다.
113 김동진, "한반도 평화구축과 기독교 에큐메니칼운동 연구, 1945-1992," pp.140-141.
114 미국교회는 "한반도를 분단시킨 책임이 있는 나라의 교회로서 다원적인 외교력을 가진 캐나다교회와 협력하여 한반도 통일문제를 주목하고 적극적으로 참여할 것"을 다짐하였다. 1984.3.21-24 한북미교회협의회 제3차 한· 북미교회협의회 공동성명," 한국기독교교회협의회 통일위원회 편, 앞의 책, pp. 32-34.

군사적으로 지배하고 있다는 사실에서 오는 결과들을 미국인들이 각성하도록 도울 필요가 있다.[115]

미국교회협의회 총회뿐만 아니라 미국장로교회 총회, 미국그리스도교회 총회, 미국연합감리교회 총회 역시 동일한 맥락에서 한반도 통일을 위한 협력과 지지를 밝힌 결의문을 채택하였다.[116] 캐나다교회협의회도 1985년 12월 캐나다아시아실무그룹(Canada Asia Working Group: CAWG)을 통해 북한 관련 성명을 채택하고 북한선교에 관한 입장을 발표하였다.[117] 중립을 추구하며 방관자로 있지 않고 한반도 통일을 위해 적극적으로 참여한다는 것이다. 이를 위해 남북화해에 악영향을 미치는 북에 대한 편견이나 판에 박힌 비판 등 적대시 정책을 변화시키겠다는 입장도 밝혔다.

---

[115] "1986. 11. 6. 미국교회협의회 총회 정책성명," 한국기독교교회협의회, 『한국교회 평화통일운동자료집』, p. 78.
[116] "1986. 1. 20-25. 제198차 미국장로교회 총회 북한선교와 통일정책에 대한 결의보고서," "1987. 10. 15-21. 미국그리스도교회 한반도의 평화와 통일에 관한 결의문," "1987. 10. 21. 미국연합감리교회 총회 한반도의 평화, 정의, 통일에 대한 결의문", 한국기독교교회협의회, 앞의 책, pp. 83-93, pp. 97-98, pp. 98-101.
[117] "1985.12. 캐나다교회아시아작업반 북한에 관한 성명," 한국기독교교회협의회, 앞의 책, pp. 54-57.

표 2-2 한국교회 통일운동과 국제적 협력

일시	주체 와 내용
1981-1991 비엔나	조국통일을 위한 북과 해외동포 기독자간의 대화(10회)-독일 조국통일 해외기독자회(기통회)
1984.3.21-24 서울	제3회 한·북미교회협의 건의 및 성명서
1984.4.7 베를린	제5차 한·독교회협의회 공동성명
1984.10.29-11.3 도잔소	세계교회협의회 국제위원회(WCC-CCIA) 동북아시아 평화와 정의협의회
1986.9.2-5 글리온	제1차 글리온 회의
1986.9.29 서울	제4회 한·북미교회협의회-제4회 한·북미교회협의회 메시지
1986.11.6	미국교회협의회 총회-한반도의 평화와 통일
1986.12	미국장로교회 총회-한반도의 화해와 통일에 관한 결의문
1987.5.6/13	일본기독교협의회-성명-북한방문에 즈음하여'/'방문을 마치고
1987.10.15-21	미국그리스도교회총회-한반도의 평화와 통일에 관한 결의문
1987.10.21	미국연합감리교회총회-한반도의 평화, 정의, 통일에 대한 결의문
1988.4.25-29 인천	세계기독교 한반도평화협의회-세계기독교 한반도 평화협의회 메시지
1988.11.23-25 글리온	글리온2차 회의-한반도의 평화와 통일을 위한 글리온 선언
1989.7.27 모스크바	WCC 총회-한반도의 평화와 통일-WCC 성명서 정책성명
1990.7.13 동경	재일대한기독교회총회-평화통일희년을 향한 동경회의 합의문
1990.12.4 글리온	글리온3차 회의-한반도 평화통일을 위한 글리온 제3차 협의회 합의서

* 한국기독교교회협의회 통일위원회편, 『남북교회의 만남과 평화통일신학』, 홍동근, 『비엔나에서 프랑크푸르트까지』참고 재편집

3) 인권운동과 통일운동 연계 특징

인권수호 및 개선을 위해 민주화운동과 통일운동에 나섰던 한국교회의 사회적 실천은 다음과 같은 특징을 나타내며 진행되었다.

첫째, 진보적 선교관을 수용하면서 인권운동에 참여했던 교회들은 분단구조가 낳는 이데올로기적 구속을 실감하며 통일운동에 참여하게 되었다. 1980년대 새 정권이 들어섰지만 인권보호에 나섰던 교회의 인권운동이 위축되기는 이전 시기와 마찬가지였다. 광주항쟁에 대한 탄압 명분도 북한의 지령에 따른 간첩들의 사주로 반란을 일으킨 폭도들 진압이었다는 주장이 대중적으로 여전히 수용되던 분위기였던 것이다.[118] 이에 인권수호를 주장하던 진보적 교회는 "분단 상황을 극복하는 것이 민주화로 가는 길이고 분단 상황을 극복하는 것은 평화적인 통일을 향한 것"[119]임을 분명히 하며 통일운동을 병행하게 되었다.

둘째, 한국교회 인권운동과 통일운동은 국제개신교기구의 도움을 받으며 진행되었다. 해외에 거주하면서 민주화운동에 가담하였던 교포, 유학생, 그리고 목회자가 중심이 된 민주화동지회는 WCC와의 연계를 통해 국내 정치상황에 따른 제약을 극복하며 운동을 지속했다. WCC 차원에서 독일, 일본, 미국, 캐나다 등 각국의 교회협의회를 통해 진행된 다각적인 남북교회 교류 지원노력은 정부의 통제 속에 위축되어 가는 교회의 통일운동에 새로운 동력을 제공하였다. 특히 독일교회협의회(EKD)의 지원은 NCCK가 독자적인 통일전담기

---

118 김동진, "한반도 평화구축과 기독교 에큐메니칼운동 연구, 1945-1992", pp. 123-124. 당시 언론의 철저한 통제로 아직까지도 한국 사람들 중 광주민주항쟁을 공산주의자들의 동요에 의한 것으로 알고 있는 사람들이 많다고 주장하고 있다.
119 박종화 외, "분단역사 패러다임에서 평화공존 생활양식 패러다임으로의 전환", 『신학사상 140집』, 2008 봄, p. 13.

구를 운영할 수 있도록 하였다. 또한 한·북미교회협의회의 결정이후 WCC 소속 목사들이 북한을 직접 방문함으로써 북한교회와의 공식적 교류가 시작되었다.

셋째, 한국교회 통일운동은 해외에서 북한교회와의 직접교류를 시도하는 등 실천적 운동으로 진행되었다. 진보적 교회도 1980년대 초반까지 반공주의의 이념적 한계를 완전히 극복하지는 못했는데 1984년 WCC 도잔소회의의 결정 이후 1986년 글리온 제1차 협의회에서는 남북교회 지도자들이 처음으로 만나 직접 통일문제를 논의할 수 있었다. 이러한 북한교회와의 접촉은 기존에 한국교회가 품고 있었던 공산주의에 대한 적개심을 떨쳐버리기 위한 첫걸음이었다. 이후 1988년과 1990년 두 차례에 걸쳐 제3국을 통한 남북교회의 만남이 이어졌다. 한국교회 인권운동의 특징에서 살펴본 바와 같이, 직접 현장을 찾아 나서는 사회적 실천 전통은 통일운동에 있어서도 그대로 찾아볼 수 있다.

제 3 장

한국교회
북한인권운동 전개

　한국교회 북한인권운동 전개과정은 1989년부터 2012년까지 크게 4시기로 구분할 수 있다. 먼저 1989년부터 1995년까지는 진보적 개신교인들이 주도하는 평화와 통일운동차원에서 민간부문의 직접 교류가 시작된 시기로 북한인권운동 초창기라고 할 수 있다. 통일과 평화선언 발표로 통일논의를 새롭게 불러일으켰던 진보적 개신교 진영에서는 1989년 3월 문익환 목사의 방북을 계기로 해외를 통하지 않은 직접 교류를 모색하게 되었다. 또한 개신교 차원의 인도적 대북지원이 시작되었고 보수적 교회와 진보적 교회가 연대하는 대북지원 NGO인 남북나눔운동이 출범하였다.

　1996년부터 1999년까지의 시기에는 북한이 국제사회뿐만 아니라 한국교회에도 적극적으로 지원을 요청하였다. 이에 NCCK와 진보적 교회가 주도하는 남북교회 교류뿐만 아니라 한기총을 비롯한 개신교 전체가 참여하는 북한지원운동이 이루어지게 되었다. 인도적 지원이 활성화되는 가운데 한편에서는 북한교회재건운동과 같은 보수적 북한선교도 적극적으로 모색되었다. 그러나 당시 한국정부는 창구단일화 원칙으로 대북지원 활동을 통제하고 있었기 때문에 민간차원의 지원활동은 일회성에 그치는 경우가 많았고 1997년 IMF 국면을 맞아 대북지원은 큰 타격을 입게 된다. 이후 정권이 교체되면서 창구다원화 조치가 취해지고 남북협력기금이 조성되어 민간차원 대북지원이 활성화되기 시작했다. 이 시기는 대북지원 활동을 중심으로 하는 북한인권운동의 확산기로 볼 수 있다.

2000년부터 2007년까지 대북지원은 긴급구호에서부터 개발협력까지 다양하게 이루어졌고 자유권운동이 본격화하는가 하면 국내 탈북민들의 정착지원활동도 구체적으로 진행되었다. 또한 남북협력기금의 집행과 함께 개신교를 배경으로 하는 NGO들이 이 시기 활발하게 활동하였다. 반면에 적극적인 대북지원정책에 저항하며 보수적 대북관에 기초해 자유권 중심의 북한인권운동이 시작된 것도 이 시기이다. 특히 북한의 핵문제와 군사적 충돌은 보수적 개신교인의 반공의식을 강화시켰고 남북대결주의 정서를 고조시켰다. 유엔의 북한인권결의안 채택과 미국의 북한인권법제정의 영향을 받아 북한인권법제정운동이 시작되었고, 제3국에서의 탈북민보호운동도 진행되었다. 따라서 이 시기는 북한인권운동의 분화기라고 할 수 있다.

2008년부터 2012년까지는 이명박 정부가 상호주의에 입각한 대북정책을 표방함에 따라 대북지원활동이 크게 위축되었다. 이전 정부 때 매칭 펀드(matching fund)방식으로 지원되던 남북협력기금 사용은 줄어들었고 주요 대북지원 NGO들은 자체 모금을 통해 계속 지원하였지만 이전 시기에 비하면 지원액이 확연히 감소하였다. 한편 국내외에서 진행된 자유권 중심의 북한인권운동은 더욱 활발히 전개되어 재중탈북민들에 대한 북송반대 캠페인이나 북한인권법제정운동 등이 이어졌다. 그러나 북한인권법제정이 번번이 무산되고 탈북민 북송이 계속되면서 한국교회의 관심과 현장 활동가들의 운동탄력이 위축된 상황이었다. 따라서 이 시기 북한인권운동은 정체기라 할 수 있다.

1. 북한인권운동 초창기(1989년부터 1995년까지)

1) 배경

1980년대 진보적 교회의 남북교회 교류는 1990년대 초중반 보수적 교회의 대북지원에 있어서 가교역할을 하였는데 이 시기 진보적 교회와 보수적 교회의 활동은 한국교회 북한인권운동을 본격화시킨 초창기 운동으로 분류될 수 있다. 이 시기에는 국제정세나 남북관계 면에서도 급격한 변화가 일어났다. 구소련 체제의 붕괴와 독일통일에 이은 동구 사회주의국가들의 체제 전환이 진행되는 가운데, 1990년 9월 소련과의 국교수립, 1992년 8월 중국과의 국교수립 등 정부의 대사회주의국가들에 대한 외교정책이 급변했다.

남북관계에 있어서도 1990년 8월 남북교류협력에 관한 법률이 제정되고 1991년 9월 남북이 유엔에 동시 가입하는가 하면 1991년 12월에는 남북사이의 화해와 불가침 및 교류협력에 관한 합의서가 채택되었다. 이러한 가운데 1991년 9월 보수적 교회 지도자인 곽선희 목사가 북한을 방문하고 1992년 1월에는 NCCK 권호경 총무[1]가 정부 승인을 거쳐 공식적으로 방북하게 되면서 한국교회 전체적으로 통일에 대한 전망을 현실화할 수 있게 되었다. 본 절에서는 문익환 목사의 방북이 이루어졌던 1989년부터 북한이 국제사회에 도움을 요청하고 한국 정부에서도 공식적인 지원이 시작된 1995년까지의 시기를 다루게 될 것이다.

---

[1] 한국기독교역사연구소 북한교회사집필위원회, 『북한교회사』(서울: 한국기독교역사연구소, 1996), p. 504.

2) 전개과정

(1) 통일희년운동 전개

① 방북운동

이전 시기 통일운동에 나섰던 진보적 교회는 민족의 분단 문제 해결이 한반도 전체 민중들의 인권을 개선하기 위한 우선적 과제라 보았는데 이는 진보적 선교관을 기반으로 한 것이다. 또한 통일과 평화선언에 잘 드러나 있는 것처럼 반공주의적 입장에서 돌이켜 통일신학적 입장에서 대북관을 새롭게 정립하기 시작했다. 비록 개신교 대표성을 띠지는 않았지만 1989년 3월 문익환 목사의 방북은 진보적 교회의 통일운동이 개신교 내에서 벌이는 담론 차원의 운동을 뛰어넘어 분단구조의 해체를 추구하는 직접적인 실천운동으로 나선 단면이라 할 수 있다.[2]

문익환 목사가 이끌던 민주통일민중운동연합(이하 민통련) 통일위원회는 일반 시민사회에서 통일논의를 이끌고 있었다. 1988년 4월 연세대학교에서 진행된 통일국민대토론회에서는 3단계 연방제 통일방안을 발표하기도 했다. 당시 학생운동도 6.10 남북한학생회담제의를 계기로 격렬한 투쟁을 벌이고 있었다. 정부의 불허로 학생회담이 무산되자 12월 26일 북한의 조선학생위원회는 이듬해인 1989년 열리게 될 제13차 세계청년학생축전에 전대협 대표를 공식 초청했다.[3] 이런

---

2 문익환 목사 방북이 민통련으로 대표로 이루어진 것이기 때문에 개신교 통일운동으로 보기 어렵다는 견해가 있다. 그러나 북한을 방문하여 공개적으로 신앙활동을 하고 조국평화통일위원회(조평통) 공동성명 전문에서도 목사로 지칭되는 등 개신교 지도자로서의 지위가 표방되었다고 본다. "문 목사='조평통' 공동성명 전문," 문익환, 『문익환전집 통일 1』(서울: 사계절, 1999), pp. 333-338.
3 1988년 3월 서울대 총학생회장 선거를 앞두고 김중기-유재식 후보가 김일성종합대

상황 속에서 문익환 목사는 1989년 3월 전격적으로 방북을 추진하게 되었다.[4] 무엇보다도 학생운동 과정에서 잇달아 희생자들이 발생하고 통일운동 역시 큰 진전을 보이지 못하는 등 꽉 막힌 상황을 개진할 필요가 있었던 것이다. 방북으로 인한 수감 생활 1년 7개월 후 발표한 문익환 목사 출옥기에는 자세한 배경이 소개되어 있다.

> 물론 내가 통일운동에 전력을 기울인 배경은 더 근본적인 데 있었다. 잘 알다시피 남쪽에는 노동자·농민·도시빈 등 민중들이 국민의 압도적 다수를 차지한다. 그들에게 분단의 질곡은 곧 가난의 질곡이다. 그 질곡으로부터 하루빨리 벗어나게 해야 한다는 어떤 사명감이 내게 있었다…무엇보다 나를 직접적이고 결정적으로 방북 쪽으로 몰고 간 것은 학생들의 수난이었다. 수많은 학생들이 스스로 몸에 불을 질러 죽고, 배에 칼을 꽂아 죽고, 옥상에서 떨어져 죽는 사태를 어떻게든 막아 보고 싶었다. 그리고 학생들의 통일운동은 번번이 좌절되었다. 이를 보면서 젊은 학생들에게만 맡겨둘 수 없다. 기성세대가 이 문제 해결에 나서야 된다고 생각했다. 길이라도 뚫어야겠다는 절박한 심정이 나로 하여금 방북을 결심하게 했다.[5]

학 학생들에게 드리는 공개서한을 발표하였다. '민족대단결을 위한 남북한 청년학생 체육대회'를 제안하며 실무협의를 위해 6월 10일 실무회담 개최를 제안한 것이다. 이에 김일성종합대학 학생위원회는 4월 4일 동의서를 보내와 사회적으로 큰 이슈가 되었다. 그러나 정부의 불허로 6.10 실무회담은 성사되지 못했고 6월 9일 연세대에서 '6.10 남북청년학생회담 성사를 위한 백만학도 총궐기대회'가 열렸다. 통일노력60년발간위원회 편, 『하늘길 땅길 바닷길 열어 통일로』(서울: 도서출판다해, 2005), pp.179-188.

4 방북 직후 베이징에서 있었던 기자회견에서 방북경위가 소상히 밝혀졌는데 분단지 속을 민족적 치욕으로 여겨 통일을 가장 시급한 과제로 인식하고 있던 당시 통일운동 상황을 알 수 있다. 민간차원에서 직접적인 출구를 모색하던 중 김일성 주석의 초청으로 결행하게 되었다고 한다. 문익환, 앞의 책, pp. 347-354.

5 문익환, 앞의 책, p. 434.

한편 1988년 2월 통일과 평화선언이 발표되고 국제개신교 회의들을 통해 지지선언이 이어지는 상황 속에서 북한은 1989년 신년사를 통해 문익환 목사 등 시민단체 인사들을 초청하였다. 이에 응하여 문익환 목사가 1989년 3월 25일 전격 방북함에 따라 민간통일운동뿐만 아니라 개신교 내부에서도 찬반논쟁이 일면서 통일문제에 대한 관심이 확대되었다. 1988년 발표된 통일과 평화선언이 개신교 내부에서 통일에 대한 관심을 확대시켰다면 문익환 목사의 방북은 한국사회 전체로 통일논의를 확산시켰다.[6]

민통련은 이후 각계 전문가들과 일반인을 상대로 공개강좌를 열고 구체적인 통일방안을 제시하는 등 문익환 목사의 방북을 계기로 통일운동이 재개되는 듯했다. 그러나 곧바로 공안정국이 조성되자 문익환 목사의 모험주의적 행동이 정부에게 탄압 빌미를 제공했다는 비판이 민주화운동 내부로부터 제기되었다.[7] 하지만 문익환 목사의 방북을 계기로 학생운동권이나 통일운동에 참여하는 인사들 중 방북운동이 다각적으로 이루어졌고 1989년 6월에는 남북교류협력에 관한 기본지침이 마련되면서 합법적인 개별방북이 가능해졌다.[8]

② 희년을 추구하는 평화통일운동

1988년 11월 23-25일 스위스 글리온에서 제2차 회의를 열어 한반도의 평화와 통일을 위한 글리온 선언을 채택한 바 있는 WCC는 1990

---

6 이만열, 『한국기독교와 민족통일운동』(서울: 한국기독교역사연구소, 2001), p. 389.
7 문익환의 방북으로 국내 통일운동에 탄압이 가해지는 등 직접적인 타격을 입게 되자 조급한 통일지상주의적 행동이었다는 비판이 가해졌다. 이종석, 『분단시대의 통일학』(서울: 한울아카데미, 1998), pp. 68-69.
8 통일노력60년 발간위원회, 『하늘길 땅길 바닷길 열어 통일로』, p.197. 남북교류협력에 관한 법률 제정은 1990년 8월. 법무부, 『통일법무 기본자료』(서울: 법무부, 2008), pp. 460-470.

년 12월 1일부터 4일까지 제3차 회의를 개최하였다. 이 회의에서는 남북교회 대표 및 13개국 교회대표들과 함께 희년 5개년 공동사업 계획을 수립하고 이를 위해 한반도 평화통일을 위한 글리온 3차 합의서를 채택하였다.[9] 합의서에서는 NCCK가 1988년 발표했던 통일과 평화선언을 지지하며 구체적인 실천사업으로 매년 8.15 직전 남북 및 세계교회가 함께 공동기도주일로 정하고 이를 위해 공동기도문을 채택하도록 하였다.[10]

이에 따라 1989년 8월 13일 연동교회에서는 2,500여명이 참석한 가운데 최초로 남북공동기도주일 행사가 진행되었고 기독교방송(현재의 CBS)을 통해 전국으로 생방송 중계되었다. 1990년에는 동일한 행사가 8월 12일 소망교회에서, 1991년 8월 11일에는 광림교회를 비롯해 전국적으로 열리게 되었다.[11] 이어서 1991년 8월 12일부터 14일까지 NCCK 평화통일희년준비위원회가 1995년 희년을 향한 기독교평화통일협의회를 주최하게 되는데 이 회의에서는 교회일치의 정신에 따라 NCCK 비가맹교단 소속 보수 교회와 10여 개국의 교회 대표들도 참여하였다.[12] 이러한 가운데 북한 조선그리스도교연맹 고기준 목사는 1991년 10월 27일 NCCK 권호경 총무를 초청했고, 정부의 승인을 얻어 1992년 1월 7일부터 13일까지 방북하였다. 권호경 총무의 방

---

9 글리온 제3차 협의회 이전인 1990년 7월 13일 남북교회는 동경에서 재일대한기독교회총회가 주최한 남북평화통일협의회에서 다시 만났다. 이 회의에서는 글리온 제2차 협의회가 채택한 공동선언의 정신과 내용을 재확인하며 통일희년을 위한 실천사항으로 8.15직전에 평화통일기도주의 행사를 비롯 상호교류를 이어간 방침을 정한 바 있다. "평화통일희년을 향한 동경회의 합의문," 한국기독교교회협의회, 앞의 책, pp. 178-180.
10 "한반도 평화통일을 위한 글리온 제3차 협의회 합의서,"한국기독교교회협의회, 앞의 책, pp. 188-189.
11 이삼열, "민족통일을 향한 기독교의 평화운동,"『한국사회발전과 기독교의 역할』(서울: 한울, 2000), pp. 142-146.
12 정성한, 『한국기독교통일운동사』(서울: 그리심, 2006), pp. 324-326.

북은 남북기독교협의회 평양개최 및 95년 희년 5개년 공동사업의 실천사항을 협의하기 위해서였는데[13] 이로써 남북교회는 제3국에서가 아니라 공식적인 직접 방문이 가능하게 되었다.

1993년에는 대중적인 통일운동방안을 모색한 끝에 평화와 통일을 바라는 남북인간띠잇기대회가 열렸는데 약 65,000명의 교인과 일반 시민이 참여했다. 독립문에서 임진각까지 총 48킬로미터에 달하는 구간에서 인간띠잇기 행사가 진행된 것이다.[14] 북측의 불참으로 기획했던 남북인간띠잇기는 성사되지 못했지만 민간이 주도하고 정부가 지원하는 대중통일운동이 시도되었다는 데에 의의가 있었다. 남북인간띠잇기 행사는 NCCK가 주도하는 가운데 94년에 이어 95년에도 계속되었다. 1993년 행사가 개신교 차원에서 진행되었다면, 1994년과 1995년에는 개신교뿐만 아니라 천주교, 유교, 원불교, 천도교 등 범종교계와 경실련, 흥사단, 한국노총 등 사회단체들도 참여하는 대규모 시민운동 차원으로 확대되었다. 또한 사전행사로 열린 통일전망대 홍보, 통일노래 공모전, 통일마음심기 사생대회, 통일염원 자전거 순례 등 통일에 대한 시민들의 관심과 참여를 높이는 행사가 이어졌다.[15]

한편 1994년까지 공동기도주일 행사가 지속되는 가운데 희년으로 선포한 1995년 8월 15일 판문점에서 남과 북, 해외를 총 망라 개신교 전체 희년공동예배를 개최하고자 했다. 그러나 정부가 보수적 연합단체인 한기총 참석을 조건으로 내세우는 가운데 행사는 결국 무산되었다.[16]

---

13 "한국기독교교회협의회 총무 권호경 목사의 방북결과에 관한 기자회견," 한국기독교교회협의회, 『한국교회평화통일운동자료집』, pp. 221-222.
14 한국기독교역사학회 편, 『한국기독교의 역사 Ⅲ』(서울: 한국기독교역사연구소, 2009), p. 253.
15 94 남북인간띠잇기대회 전국본부 사무총장 김영주 인터뷰, "통일염원으로 인간사슬 엮기"『통일한국』1994년 7월호, 통권 제127호, p. 79.
16 NCCK www.kncc.or.kr 화해통일위원회 참조. 검색일 2012년 12월 5일.

이후 평화와 통일을 위한 남북의 공동기도주일 행사는 2012년 현재까지도 이어져 남북교회가 공동 기도문을 채택하고 기념예배를 드렸다.

(2) 긴급구호 활동 시작

한국교회 최초의 대북 인도적 지원은 1990년 3월 사랑의쌀나누기운동본부를 통해 모금운동을 벌여 7월 쌀 1만 가마를 보내면서 시작되었다. 당시 8년간 계속된 풍작으로 인해 쌓인 쌀의 소비가 문제시되는 상황에서 정부 차원에서도 북한지원이 검토되고 있었다.[17] 이전부터 한국교회는 국내와 해외빈민들을 위해서 인도적 쌀 지원을 해왔는데 북한의 식량난이 알려지면서 대북지원을 하게 된 것이다. 그러나 직접 북한으로 전달되지는 못하고 홍콩을 경유하여 전달되었다.[18] 1991년 3월에는 사랑의의료품나누기운동도 가동되어 기초의약품과 수술용 소모품, 구급차 등이 지원되었다.[19]

한편 1993년 문민정부가 들어서면서 인권-민주화-통일의 연결고리가 느슨해졌고 정부를 투쟁의 대상으로 보고 인권보호를 위한 민주화운동과 통일운동을 벌였던 NCCK의 대정부적 혹은 대사회적 영향력은 상대적으로 약화되기 시작했다.[20] 그런 가운데 1995년을 통일희년의 해로 선포하며 여러 행사를 준비해오던 NCCK는 통일운동 확산과 대중화를 위해 보수적 교회와 연대를 시도했다. 보수적 교회 역시 북한과의 관계 형성을 위한 적절한 통로가 필요했는데 보수적 교회는 인도적 지원뿐만 아니라 보수적 선교방식에 의한 북한선교에도 적극

---

17 「조선일보」 1990년 9월 7일.
18 이러한 사실이 처음 보도된 것은 일본 니혼게이자이 신문을 통해서였다.
19 김형석, "한민족복지재단의 대북지원과 북한선교", 한국기독교통일포럼, 『통일한국포럼』(서울: 도서출판 바울, 2006), p. 213.
20 조은식, "남한 교회의 통일운동 연구 : 해방 이후부터 문민정부까지", 「선교와 신학」 15집, pp. 33-34.

적인 관심을 나타냈다.[21]

특히 독일이 예상 밖으로 급속하게 서독 중심으로 통일되는 것을 지켜본 후 동일한 방식을 염두에 두며 북한지역에서의 교회재건에 관심을 모으게 되었다.[22] 개신교 내에서는 보수와 진보를 막론하고 임박한 통일에 대한 기대감으로 통일과정에서 교회의 역할에 대한 논의가 활발하게 이루어졌다. 그런 가운데 1993년 4월 27일 남북나눔운동이 설립되었는데 개신교 내 진보와 보수가 결합한 최초의 대북지원 NGO연대 단체라 할 수 있다.[23] 1994년 6월 7일 첫 지원을 시작으로 7월에는 $50,000 상당, 10만 인분에 해당하는 콜레라백신을 긴급지원하였다.

한편 교단 차원에서는 한국기독교장로회총회(이하 기장)가 1989년 제74차 총회에서 북한교회 헌금을 결의했다.[24] 또한 1995년에는 일본 교토회의에 참석하고 북한교회와 수해피해를 입은 주민들을 위해 1천만 원씩 지원하였다. 대북지원 NGO로서는 1991년 3월에 설립된

---

21 이만열, "한국 기독교 통일운동의 전개과정", 남북나눔연구위원회, 『민족통일을 준비하는 그리스도인』(서울: 도서출판 두란노, 1995), pp. 72-73.
22 대표적인 개신교 매체들 중 하나인 「목회와 신학」은 1993년 1월 통일관련 특집기사를 대대적으로 다루었는데 주로 '다가오는 통일'에 있어서 교회의 역할에 관한 논의와 이에 관한 신학적 배경을 다룬 주제가 중심이 되었다. 예) 허문영, "한반도의 대내외적 변화와 통일 전망", 임태수, "성경을 통해 본 통일의 당위성", 박종화, "평화통일신학의 쟁점과 전망", 김영한, "개혁주의 평화통일 신학", 전호진, "포용론적 입장에서 본 북한선교의 대책", 고왕인, "통일희년을 향한 한국교회의 프로그램 및 교회의 실제적용" 등. 도서출판 두란노, 「목회와 신학」, 1993년 1월호.
23 이만열, 『한국기독교와 민족통일운동』, pp. 390-391.
24 기장은 1983년 제68회 총회에서 '통일문제연구위원회'를 특별위원회로 신설하면서 통일운동에 참여해왔다. 김동선, "남한교회 주요 교단의 평화통일," 한국기독교통일포럼, 『통일한국포럼』, p. 140. 이후 1986년 제71회를 시작으로 3회에 걸쳐 '평화통일에 대한 우리의 입장 1, 2, 3'를 발표하면서 교단 차원의 통일론을 정리했다. 기장의 통일론은 NCCK의 통일과 평화선언 내용을 가장 잘 수용하고 있다고 할 수 있다. 한국기독교교회협의회, 『한국교회평화통일운동자료집』, pp. 65-66, 96-97, 145-146.

사회복지법인 굿네이버스가 1995년 4월 북한에 대한 첫 구호활동을 시작하였다.[25] 또한 월드비전은 1994년 황해도 불타산 목장에 황소 60마리를 제공하고 평양 제3병원에 침상 500개를 지원하면서 대북지원 사업을 시작하였다.[26] 1995년 북한의 홍수피해지역에서 긴급구호 사업을 벌였고 이후 5곳의 지역에서 국수공장을 운영하였다.[27]

3) 특징

이 시기 대북지원의 가장 큰 특징은 진보적 교회가 남북교회교류를 통한 통일운동에 앞장서는 한편 보수적 교회가 진보적 교회의 가교역할에 힘입어 대북지원에 합류할 수 있었다는 점이다. 독일통일과 구소련의 체제전환 이전에 이루어진 문익환 목사의 방북은 분단구조 속에서 반공이데올로기에 갇혀 있던 개신교인들에게는 통일에 대한 상상력을 자극하는 충격적인 사건이었다. 통일과 평화선언이 1980년대 남북교회 만남을 토대로 한 반공주의 대북관을 극복하게 하는 진보적 신학의 결과물이었다면 문익환 목사의 방북은 이를 구체화시킨 사회적 실천이었다.

진보적 교회는 통일과 평화선언에서 선언한 바와 같이 1995년을 통일희년으로 삼아 대중운동을 확산시키려 했다. 분단을 극복하고 평화적 남북관계를 이룩하기 위해 남북교회가 앞장서서 협력의 물고를 트고자 한 것이다. 이에 1993년부터 남북인간띠잇기운동을 주최하는 등 대대적인 통일희년운동을 펼쳤지만 남북교회 만남조차 이루어지지

---

25 굿네이버스 www.goodneighbors.kr 참조. 검색일 2012년 12월 10일.
26 월드비전 www.worldvision.or.kr 참조. 검색일 2012년 12월 10일.
27 대북협력민간단체협의회, 『대북지원 10년 백서』, (서울: 도서출판 늘품, 2005), p. 38.

못한 채 남북에서 각각 남북공동기도주일 행사를 하는 것으로 마무리되었다. 통일운동을 주도했던 진보적 교회의 바람대로 1995년이 개신교적 희년을 성취하는 통일의 해가 되지는 못했지만 행사 진행 과정에서 보수적 교회가 진보적 교회와 함께 북한교회와 교류할 수 있었던 것은 의미 있는 일이었다. 남북나눔운동을 통해서 보수와 진보가 함께 힘을 모을 수 있었던 것이 대표적 사례였다. 한편, 공산권국가 선교를 준비하고 있었던 보수적 교회 중에는 1992년 중국과의 수교 이후부터 조선족 선교를 위해 선교사들을 파송하기 시작했다.

2. 북한인권운동 확산기(1996년부터 1999년까지)

1) 배경

1995년 8월 23일 북한은 유엔인도지원국(UNDHA)와 세계보건기구(WHO), 유엔아동기금(UNICEF) 등 유엔기구들을 통해 식량난 및 긴급구호를 요청했다. 이에 유엔조사단이 1995년 7월 북한의 홍수피해 현황을 파악하기 위해 파견되어 현지조사를 실시했다.[28] 조사결과 홍수로 인한 피해가 전 국토의 75%에 달하며, 수해로 인한 직접 피해 가구 10만, 긴급구호 대상이 48만 명이라고 추산하며 대규모 긴급구호가 시급하다고 보고했다.[29] 국제사회는 유엔 기구를 포함 국제적십자연맹과 국제 NGO 등이 북한의 도움요청에 응하여 긴급지원을 했다. 1992년부터 1994년까지 북한은 제1차 핵 위기로 말미암아 국제사회에서 고립되었던 상황이었지만 유엔을 비롯한 국제사회가 북한을

---

28 「동아일보」 1995년 8월 30일.
29 「조선일보」 1995년 9월 13일.

위한 긴급구호 활동에 나서자 국내에서도 대북지원에 관심이 쏠리기 시작했다.

이 시기 종교계는 인도적 대북지원에 가장 적극적으로 대응하였는데 1996년 1월 한국종교인평화회의에서 북한수재민돕기 호소가 있었고 3월에는 전국연합 등 재야단체들도 북한 수재민 돕기 운동을 전개했다. 당시 정부가 1995년 9월부터 민간차원의 대북지원을 허용하긴 했지만 대북지원 창구는 대한적십자사로 일원화하도록 하는 창구단일화 정책을 펴고 있었다.[30] 대북지원 단체들은 차츰 정부로부터 독립성과 자율성을 주장하며 창구다원화 정책을 요청하게 되었다.[31] 대한적십자사에 성금을 위탁하지 않을 경우에는 한국선명회나 한국복음주의협의회 등과 같이 국제조직을 활용하여 우회적으로 지원할 수밖에 없었기 때문이다.[32]

1998년 국민의 정부가 출범하자 김대중 대통령은 취임식 연설에서부터 대북정책 전환을 선언했다.[33] 이어서 3월에는 대북지원 활성화 조치를 발표하였는데 모니터링을 위한 민간인 방북과 개발지원 방식

---

[30] 1995년 9월 14일 통일부총리는 대북지원 창구를 대한적십자로 일원화 하는 조치를 취하였다. 이에 민주사회를 위한 변호사 모임(이하 민변)은 1996년 통일원에 쌀이나 현금을 직접 지원할 수 있도록 요청하였는데 통일원은 1996년 7월 31일 회신을 통해 '대한적십자사창구 단일화 및 쌀 및 현금지원 불가' 방침을 알려왔다. 민변은 1997년 1월 행정심판을 제기하였으나 2월 28일 기각되었다. 대북협력민간단체협의회,『대북지원 10년 백서』, pp. 41-42.

[31] NCCK는 1996년 7월 13일 "최근 북한식량 사정에 대한 우리의 입장"이라는 성명서를 발표하였다. 창구다원화와 관련, 대한적십자사로의 창구만을 주장하지 말고 민간단체의 다양한 국제협력관계를 존중할 것과 한국교회는 세계교회와 함께 북한교회로 직접 전달하는 방법을 적극 모색할 것이라는 입장을 밝혔다. 한국기독교교회협의회,『한국교회평화통일운동자료집』, p. 390.

[32] 대북협력민간단체협의회, 앞의 책, p. 43.

[33] 김대중 대통령은 대통령 취임연설에서 남북문제와 관련, 무력도발을 용납하지 않겠고 북한을 해치거나 흡수할 생각이 없으며 남북간 화해와 협력을 가능한 분야부터 적극적으로 추진해 나갈 것이라고 밝혔다. 김대중 대통령 취임연설「연합뉴스」, 1998년 2월 25일.

의 대북지원을 허용한 것이다. 언론사 및 개별기업체의 협찬과 모금 행사도 가능하도록 하는 내용이었다.[34] 또한 1998년 9월에는 대한적십자사를 통해서이긴 하지만 민간단체의 독립적 지원이 시범적으로 이루어졌다. 민간단체가 대북협의에 나서 물품을 구입, 수송하며 모니터링까지 직접 수행하도록 하고 대한적십자사는 포장 및 대북통보만을 담당하도록 하는 민간 주도의 대북지원활동을 시도한 것이다.[35] 이후 1999년 2월 10일에는 대북지원 창구다원화 조치가 발표되었고, 4월 29일에는 20여 단체가 참여하는 대북지원민간단체협의회가 출범하였다.[36]

2) 전개과정

(1) 인도적 지원의 본격화

① 연합단체를 통한 지원

이 시기 진보적 통일운동은 북한핵문제와 김일성 사망 후 조문파동 등의 영향으로 위축되어 있었다. 1995년 북한이 국제기구에 정식으로 지원을 요청한 후, 1996년 1월 29일부터 2월 2일까지 마카오에서 열린 동북아시아의 평화와 연대를 위한 국제기독교협의회(International Conference for Peace in the North East Asia, ICP)에서는 북한 조선기독교도연맹 대표 강영석 목사가 참가하여 한국교회에 공식적인 지원을 요청했다. NCCK는 이러한 사실을 알리며 국내에 대북지원을 위한

---

34 "민간차원 대북지원 활성화 조치계획," 통일부 www.unikorea.go.kr 1998년 3월 16일.
35 대북협력민간단체협의회, 앞의 책, p. 54.
36 대북협력민간단체협의회, 앞의 책, p. 55.

활동을 시작하였다.[37] 또한 8월 16일 헝가리에서 열린 개혁교회세계연맹(World Alliance of Reformed Churches, WARC) 총회에서도 북한대표가 참가하여 한국교회에 곡물지원확대를 요청하는 가운데 남북교회 대표가 나진선봉지역 개신교 복지센터 건립에 대해서도 협의하게 되었다.[38]

이러한 상황에서 1996년 8월 8일에는 한기총, 복음주의협의회 등 개신교 9개 단체들이 대북지원 창구다원화 및 쌀 지원 허용을 촉구하고 나섰고[39] 6월 21일 시민단체와 종교단체가 연대하는 우리민족서로돕기운동 결성에도 적극 참여하였다.[40] 그러나 9월 발생한 강릉 잠수함 침투사건은 인도적 지원에 대한 회의론을 불러 일으켰는데 12월, 북한 외교부의 사과성명이 있은 후에야 1997년 1월부터 대북지원이 재개되었다.

NCCK는 통일운동의 연장선에서 북한동포돕기 운동에 나서게 되었고, 보수적 교회가 조그련과 협력 사업을 할 수 있도록 가교역할을 하였다. 이전 시기 북한교회와 구축했던 네트워크를 활용하여 적극적으로 활약한 것이다. NCCK 통일선교위원회는 1996년 7월 18일 '최근 북한식량 사정에 대한 우리의 입장'을 발표하였고, 1997년 4월 21일에는 '북한동포를 살리기 위한 대정부 지원을 촉구한다'는 성명을 발표하고 대통령에게 공개서한을 보내 북한식량난 해결과 북한경제

---

37 김상근, "한국교회 평화통일운동 평가와 제언", 한국기독교교회협의회, 『한국교회 평화통일운동자료집』, p. 20. 노정선, "남북선교협력과 KNCC의 전략-과거, 현재, 미래", 한국기독교통일포럼, 『통일한국포럼』, pp. 171-173. 북한의 강영섭 목사, 황시천 목사, 리정로 목사가 참석한 것으로 알려졌고 북한이 제작한 대홍수 비디오 상영과 함께 350만 톤의 긴급식량 지원을 호소했다고 한다.
38 연규홍, 『한국교회의 평화통일 운동 연표(1945-2000)』(서울: 다산글방, 2006), p. 156.
39 "북한동포를 돕기 위한 한국교회의 결의," 김명혁 편, 『한국복음주의협의회 성명서 모음집』(서울: 기독교문서선교회, 1998), pp. 110-111.
40 대북협력민간단체협의회, 『대북지원 10년 백서』, p. 41.

회복을 위해 대북한 경제봉쇄 철회를 요청하기도 했다.[41]

또한 북한동포돕기 사랑의 쌀 및 의약품보내기운동을 발족하여 5월 15일부터 6월 15일까지 전국 차원에서 가두 캠페인도 벌였다.[42] 종교계와 법조계, 여성, 노동, 사회단체 등 총 100여개 단체가 참여한 북한동포돕기 민간단체전국회의를 통해서도 모금운동을 벌였다. 8월 26일부터 30일까지 두만강, 압록강 지역으로 북한 식량난 실태 조사단을 파견하여 현지상황을 조사하기도 했다.[43] NCCK 여성위원회도 북한동포에게 평화의 쌀 보내기 운동을 전개하여 쌀 주머니 7만5천장을 배포, 쌀 43톤을 모금하였다.[44] 이처럼 이 시기에 NCCK는 남북교회 간 직접 교류가 제한적인 상황에서 국제개신교조직을 통해 북한교회와 직접 접촉하고 한국교회 전체 차원에서 대북지원이 가능하도록 촉매 역할을 했다.

1996년 8월 12일에는 평화통일추진협의회 북한 수해 돕기를 위한 교계단체 대표자 긴급회의가 소집되어 '북한동포를 돕기 위한 한국교회의 결의'를 발표하였는데 한국교회 전체 차원의 운동으로 발전시키기 위한 공동 모금 방침을 정했다. 이후 1997년 2월 5일에 한국기독교북한동포후원연합회(이하 후원연합회) 결성을 주도하며 보수교회들의 참여를 이끌었다. 당시 총 15개 교단 10개 단체가 연합하는 개신교 최대 모금 창구 역할을 하였던 후원연합회는 조그런을 상대로 1997년 4월 3일 1차 지원 이후 지속적으로 협력했다.

---

41 한국기독교교회협의회 편, 『한국교회평화통일운동자료집』, pp. 400-401.
42 한국기독교교회협의회 편, 앞의 책, p. 527. 「기독신문」, 1997년 5월 7일.
43 북한동포돕기민간단체전국회의가 1997년 9월 5일 발행한 "북한동포돕기 전국보고대회 자료집,"에는 1997년 당시 중국 동북부 국경 인근에서 실시된 북한식량난 조사단의 보고서와 북한동포돕기운동의 현황이 소개되어 있다. 민주화운동기념사업회 open archives http://archives.kdemo.or.kr/View?pRegNo=00115176 검색일 2013년 3월 10일.
44 연규홍, 『한국교회의 평화통일 운동 연표(1945~2000)』, p. 157.

한편 한기총은 1992년 남북통일특별위원회를 개칭한 남북교회협력위원회 산하에 북한동포돕기선교본부, 북한교회재건운동본부 등 6개 기관을 두고 활동하다가 1998년 5월 북한교회재건, 북한동포돕기선교, 통일선교정책, 통일선교대학 등 4개 특별위원회로 구조를 변경하였다.[45] 대북지원을 전담하는 기구는 북한동포돕기선교본부로 1996년 9월 13일 '북한 식량난에 대한 한국교회의 대응'이란 주제발표와 함께 북한 돕기 모금운동을 벌여 2억여 원을 모금했다.

1997년 4월 18일에는 대한적십자사를 통해 밀가루 630톤(2억 원 상당)을 지원하였다. 8월 27일에는 인천항을 통해 밀가루 2,500톤, 분유 26톤을 추가적으로 보냈다. 한편 9월 4일에는 중국 단동을 통해 옥수수 1,500톤(2억2천만 원 상당)을 지원하기도 했다.[46] 의류보내기 운동도 벌여 9월 13일 겨울의류 1만 벌을 시작으로 11월 8일 20만 벌, 12월 1일 방한복 1,082박스를 지원하였다. 1998년 4월 15일에는 예장 합동과 공동으로 밀가루 2,000톤을 포함 7억4천만 원 상당의 식량을 지원하였다.[47] 또한 중국에서 조선족과 탈북자들을 통해 북한 지하교회에 직접 지원하기도 했는데 1998년 10월에는 중국 동북부 지방 7도시를 직접 방문하여 의류, 의약품, 생필품, 문구용품 등 다양한 물품들을 중국에 있는 미션홈이나 북한 지하교회에 지원하였다.[48]

---

45 한기총 www.cck.or.kr 연혁 참조. 검색일 2012년 12월 20일.
46 김수진, 『한기총 10년사』(서울: 쿰란출판사, 2002), pp. 198-200. 대북협력민간단체협의회, 앞의 책, p. 216.
47 김수진, 앞의 책, p. 201.
48 1991.1.29, 한기총, 제10회 총회보고서, pp. 88-89, 김수진, 앞의 책, pp. 194-195 참조.

② 교단 차원의 지원

기장은 1997년 사랑의 쌀 및 의약품 보내기 운동에 참여하며 2억 5천만 원을 지원하였고, WCC 세계교회모금운동을 통해 2만5천 달러, 세계평화협의회 의약품 보내기 운동에 1만1천2백 달러를 지원하였다. 또한 1998년 평화의 성미보내기 운동에 5억 원, 1999년 비료보내기 운동에 9백30여만 원을 지원하였다.[49] 기장은 이러한 지원활동에 있어서 조그런을 협력대상으로 했다. 이는 단순히 교회 간 협력차원을 넘어서서 북한의 개신교 조직이 지역사회 내에서 사회봉사를 통한 선교활동에 앞장설 수 있도록 하는 선교전략에 따른 것으로 보인다.[50]

기독교대한감리회(이하 기감)는 산하 13개 연회 중 1992년 재건된 서부연회[51]를 중심으로 대북사업을 전개하였다. NCCK의 북한동포 돕기 운동에 참여하다가 1996년 8월 8일 북한 수재복구지원 대책을 위한 모임 이후 독자적인 지원창구를 운영하기 시작했다. 인도적 지원과 관련 1997년 의약품과 옥수수 600톤 등 1억4천만 원 상당의 물품을 지원하였고, 1998년에는 의약품, 비닐 방막, 밀가루 등 17억3천 만 원 상당의 지원물품을 전달했다.[52] 1998년부터는 평양신학원에 대한 지원이 시작되었는데 1999년 4만 달러를 보냈고 이후 지속적으로 운

---

49 기장의 대북지원현황, "한국기독교장로회 북녘 동포를 위한 나눔 사업,"「2007 KNCC 평화통일정책협회」, 자료집, pp. 47-48.
50 김동선, "남한교회 주요 교단의 평화통일-북한선교 현황비교,"『통일한국포럼』, p. 141.
51 감리교에서 연회란 지역별 연례회의로 전국 지역에 서울연회, 서울남연회, 중부연회(인천,경기서부), 경기연회(경기남부), 중앙연회 (경기북부), 동부연회(강원), 충북연회, 남부연회(대전,충청), 충청연회, 삼남연회(경상), 호남선교연회, 미주특별연회(미주), 서부선교연회(북한) 등 13개 연회로 구성되어 있다. 서부연회는 해방 이후 1946년 10월 평양에서 1차로 재건된 감리교 교단의 북한지역연합회이다. 1992년 2차 재건되면서 현재 감리교 교단 중 북한선교를 담당하고 있다. 기독교대한감리회 서부연회 www.sbac.or.kr 연혁 참조. 검색일 2012년 12월 5일.
52 "2007년 기독교 대한감리회 서부연회 정책," NCCK, 앞의 자료, pp. 40-44.

영자금을 지원했다.

대한예수교장로회(통합)(이하 예장통합)은 1970년 이북교회대책위원회를 시작으로 일찍부터 북한선교 담당부서를 두었다. 이후 북한전도대책위원회, 남북한선교협력위원회, 남북한선교통일위원회 등으로 명칭이 변경되었고, 사회봉사부와 국내선교부, 군농어촌선교부 등과 협력하여 대북지원이 이루어졌다.[53] 1995년 이전까지 NCCK를 통해 조그런과 접촉했고 1997년 대북협력민간단체협의회 가입 이후 직접 교류활동을 하고 있다. 1997년 대한적십자사를 통해 옥수수 5,432톤을 지원한 이래로 지속적으로 식량과 의류, 의약품과 의료장비 등을 지원하였다. 또한 농업생산을 높이기 위해 비료와 온실자재, 못자리용 비닐 등을 지원하다가 평양온실사업으로 구체화되었는데 1998년 5월 30일에는 비료 300톤을 대한적십자를 통해 지원하였다.

예장통합은 초창기에는 "봉사선교가 복음 선교의 목적을 대신해서는 안 된다"[54]며 대북지원에 적극적이지 않았고 북한교회재건운동에 동참하여 보수적 북한선교에도 적극적인 관심을 나타냈었다. 그러나 북한교회재건운동이 현실화되지 못하자 대북지원에 집중하면서 조그런을 협력 대상으로 사업을 진행했다.

③ NGO를 통한 지원

이전 시기 한국교회 전체를 아우르는 대북지원 전문 NGO로 출범한 남북나눔운동의 인도적 지원은 1996년 5월 아동의류 화차 20량 분량, 1997년 4월 감자 1,659톤, 봄무, 봄배추 11.26톤 등을 보내며 지속

---

53 예장통합 www.pck.or.kr 참조. 검색일 2012년 12월 5일. 대북협력민간단체협의회, 『대북지원 10년 백서』, pp. 291-292.
54 김상학, "북한선교를 어떻게 할 것인가?", 대한예수교장로회총회 남북한선교협력위원회 편, 「북한선교」제7호, 1995년 9월, p. 31.

되었다. 또한 1997년 2월 5일에는 NCCK등 진보단체 대북사업에 보수교회 참여가 가능하도록 한다는 취지로 기존 조직을 한국기독교북한동포후원연합회로 확대 개편하면서 남북나눔운동이 주무단체가 되었다.[55] 이후 북한 어린이 영양식 공급 및 성장발육을 지원하는 사업을 주된 사업으로 하다가 남북나눔운동과 연합하게 되었다. 창립 이전부터도 북한 어린이들을 위해 분유와 밀가루, 채소와 같은 필수식품과 유아용 우유병과 방한복 등을 지원하며 어린이와 영유아를 위한 사업을 최우선으로 삼았던 남북나눔운동은 이 시기 의류, 식량, 의료, 영농지원 등 기초적인 인도적 지원을 통해 생존권 보호에 앞장섰다.[56]

굿네이버스는 1997년 3월 북한 목장에 사료 및 수의약품을 전달한 이후 1998년 9월 젖소 100마리와 1999년 3월 다시 젖소 100마리를 지원하며 낙농개발사업에 집중했고 어린이 급식을 돕는 지원도 병행했다. 1999년 4월에는 옥수수 300톤을 지원하였고 12월에는 콩사료 60톤을 지원했다.[57]

한민족복지재단[58]은 1991년 사랑의의료품나누기운동을 시작으로 1997년 2월 재단으로 출범하여, 북한 전역 13개 도소재지에 있는 어린이병원을 지원하는 현대화사업 추진을 목표로 했다. 1998년 북한의 대외경제협력추진위원회와 라진선봉지역에 로뎀제약공장 설립을 합의하고[59] 선봉인민병원에 각종 의료품과 의료장비를 지원했다.[60]

유진벨재단은 1995년 설립된 이래 북한에 소재한 결핵병원과 결핵요양소에 의약품과 진단기구 및 영양보조품 등을 지원하고 있다. 세

---

55 남북나눔운동 www.shring.net 참조. 검색일 2012년 12월 30일.
56 대북협력민간단체협의회, 『대북지원 10년 백서』, pp. 272-276.
57 굿네이버스 www.goodneighbors.kr 참조. 검색일 2012년 12월 20일.
58 한민족복지재단 www.hankorea.or.kr 참조. 검색일 2013년 1월 10일.
59 「연합뉴스」, 1998년 3월 15일.
60 대북협력민간단체협의회, 앞의 책, p. 386.

계보건기구가 권장하는 도즈법을 활용하고, 종합비타민과 항생제, 결핵약키트 6개월분, 이동엑스레이 검진차량 2대, 다복적용 차량 4대, 엑스레이 기계 등 의료기구들과 약품을 제공했다.

월드비전은 1998년부터 긴급구호 방식에서 보건의료사업 및 협동농장을 지원하는 개발지원 형태로 전환하였다. 채소 생산, 과수 및 채소 육종사업, 씨감자 생산 등에 주력하였고 특히 무균질 씨감자 개발을 통해 북한 지형에 맞으면서도 단위당 수확량을 늘릴 수 있도록 지원했다.[61]

C.C.C. 북한젖염소보내기운동은 1995년 북한의 식량난이 알려지면서 김준곤 목사 제안인 북한 190만7천 호 농가마다 젖염소 한 마리 이상 분양한다는 비전을 따라 시작되었다.[62] 1970년대 민족복음화를 주장하며 보수적 선교단체를 이끌었던 김준곤 목사는 '생존권은 소유권보다 우선한다'는 원리를 새롭게 강조했다. 생존권에 주목한 것은 북한에서 발생한 대규모 기아에 대한 각성에 따른 것으로 사유재산을 허용하지 않는 공산주의자들이라도 생존권은 보호되어야 한다는 뜻으로 풀이된다. 또한 민족복음화라는 선교목적을 위해 민족화해와 통일이라는 차원에서 접근했다고 할 수 있다. 본격적인 지원은 1999년 사리원 용곡목장에 450마리 젖염소를 보내면서 시작됐다.[63]

---

61 유진벨 www.eugenebell.org 참조. 검색일 2013년 1월 10일.
62 북한젖염소보내기운동 www.goat4north.net 참조. 검색일 2012년 12월 10일.
63 "대북지원 현황," C.C.C.젖염소보내기운동본부, 『북한젖염소보내기운동의 어제와 오늘』(서울: 순출판사, 2006), p. 46.

(2) 보수적 북한선교 본격화

① 북한교회재건운동

이 시기 보수적 연합단체인 한기총은 교단별로 재건할 2,850개의 교회들을 배정하고 재건비용을 마련하는 등 구체적인 운동을 벌였으나 북측에서 이를 허용하지 않아 실행에 옮기지 못했다.[64] 보수적 선교관에 입각한 북한교회재건운동은 북한지역 복음화에 최우선적인 관심을 두었던 운동으로 다분히 일방적인 종교패권주의 경향을 나타냈기 때문에 북한 당국의 협력을 이끌어내기에는 한계가 있었다. 북한교회재건운동은 한기총의 북한교회재건위원회에 의해 추진되었는데 명칭 그대로 해방 전에 북한 지역에 존재한 것으로 보이는 교회 재건을 위해 1995년 6월 12일 시작되었다.[65]

동일한 취지를 갖는 극동방송 프로그램이 있었는데 과거 북한교회 주소지들을 새로운 행정구역과 비교 정리한 자료집이 출간되자 더욱 탄력을 받게 되었다.[66] 한기총은 당시 회원교단별로 재건되어야 할 교회들을 예장통합 590교회, 예장합동 590교회, 기하성 180교회, 성결교단 118교회, 침례교단 100교회 등으로 배분하였다.[67]

---

64 김중석, 『북한교회재건론』(서울 : 진리와 자유, 1998), p. 124.
65 김중석, "북한교회재건운동," 강승삼 외, 『평화통일과 북한복음화』(서울: 쿰란출판사, 1997), p. 467.
66 북한교회재건위원회 편, 『무너진 제단을 세운다』, (서울: 진리와 자유, 1997).
67 북한지역 2,850곳에 교회설립을 목표로 한기총 소속 2,850교회가 교단별로 구역을 배당했다. 이들 교회들은 교회재건을 위한 모금액 5천 만 원에서 1억 5천 만 원을 목표로 하였다. 한국기독교총연합회 북한교회재건위원회 편, 『북한교회재건백서』(서울: 진리와자유, 1997), pp. 248-395. 또한 한기총에 가입하지 않은 기감은 자체적으로 교단 내 북한선교를 담당하는 서부연회를 통해 1998년부터 북한지역 옛 교회 388개를 발굴했고 북한 전 행정구역에 걸쳐 580교회를 개척한다는 계획을 세웠다고 한다. 윤용상, "북한교회 재건을 바라보는 시각에 대하여,"「기독교사상」제44권 6호, 2000년, p. 196.

이러한 북한교회재건운동은 보수적 교회로서는 그동안 진보적 교회가 주도하던 통일운동에 대한 대안운동으로 여겨졌고 큰 호응을 불러 일으켰다. 2년에 걸쳐 총 19차례 세미나를 진행하는 등 장기간 준비가 이어졌다.[68] 사업을 담당할 조직과 방향이 정해지고 북한교회재건 3대 원칙도 수립되었는데 한국교회의 대표적 교단연합체인 한기총 차원에서 이루어진 합의였다는 데에 의의가 있다. 그 내용을 보면 첫째, 북한에 전도하고 교회를 세우는 일에 있어서 창구를 일원화한다. 둘째, 북한에는 단일기독교단을 세운다. 셋째, 북한교회는 독립적이고 자립적인 교회로 세운다.[69] 이 같은 원칙에 합의하게 된 것은 한국교회가 개교회나 교파별 북한선교에 나설 경우 무원칙한 교회재건이 가져올 혼란상을 우려한 교단들의 공감대가 형성되었기 때문이다.[70] 이후 북한교회재건위원회는 구체적인 실천을 위해 각 교회나 교단별 행사를 통해 지원금을 모으고 전문선교인력을 교육한다는 취지로 통일선교 교육프로그램을 진행했다.[71]

그러나 다른 한편에서는 북한교회재건론에 대한 비판론도 제기되었다. 비판의 주된 내용은 북한교회재건의 주체에 관한 문제였다. 북한 측 협력대상을 공식교회로 할 것인지 비공식교회로 할 것인지에 대한 문제의식이 명확하지 않았기 때문이다. 또한 방식에 있어서 북한주민들을 고려하지 않은 상태에서 한국교회 주도로 북한교회를 재건한다고 할 때 패권적 선교가 될 수 있다는 점이 지적되었다.[72] 이처

---

68 김중석, 『북한교회재건론』(서울: 진리와 자유, 1998), pp. 92-94.
69 한국기독교총연합회 북한교회재건위원회 편, 『북한교회재건백서』(서울: 진리와자유, 1997)책, pp. 88-92.
70 김중석, "북한교회재건운동," pp. 452-455.
71 한국기독교총연합회 북한교회재건위원회 편, 앞의 책, pp. 88-92.
72 첫째, 북한교회를 재건하기 위해서는 북한교회 지도자들의 적극적 참여가 있어야 하는데 부정적 반응을 보였다는 점이다. 둘째, 한국교회가 교회 재건을 추진하는 협력대상을 지하교회로 할 것인지 조그런으로 할 것인지 문제를 생각할 때 자기모

럼 북한교회재건론에는 현실적인 한계가 있어서 북한교회로부터 협력을 이끌어내지 못했고 이후 몰아닥친 IMF 국면에서 북한교회재건운동은 결국 개별교단이나 교회 차원으로 축소되었다.[73]

② 중국조선족교회와 북한지하교회 선교

중국에 거주하는 조선족들을 위한 한국교회 선교는 1992년 8월 24일 한국이 중국과 수교를 맺은 이후부터 본격화되었다. 역사적으로 이들을 위한 선교가 시작된 것은 19세기 중엽 조선인들이 만주에 거주하기 시작한 이후 1873년 스코틀랜드 연합장로교회 선교사들이 조선인과 접촉하게 되면서부터였다. 1884년에는 즙안(集安)현에 조선인교회가 처음으로 세워지게 되었고 이후 감리교회, 성결교회, 안식일교회 등이 세워져 1904년경 교인 수는 4만여 명에 달했다고 한다.[74]

한국교회의 중국선교가 본격화된 것은 한중수교 이후 대만에서 선교사로 있던 김응삼 목사를 조선족 선교사로 파견하면서였다.[75] 이후

순에 빠지게 된다는 것이다. 셋째, 북한체제와 그 주민들을 고려하지 않고 한국교회가 일방적으로 식민주의적 선교정책을 실현하고자 한다는 점이다. 넷째, 북한의 지하교회 상황은 일반 주민들과 삶의 정황이 다르기 때문에 지하교회 교인 중심이 아닌 새로운 북한선교 모델이 구축되어야 한다는 점이다. 다섯째, 북한선교를 단순히 교회재건 차원에서 인식한다면 민족화해와 평화, 인도주의적 협력 등 보다 넓은 차원의 선교전략이 사상될 수 있다는 점이다. 임희모, "북한교회재건론의 문제", 평화와 통일신학연구소 편, 『평화와 통일신학』(2002), pp. 101-130. 임희모는 2001년 발표한 "북한교회재건론의 문제"를 새롭게 수정하면서 다른 문제점으로 북한교회재건운동이 통일 이후에나 가능한 일이라는 점과 인간주의적 노력에 의한 한계 등을 지적하였다. 임희모, "북한교회재건론의 문제", 『한반도 평화와 통일선교』(서울: 다산글방, 2003), pp. 113-114.

73 예장통합은 남선교회전국연합회가 중심이 되어 봉수교회 재건사업을 펼쳐 2007년 12월 완료하게 된다.
74 리광록, "연변조선족종교의 과거와 현재," 김영만 외, 『민족정책 연구론문집』(심양: 료녕민족출판사, 1997), pp. 261-277, 임희모, "한국교회의 중국조선족 선교와 북한선교," 『한반도평화와 통일선교』, p. 181에서 재인용.
75 인병국, 『조선족교회와 중국선교』(서울: 에스라서원, 1997), pp. 45-47.

중국 선교사 파송이 급증했다. 한국세계선교협의회(KWMA)에 따르면 2012년 현재 동북아지역의 선교사는 6,167명인데 이중 중국에서 활동하는 선교사가 3분의 2에 달한다. 상당수 선교사들이 조선족자치구를 중심으로 활동[76]하면서 탈북민들과 직간접적인 관련을 맺게 되는 것으로 알려졌다.

중국에서의 포교활동은 제한적이어서 한국교회는 국교가 수립되자 공식교회인 삼자교회를 지원하거나 조선족 교회지도자들을 한국으로 초청하여 신학훈련을 하는 것이 대부분이었다.[77] 초창기 중국선교는 개별적인 방문을 통한 보수적 선교활동이었는데 공산국을 대상으로 하는 북방선교 차원에서 이루어졌다. 시간이 흐를수록 문제점들이 지적되었지만 중국선교로 인해 구축된 현지교회[78]들은 탈북민들을 위한 미션홈 사역과 북한지하교회 지원을 위한 거점역할을 했다.

중국 조선족 교회와 북한선교 관련성은 크게 3가지 측면에서 주장된다.

첫째, 조선족 교회와 북한 조그련과의 교류이다. 이들은 정부로부터 공인받은 교회라는 점에서 공식교류가 가능하기 때문에 한국교회가 중국교회를 통해 간접적으로 북한선교에 임할 수 있다는 것이다. 이 경우 북한 정부로부터 좀 더 자율적일 수 있다는 점이 부각된다.

---

76 한국세계선교협의회, 『2013~2016 한국선교백서』(서울: 선교타임즈, 2013), p. 148.
77 북한지하교회에 성경배달을 주된 사업으로 하는 모퉁이돌선교회는 중국에서 신학훈련을 통한 지도자 양성에도 힘써왔다. '신학교 배달'이라는 개념으로 중국 현지에서 특정기간 신학교육 프로그램을 진행하여 현지인들을 목사로 훈련시키는 방식이다. www.cornerstone.or.kr 검색일 2012년 12월 10일.
78 중국의 공식교회인 삼자교회를 지원한 대표적 사례는 연길교회, 도문교회, 연변과기대교회, 훈춘시기독교회, 안도교회 등을 꼽을 수 있는데 도심지역의 교회들이다. 이밖에 동북 3성 지역을 중심으로 도심 이외의 지역에서 조선족들을 교역자로 하는 250여개의 교회들이 있고 자체적인 연락망을 구축하여 활동하고 있다. 흑룡강성 목단강시 동녕현 삼차구 C 목사 인터뷰 2013년 8월 19일.

둘째, 조선족교회 교인들의 친척 방문을 통한 개별적인 접촉이 가능하기 때문에 북한의 공식 교회조직을 통하지 않고도 주민접촉이 가능하다는 점이다.

셋째, 조선족교회를 통해 탈북민 접촉이 가능하다는 점이다.[79] 이같은 조선족교회의 역할에 주목하여 북한선교에 대한 관심이 우회적으로 조선족교회, 특히 동북 3성에 위치한 조선족교회를 통한 선교활동에 집중되기 시작했다.

그러나 조선족선교에서 드러난 많은 문제점이 북한선교에 그대로 적용될 수 있다는 주장도 있다.

첫째, 한국교회는 조선족을 상대로 상대방 문화를 감안하지 않은 일방적 식민주의적 선교를 했다는 비판이 있다.

둘째, 교단을 중심으로 교단문화를 이식하는 선교를 했다는 지적이 있다. 즉, 중국 조선족을 위해 선교현장에서의 필요를 채우는 방식이 아닌 한국교회의 일방적 기획에 따른 선교였다는 점이다.

셋째, 중국 사회주의 상황을 고려한 교회 설립에 실패하였다는 평가이다.[80]

이러한 평가 중 특히 세 번째는 사회주의 하에 존립해온 교회의 형편을 고려하지 않고 공식적인 교회를 불신하여 반공주의적 선교정책을 펼치게 될 때 나타나는 문제점을 지적한 것이다. 반공주의적 선교정책을 따르다보면 공식교회인 삼자교회에 대한 정부 통제를 의식하여 신앙의 진정성을 의심하게 되고 비공식교회인 가정교회들과 더 큰 연대를 모색하게 된다. 그러나 이는 장기적으로 지속적인 선교활동을 어렵게 하고 체계적인 선교방편을 상실하게 할 우려의 소지가 있는

---

79 인병국, 앞의 책, pp. 233-237.
80 임희모, "한국교회의 중국조선족 선교와 북한 선교," 한민족선교정책연구소, 『한민족·선교·통일』(서울: 한민족과선교, 2001), pp. 162-163.

방식이라는 것이다.[81]

이외에 조선족선교의 문제점으로 신앙적 영성부족, 삼자교회의 정신인 자치·자양·자전하는 성장의지와 기회 상실, 지도자 부족, 신도들의 신앙과 삶의 괴리 현상 등이 지적되는데 이는 가정교회에 대한 선교적 역량강화를 제도적으로 뒷받침하지 못했기 때문에 발생한 결과이다.[82] 한편 중국교회에 대한 국가 통제를 비판했던 국제적 사례를 들어 북한에 대해서도 종교관련 법령 개정을 전략적으로 추진할 것을 제안하는 주장도 있다.[83] 이러한 비판적 평가에도 불구하고 이 시기 중국조선족 교회를 통한 북한선교는 북한을 비교적 자유롭게 왕래할 수 있는 조선족의 접근성을 활용해 암암리에 진행되었다.[84]

③ 탈북민 미션홈 운영

중국에서 탈북민들을 위한 선교단체 활동은 동북 3성 지역을 중심으로 시작되었는데 모퉁이돌선교회나 열방빛선교회, 그리고 개별 선교단체 차원에서 이루어졌다.[85] 이들 선교단체들은 중국선교를 위해 파견되었다가 탈북민들의 신변보호와 북한선교 목적으로 미션홈을 운영하며 활동하기 시작했다. 이 경우 본격적인 NGO로서의 활동은 아니었으나 중국 현지에서 탈북민 보호를 위한 긴급활동을 펼쳤다.[86]

---

81 임희모, "한국교회의 중국조선족 선교와 북한 선교," pp. 193-197.
82 인병국, 『조선족교회와 중국선교』, pp. 15-16.
83 류성민, "북한종교정책 변화 전망과 김정일 이후의 선교," 모퉁이돌선교회 편, 『김정일 이후의 북한선교』(서울: 예영커뮤니케이션, 2008), pp. 93-94.
84 김병로, "북한 종교인가족의 존재양식에 관한 고찰," 「통일정책연구」제20권 제1호, 2011 참조.
85 두 단체 이외에도 예랑선교회, 예수전도단, C.C.C., 죠이선교회 등도 유사한 방식으로 활동했다. 조용관, 김병로, 『북한 한걸음 다가서기』(서울: 예수전도단, 2004), pp. 90-95. 모퉁이돌선교회 사례는 모퉁이돌선교회 편, 『김정일 이후의 북한선교』(서울: 예영커뮤니케이션, 2008), pp. 126-128.
86 김병로, "기독교 대북 NGO의 분화와 지형분석", 기독교통일학회, 『통일 NGO 기

이 같은 사례는 1996년 12월 동북 3성 지역에서 활약하던 한국인 선교사들이 중국 공안에 의해 체포됨에 따라 알려졌다.[87] 중국에서 외부인들의 선교활동은 불법이기 때문에 선교사들은 사업이나 방문, 어학연수 등의 목적으로 입국하게 된다. 일찍이 냉전시기부터 공산권 선교를 준비해오던 교단이나 선교회 소속 선교사들은 1992년 국교수립 이후 주로 동북 3성 조선족 자치주에서 중국 선교를 시작했는데[88] 이 지역에 대량으로 탈북민들이 유입되면서 피난처 역할을 하는 미션홈이 시작되었던 것이다.

미션홈은 일시적으로 탈북민들의 신변안전을 위한 긴급구호 목적으로 제공되었다. 일차적으로 국경을 넘어 보다 안전한 곳으로 이동하기까지 체력과 심리적 소모로 탈진상태인 탈북민이 휴식을 취할 수 있는 보호소 역할을 했다. 반면 특정 미션홈은 탈북민이 북한으로 재입국하여 개신교 포교활동을 펼칠 수 있도록 하기 위한 목적으로 제공되기도 했다. 전자가 중국 현지에서 탈북민 긴급구호를 위한 보호소라면 후자는 북한 현지 포교활동이라는 특정 선교목표를 위해 운영되는 훈련소라 할 수 있다.[89] 그러나 목적을 불문하고 중국 공안당국과 북한 보위부의 추적을 의식해 상황에 따라 장소를 변경하기 때문에 운영이 안정적으로 이루어지지 못한다.

모퉁이돌선교회는 1999년 7월, 8월 처음으로 북한에 성경을 보급하면서 북한지하교회 지원을 시작했다. 단체 대표나 관계자들의 개별

독교』(서울: 2008, 기독교통일학회), p. 88.
[87] 「중앙일보」 1996년 12월 13일.
[88] 한국교회는 중국에 가장 많은 선교사를 파송하고 있다. 언어문제를 고려할 때 조선족들이 거주하고 있는 동북 3성 지역에서 주로 활동하는 것으로 보인다. 한국세계선교협의회, 『2013-2016 한국선교백서』(서울: 선교타임즈, 2013), p. 148-149.
[89] 탈북민 선교에 오랫동안 관여했던 임용석 목사는 한국교회가 중국 미션홈 사역을 좀 더 집중적으로 지원할 것을 주문하면서 전략적 접근을 펼쳐야 한다고 지적한다. 임용석 『통일, 준비되었습니까?』(서울: 진리와자유, 2011), pp. 143-147.

방북 시 비밀리에 이루어진 성경배달이었는데 이러한 방식은 적발 시 북한 당국으로부터 처벌이 따르는 위험을 감수하면서 지속되었다.[90] 이 시기 미션홈 사역의 대표적 사례로는 열방빛선교회를 이끌고 있는 최광 목사의 활동을 꼽을 수 있는데 미션홈 활동을 수기형식으로 발표하였다.[91] 수기에 따르면 최광 목사의 경우 미션홈을 통해 1998년 8월부터 1999년 4월까지 5명의 제1기 훈련생을 배출하였다.[92]

3) 특징

이전에 통일운동을 주도했던 NCCK가 남북교회의 가교역할을 하면서 대북지원에도 앞장섰다면 이 시기 특징은 먼저, 보수적 교회가 NCCK와 협력하면서도 별도로 교단이나 대북지원 NGO들을 통해 대북지원에 참여하였고 생존권 중심의 북한인권운동이 확산된 점이다. 연합단체와 개별 교단, 그리고 NGO 차원에서 대북지원이 다양하게 이루어졌는데 지원방식도 초기 긴급구호 성격의 대북지원에서 개발지원 방식으로 바뀌기 시작했다. 생존권과 관련하여 소규모이지만 보다 장기적인 전망 속에서 국수공장, 빵공장, 두유공장 등 식품생산 공장을 지원하는 사례가 많아졌다. 이에는 1998년 3월 취해진 민간차원 대북지원 활성화 조치와 1999년 민간차원 대북지원 창구다원화 조치, 그리고 남북협력기금 지원 등 정부 정책의 영향이 컸다고 할 수 있다. 다른 한편으로 독일 통일과정과 동구사회주의권 국가들의 체제전환 경로가 북한에도 그대로 적용될 것을 예상한 한국교회가 보수와

---

90 모퉁이돌선교회 www.cornerstone.or.kr 참조. 검색일 2012년 12월 10일.
91 최 광, 『내래 죽어도 좋습네다』(서울: 생명의말씀사, 2007), p. 125.
92 열방빛선교회 www.nkmission.org 참조. 검색일 2012년 12월 10일. 중국 현지에서의 미션홈 활동을 통해 배출된 훈련생들은 다시 북한으로 돌아가 암암리에 전도 활동을 하거나 한국에 들어와 장래의 북한선교를 준비하고 있는 것으로 소개된다.

진보를 막론하고 대북지원에 큰 관심을 보이며 참여했기 때문이다.

대북지원에 참여했던 보수적 교회가 지원과 동시에 북한교회재건운동을 추진했다는 점도 이 시기의 특징이다. 북한의 공식적 개신교 조직에 대한 불신과 북한 정권에 대한 반공주의적 거부감 속에서 보수적 선교관에 입각한 북한선교를 지향했다. 그러나 이는 흡수통일을 전제로 한국교회가 주축이 되는 교회재건기획이었기 때문에 시간이 경과하며 현실적인 실현가능성이 희박해지면서 정지된 상태이다. 또한 이 시기 다시금 고조된 북한 핵개발 의혹과 미사일 시험발사[93]는 보수적 교회의 적대적 대북관에 기반을 둔 대결주의가 다시 힘을 얻게 했다. 더불어 북한의 공식교회를 인정하지 않았던 보수적 교회는 중국을 통한 지하교회 운동을 추구하게 되었다.

3. 북한인권운동 분화기(2000년부터 2007년까지)

1) 배경

이 시기 미국에서 발생한 9.11테러는 국제정세 전반에 큰 영향을 주었다. 테러와의 전쟁을 선포한 부시정권이 북한에 대해서도 악의축이라고 규정하여 북미 간 갈등이 고조되었다. 유엔에서는 인권위원회와 총회에서 북한인권결의안이 지속적으로 통과되었고 미국과 일본에서도 북한인권법이 채택되었다. 이에 대해 북한은 체제를 위협하는 내정간섭이라며 강하게 반발했다. 이전 시기 북한인권 문제가 기아로

---

[93] 1998년 8월 17일 뉴욕타임스에서 북한 금창리 지하 시설 핵 의혹 제기가 있고 8월 31일에는 대포동 1호 미사일 시험발사가 이루어졌다. 허문영 외, 『한반도 비핵화와 평화체제 구축전략』(서울: 통일연구원, 2007), p. 264.

인한 생존권에 초점이 맞춰져 있었다면 이 시기부터는 정치범수용소의 존재와 수용소 내에서의 인권유린 문제가 크게 이슈화되면서 자유권 중심의 인권에 관심이 높아졌다.

한편 남북관계에 있어서는 김대중 대통령과 노무현 대통령의 정상회담이 전격적으로 이루어졌고 이후 정부 차원에서 남북경협정책이 추진되어 개성공단사업, 개성관광사업, 철도연결 사업이 이루어지는 등 가장 활발한 교류협력이 진행되었다. 이전 시기 대북지원 단체들이 강력히 요청했던 대북지원 창구다원화 정책과 함께 민간단체들이 활발하게 대북지원 사업을 할 수 있게 되었다. 반면 2003년 1월 북한이 NPT를 탈퇴하면서 불거진 북핵위기는 남북관계를 급속히 냉각시켰고 민간의 대북지원 활동에도 큰 타격을 주었다. 그러나 2004년 4월에 발생한 용천 폭발사건을 계기로 긴급구호와 더불어 대북지원이 다시 전개되기도 했다. 그렇지만 곧바로 7월과 8월 조문파동이 있었고 우리 정부가 제3국에 체류하던 탈북민들을 대규모로 입국시키면서 재차 남북관계가 어려워졌다. 2005년 2월 10일에는 북한이 핵무기 보유선언을 함에 따라 대북지원정책에 대한 비판이 뜨거워졌다. 2006년과 2007년에는 북한에 다시 홍수피해가 크게 발생하여 핵문제로 인한 남북관계 경색국면임에도 불구하고 중단되었던 대북지원이 정부 차원에서 재개되기도 했다.

한편 2003년부터 유엔에서 북한인권결의안이 채택되고 2004년 미국이 북한인권법을 통과시키자 국내에서도 북한인권법제정운동이 시작되었는데 한기총을 통해 보수적 교회가 적극적으로 참여하였다. 또한 탈북민이 주체가 된 북한민주화운동도 시작되었고 인터넷방송매체도 생겨났다. 이러한 움직임에 대해 인권운동의 정치화를 우려하는 진보 진영의 비판이 있었지만 북한인권법 제정이 자유권운동으로 자리매김하는 계기가 되었다. 긴급구호에서 시작된 인도적 지원은 개발지원으로 전환을 모색하게 되고, 다른 한편에서는 자유권 중심의 북한인권운동이 본격적으로 이루어지는 등 북한인권운동이 분화되는 시기였다.

2) 전개과정

(1) 대북지원 본격화

① 연합단체를 통한 지원

대북지원활동이 본격화하면서 소규모 개발지원이 구체화되었는데 연합단체 차원이 아닌 교단이나 NGO를 통해 진행되었다. 두 차례의 정상회담이 열리고 민간차원의 교류협력이 활발해지면서 생긴 변화로는 보수 연합단체인 한기총의 활동이 주목된다. 남북관계가 개진되는 상황에 맞추어 한기총은 2002년 4월 1일 남북교회협력위원회의 조직을 개편하면서 북한선교를 위한 통일선교정책을 새롭게 발표했다.[94] 보수적 북한선교정책을 표방해왔던 한기총은 북한지원과 교회재건 사업을 분리하여 선교정책상의 변화를 보였다.[95] 통일선교정책의 구체적 방향을 제시한 실천방안 제5항에는 "통일선교를 위해 조선그리스도연맹과도 사안에 따라 협력한다"고 밝힌 것이다.[96] 북한교회 재건을 목표로 할 때 북한 당국의 통제 하에 있는 공식조직과도 제한된 범위 내에서나마 협력하지 않을 수 없는 현실이 반영되었다고 볼 수 있다. 조그련의 공식적인 대북지원 요청으로 한기총 차원에서 모

---

94 한기총 www.cck.or.kr 연혁. 검색일 2012년 1월 10일.
95 김동선, "한국교회 개신교단 및 기관의 북한선교 정책 비교," 한민족선교정책연구소, 『한국교회북한선교정책』, pp. 32-34.
96 한기총 www.cck.or.kr 연혁. 검색일 2012년 1월 10일.

금활동이 벌어지기도 했는데 정부 주도의 남북정상회담 분위기 속에 일반 교인들의 관심은 오히려 저조했고 모금활동은 부진했다.[97]

한편 2001년 4월 북한 당국은 한국 개신교 단체들이 북한의 지하 종교조직에 대한 선교활동을 강화하고 있다는 외신보도를 인용하면서 지원활동에 제동을 걸었다.[98] 8.15 남북통일축전파문과 사법처리로 인한 남북정부의 갈등이 빚어지는 상황에서 11월에는 북한 당국이 정치적 이유를 들어 교계단체들의 평양방문을 일체 금지시켰다. 그러자 NCCK가 나서서 12월 8일부터 3일간 평양을 방문해 남북교회 성탄절 공동메시지를 발표했다. 이어 조그런이 한국교회에 대한 협조를 요청하면서 남북교회 관계가 회복되었다.[99] 이후 NCCK와 한기총은 2002년 조그런으로부터 '남한교계 대북지원요청' 공문을 받고 중국 선양에서 조그런 관계자들을 만나 지원 협력을 논의하게 된다. 이러한 개신교의 노력은 국내외 정치적 긴장 조성으로 남북관계가 경색된 상황에서 민간부문 교류협력 가능성을 보여주는 것이었다.

이후 한기총은 NCCK와 공동으로 6.15선언 2주년 공동기도회를 개최하거나, 제57주년 광복절 기념 연합기도회를 개최하면서 진보적 단체와의 협력을 시도하였다.[100] 한기총의 대북지원은 긴급구호 성격의 지원이었는데 2002년 11월 22일부터 12월 11일까지 북한동포 동내의 보내기 모금 운동을 대한적십자사와 공동으로 추진하여 동내의 190여만 벌을 지원하였다.[101] 2004년 용천 폭발사건으로 인한 구호에

---

97 「국민일보」 2000년 12월 26일.
98 「국민일보」 2001년 12월 29일.
99 「국민일보」 2001년 12월 19일.
100 NCCK와의 협력은 정상회담 이후 달라진 남북관계 속에서 본격적으로 진행되었다. 한기총 www.cck.or.kr 연혁 2002년 4월 10일, 8월 11일. 검색일 2012년 12월 10일.
101 동내의를 확보한 후 가격보전을 위해 모금활동을 행한 것이다. 1벌 가격 5천 원, 100벌 50만 원, 1천 벌 500만 원, 1만 벌 5000만 원 계산하였고 정부지원금 50%,

도 45억4천만 원 상당의 의약품과 의료장비를 지원하였고 담요와 생수, 라면 등 1억 원 상당의 구호품을 전달하였다.[102] 또한 2007년 수해 발생 시에는 NCCK와 국민일보, CBS, CTS, 극동방송과 함께 8월 17일부터 9월 16일까지 북한수재민돕기 한국교회 공동모금사업을 벌여 시멘트 500톤과 삽 6,500자루 등 총 15억 상당의 지원 품을 조그런을 통해 지원하였다.[103]

한편 NCCK는 2000년 남북정상회담 이후 민간통일운동 방향을 새롭게 모색하고 대북교류 및 지원 대책을 논의하기 위해 2000년 6월 27-29일 평화통일정책협의회를 개최하였다. 2004년 용천 구호와 2007년 긴급구호를 위한 모금행사에 한기총과 함께 활동했던 NCCK는 자체적인 모금활동보다 한기총과 협력하는 등 연합활동에 주력하였다. 4월 부활절예배, 6월 6.15 기념대회, 8월 8.15 공동기도주일행사 등 대북지원 이외의 연합행사도 추진했다.[104] NCCK회원교단들이 독자적인 지원활동을 시작함에 따라 NCCK차원에서는 2006년 12월 개발지원을 위한 국제컨퍼런스[105]와 2007년 평화통일정책협의회를 개최하는 등 한국교회가 장기적이고 전략적인 대북지원책을 모색할 수 있도록 현황을 파악하고 방향을 제시하는 정책적인 일에 주력했다.[106]

생산업자 기증 25%로 하고 나머지 25%에 해당하는 금액을 모금활동을 통해 충당하였다. 한기총 www.cck.or.kr 연혁 2003년 1월 6일. 검색일 2012년 12월 10일.
102 한기총 www.cck.or.kr 연혁 2004년 4월 27일. 검색일 2012년 12월 10일.
103 한기총 www.cck.or.kr 연혁 2007년 8월 17일, 10월 5일. 검색일 2012년 12월 10일.
104 한기총과 NCCK의 부활절 공동예배 2002년부터 2011년까지 진행되었고 8.15 공동기도주일예배는 2000년과 2010년 두 차례에 걸쳐 진행되었다.
105 NCCK www.kncc.or.kr 연혁 2001~2010 참조.
106 "한반도 평화정착과 북한사회개발"「2007 KNCC 평화통일정책협의회」, 자료집 참조.

② 교단을 통한 지원

이 시기 기장은 NCCK와 연대하여 2000년 TVCR 100대를, 2001년부터 2002년까지는 사랑의쌀보내기 운동을 통해 쌀 60톤을 조그런에 전달하였다. 2003년부터 2004년까지에는 모내기용 못자리 비닐과 용천 폭발사고로 인한 긴급구호를 위해 약 2억 원을 모금해 보냈다. 또한 2005년에는 밀가루 400톤을 지원하였고 2006년 수해가 발생했을 당시 1억 원 상당의 식품과 밀가루 250톤, 식용유 50톤 등을 지원했다.[107] 2007년 재차 발생한 홍수로 인해 1억 원 상당의 밀가루와 분유를 보내기도 했다.[108] 이러한 지원은 대부분 조그런을 통해 이루어졌는데 교단 차원에서 지속적으로 조그런과 협력 했다.

기감은 2003년 10월 평양에서 사회과학자협회와 함께 손정도 목사 기념 남북학술토론회를 개최했다.[109] 손정도 목사는 도산 안창호와 함

---

107 한반도 평화정착과 북한사회개발을 주제로 2007년 5월 3일-4일 열린 평화통일정책협의회 자료집 참조. 한국기독교교회협의회, 「2007 KNCC 평화통일정책협의회」, 자료집, pp. 47-49.
108 기장총회 www.prok.org 참조. 검색일 2013년 1월 10일.
109 손정도 목사는 김일성 회고록에서 별도의 장을 통해 소개될 만큼 알려진 민족운동에 앞장섰던 목사이다. 손 목사가 감리교 출신 목사였던 점에 착안, 감리교신학대학교는 2003년과 2004년 두 차례에 걸쳐 평양에서 손정도 목사 관련 학술회의를 개최하였다. 당시 '손정도 목사의 생애와 종교사상'이라는 논문을 발표했던 이덕주 교수에 의하면 상해임시정부 의정원 원장을 역임한 손정도 목사는 남과 북이 함께 긍정적으로 평가하는 인물이기 때문에 남북공동의 학술회의가 가능했다고 한다. 이덕주, "통일 이후 한반도 신학 모색-손정도의 기독교 사회주의를 중심으로." 한국기독교역사연구소, 「한국기독교역사연구소소식」제89호, 2010년 1월.
김일성 부친 김형직의 친구였던 손정도 목사가 김일성의 항일 항쟁 시 도움을 주었다는 증언이 김일성 회고록에 한 장에 걸쳐 자세히 소개되어 있다. "손정도 목사가 우리가 요구하는 것이면 무엇이건 다 해결해주고 우리의 혁명활동을 충심으로부터 지지해주었기 때문에 나는 그를 친아버지처럼 따르고 존경하였다. 손정도 목사도 나를 친자식처럼 사랑해주었다. 내가 감옥에서 고초를 겪고 있을 때 장작상에게 뢰물을 먹이면서 나를 석방시키기 위한 청원운동을 이끌고나간 주동인물도 바로 손목사였다. 손목사는 나를 친구의 자식으로 뿐 아니라 일가견을 가진 혁명가로 대해주었다. 그는 독립운동자들 속에서 론의의 대상이 되어 해결을 보지 못하는 어려운 가정문제까지도 내 앞에 서슴없이 털어놓고 조언을 요구하였다." 손정도 목사

께 신민회 운동과 상해 임시정부 조직과 활동에 관여했던 서울 출신 목사이다. 중국 길림성에서 이상촌 건설에도 앞장섰던 손정도 목사는 개신교사회주의자로서 김일성과 친분이 깊었다.[110] 김일성의 회고록에서도 자세히 소개되어 있는 손정도 목사에 대한 학술회의는 남북교회 간 공감대 형성에도 도움을 주며 기감과 조그런의 협력을 더욱 강화시켰다. 하리교회 복원을 모색한 바 있는 기감은 이밖에 북한지역에 존재했던 감리교 소속교회 재건을 위해서도 모금활동을 벌였다.[111] 기감의 대북지원은 주로 평양신학원의 운영과 산하에 있는 가정교회, 농장, 공장 등을 지원하는 데 집중되었다.[112] 2000년부터 2007년까지 지원 총액은 21억3천1백16만 원과 미화 2만2천 달러로 대부분 인도적 지원이었고 2004년에는 봉수빵공장 제빵설비에 1억7천7백여만 원이 지원되었다.[113] 2007년 3월 제27회 총회 제2차 실행부위원회는 칠골교회 재건축을 결의하기도 했다.

예장통합은 교단 내 군농어촌부와 사회부, 그리고 남선교회전국연합회 등이 대북지원을 담당했다. 사회부는 긴급구호 차원에서 식량이

와의 자세한 이야기는 김일성 회고록, 『세기와 더불어 2』(평양: 조선로동당출판사, 1992) 참조.
또한 극독방송 이사를 역임하고 북한교회재건에 기초가 된 해방 전후 북한교회 주소지 복원에 앞장섰던 유관지 목사 역시 2013년 6월 19일 필자와의 인터뷰에서 손정도 목사의 신앙과 생애에 대한 연구는 개신교뿐만 아니라 전민족적 차원에서 재조명될 수 있는 인물이고 이를 위해 교회가 앞장설 수 있어야 한다고 주장했다.

110　김일성 회고록, 앞의 책, p. 5.
111　북한지역과 동북삼성지역을 포함 22개 구역을 나누고 교회재건을 담당할 교회들을 정해놓았다. 2012년 3월 제18회 서부연회 제1차 실행부위원회에서는 이를 위한 사업계획으로 '북한교회재건기금을 위한 북한선교주일' 준수를 결의하고 기금을 적립 중에 있다. 이밖에 평양신학원 운영과 칠골교회 건축 지원, 금강산평화통일기도회 등의 사업에 있어서 조그런과 협력하고 있다. 기독교대한감리회 서부연회 www.sbac.or.kr 연혁 및 자료 참조. 검색일 2013년 1월 10일.
112　대북협력민간단체협의회, 앞의 책, p. 244.
113　"2007년 기독교 대한감리회 서부연회 정책," NCCK, 앞의 정책자료집, pp. 44-46.

나 긴급구호품을 지원하는 등 인도적 지원을 주로 관장했다. 군농어촌부는 세계선교협의회와 협력하여 북한의 농업생산시설 확충을 위해 지원했다.[114] 농업기술 지원 차원에서 못자리용 비닐 지원, 씨감자 생산단지 설립, 비료 지원 등도 이루어졌다.[115] 또한 남선교회전국연합회는 평양신학원 교육관 건축과 봉수교회 건축, 봉수교회 부속 온실설립(2002, 2004)[116] 등을 담당했다. 2007년에는 봉수교회 예배당 건축을 위해 남선교회가 주축이 되어 활발한 모금활동을 펼쳤다. 앞서 언급된 2001년 4월 지하교회 지원에 대한 북한 당국의 반발로 온실회사 근로자 방북이 잇따라 연기되어 2001년 하반기까지 활동이 중지되었다. 이후 남북한선교통일위원회 대표단이 2002년 2월 23일부터 26일까지 북한을 방문하고 조그런과 봉수교회의 교육관 및 봉사관 건립을 논의하고 온실준공예배를 드렸다.[117] 한편 북한선교를 위한 교단의 입장은 공식조직 조그런을 협력 파트너로 하지만 북한교회재건운동에 참여하면서 봉수교회 증축에도 적극적으로 협력하는 모습이다. 지원 금액 현황은 2005년까지 일반구호, 보건의료, 농업지원 등으로 12억7천6백여 만 원, 평양신학원 교육관건축(2003)에 6억 원[118], 봉수교회 건축(2005-2008)에 33억 원[119]이 지원됐다.

예장합동 차원에서는 보수적 북한선교를 추진하며 북한교회재건운동과 중국을 통한 북한선교를 모색했으나 2000년 정상회담 이후 달라

---

114 "주요교단 대북지원사역 점검," 「기독신문」, 2001년 4월 30일.
115 "특집/제85회기 총회 상비부서 점검," 「기독공보」 2001년 9월 1일.
116 「기독공보」 2002년 3월 9일. 400평 규모의 제1온실이 2001년 착공하여 12월에 완공되었다. 총 공사규모 2억5천만 원이다. 「기독공보」 2004년 5월 8일. 제1온실과 같은 규모로 공사비 2억8천만 원 소요된 것으로 알려졌다.
117 "봉수교회, 본 교단 지원 최첨단 온실 완공," 「기독공보」 2002년 3월 9일.
118 대북민간단체협의회, 『대북지원 10년 백서』, pp. 291-292.
119 「기독공보」 2008년 7월 22일. 연건평 6백 평, 지상 3층 1천2백 석 규모로 지어졌다.

진 환경 속에서 선교전략을 수정, 북한 당국과 직접 사업을 준비했다. 북한 당국은 2001년 기존의 북한교회재건위원회를 남북교회교류협력위원회로 수정할 것을 제안했다. 북한교회재건이라는 이름이 자칫 개신교 패권을 표방하는 이미지로 보일 수 있다는 지적에 따른 것이었다.[120] 2002년 2월 7일에는 북경에서 조그런 강영섭 위원장과 만나 평양장대현교회 재건을 위한 문제를 논의했다. 당시 조그런은 교회 부지 위에 공공건물이 이미 건축되어 있으므로 칠골교회 인근에 장대현봉사센터를 건립하자는 역제안을 하였다.[121] 이에 2월 20일 총회실행위원회는 평양대부흥100주년행사를 갖고 건물 명칭은 장대현교회봉사센터로 변경할 것을 제안하기로 했다.[122] 그러나 결국 장대현교회 재건 사업은 진전되지 못했다.

이후 2002년 7월 도잔소에서 열린 평화통일을 위한 남북기독자회의에서 조그런 대표단과 만나 빵공장 설립에 합의하고 곧바로 10월에 공장을 준공했다. 매월 1만 개 생산이 가능한 공장을 설립하기 위해 1억3천만 원을 지원하고 밀가루 30톤 구입비 600만 원씩을 매월 지원하기로 합의했다.[123] 2004년 용천역 폭발사고 발생 시에는 모금운동에도 참여했다.[124] 한편 예장합동은 한기총 소속교단이지만 교단 차원에서는 대북지원을 북한인권과 연계하지 않기로 하고 용천 지원 이후에

---

120 김동선은 남북교회교류협력위원회 위원장 박계윤 장로와의 인터뷰에서 명칭을 변경한 배경이 조그런 강영섭 위원장의 요청에 따른 것이었음을 밝혔다. 남북교회의 협력이 지속되는 데 있어서 "북한교회재건"이라는 용어가 한국교회가 주도하는 느낌을 준다고 전했다고 한다. 김동선 "남한교회 주요 교단의 평화통일," 『통일한국포럼』, p. 149.
121 "평양대부흥운동 100주년 행사 '한국교회 연합 계기로'," 「기독신문」, 2006년 2월 15일.
122 "장대현봉사센터 추진 결의," 「기독신문」, 2006년 2월 22일.
123 "2002년 한국교회 주요뉴스-북한 빵공장 설립," 「기독신문」, 2002년 12월 20일.
124 "'제89회 총회 주요 이슈' 대북사업," 「기독신문」, 2004년 9월 6일.

는 교단 차원에서 독자적인 지원을 하고 있다. 이는 조그런과의 협력 사업을 추진하는 상황이기 때문으로 여겨진다. 그러나 중국을 통한 북한의 지하교회를 지원하는 교회들은 사업을 지속하고 있기 때문에 교단의 공식 입장과 개별 교회의 입장이 다른 투-트랙(Two-Track)전략을 취하고 있다.

기하성(기독교대한하나님의성회)은 이 시기 주로 NCCK를 통해 지원하거나 조용기심장병원 설립을 직접 추진하고 대북지원 NGO 굿피플을 세워 활동했다.[125] 또한 NCCK가 주최하는 남북공동기도회에도 참여하면서 조그런과의 협력을 이어갔다.[126]

③ NGO를 통한 지원

2000년 6월 정상회담 이후 남북관계 진전으로 남북교류협력에 대한 사회적 관심이 분출하면서 대북지원 NGO 활동에 유리한 환경이 조성되었다. 특히, 정부의 남북협력기금 지원과 기업 및 지방자치단체 등 기부활동이 활발해져 전체 지원규모가 급증했다.[127] 이러한 분위기 속에서 개신교 NGO 역시 활발하게 지원활동을 펼칠 수 있었다. 남북나눔운동, 굿네이버스, 한민족복지재단, 유진벨재단, 월드비전 등은 이 시기 개신교 배경의 NGO 중 상위 5위까지의 대표적 NGO이다.[128] 이들은 북한선교를 직접적으로 표방할 수 없는 상황에

---

[125] 기하성은 1996년 1월 29일 마카오에서 열렸던 '동북아 평화를 위한 나눔과 연대회의'에 참여하여 조그런 관계자들과 만나 북한지원에 대해 협의한 바 있다. 「연합뉴스」, 1996년 1월 24일. 또한 같은 해 7월에는 NCCK에 정식으로 가입하면서 대북지원에 협력해 왔다. 「연합뉴스」, 1996년 7월 11일.

[126] 2007년에는 조그런과 북한사회개발컨소시엄 구성이 NCCK 차원에서 논의되었는데 기하성은 북한 가정교회 50곳에 대한 물자지원을 하고자 했다. 「국민일보」 2007년 6월 7일.

[127] 최대석 외 "동북아 대북지원 NGO의 현황과 교류협력 실태", 『동북아 NGO연구총서』(서울: 통일연구원, 2005), p. 220.

[128] 1999년부터 2007년까지 개신교 배경의 대북지원 NGO 22개 중 이들 NGO의

서 사회봉사와 복지서비스를 통한 창의적 선교, 전방위 선교를 목표로 보수적 교회의 물질적, 신앙적 선교자원을 동원했다.[129]

긴급구호

2004년 4월 용천역 폭발사고가 발생하면서 전세계에서 구호 물품이 전달되는 가운데 한국교회도 북한동포돕기운동을 활발하게 벌였다.[130] 한기총은 2004년 4월 27일 남북교회협력위원회 2차 임원회의에서 지원을 결의하고 5,000만 원 상당의 담요와 의약품, 생활필수품 등을 30일 중국 단동을 통해 들여보내는 등 신속하게 대처했다. 이후 한국교회북한용천군동포돕기모금센터를 설치하고, 소속 교단들의 모금을 도왔다. NCCK도 회원교단 중심으로 용천 주민 돕기 활동을 시작했고 각 교단들은 긴급회의를 열어 소속 교회의 협조를 요청했다. 예장통합 총회는 긴급임원회의를 열고 기존에 확보하고 있던 북한동포돕기기금 5만 달러를 긴급지원하기로 하고 계속해서 모금 운동을 펼쳤다. 기장총회도 전국 교회에 북한동포 돕기 모금운동과 기도를 호소하는 공문을 발송하였다.[131]

용천 폭발사고가 발생하기 전에는 2002년 북한의 핵문제와 미사일 실험발사 등으로 대북지원에 대한 사회적 분위기가 급속도로 냉각되어 모금활동이 저조한 상황이었다. 개신교 내에서도 대북지원을 놓고 중단과 지속에 대한 의견들이 분분했다. 인도적 차원이라 해도 핵실

지원 금액은 259,537,792달러로 총 지원액 중 약 84%에 달한다. 김수정, "한국 기독교계의 대북지원에 관한 연구," 이화여자대학교대학원 석사학위논문, 2007, pp. 85-86.

129 김병로, "기독교 대북 NGO의 분화와 지형분석", 「기독교 대북 NGO를 말한다」, , 기독교통일학회 제3차 정기학술 심포지엄 자료집, pp. 86-87.

130 용천 폭발사고 시 긴급구호활동에 참여했던 개신교 단체 명단은 백서에서 확인할 수 있다. 『용천재해지원백서』(서울: 대한적십자사, 2004)

131 「국민일보」 2004년 4월 27일.

험을 강행하는 북한 정권을 믿고 지원을 계속할 수는 없다는 입장과 교회만이라도 대북 지원 사업을 중단해서는 안 된다는 입장이 충돌했다.[132] 그러나 2004년 용천 사례 이후에도 2006년과 2007년 집중호우로 인한 재난 상황이 닥치자 보수적 교회를 포함한 전체 한국교회 차원에서 인도적 지원이 재개되었다. NCCK와 한기총도 공동으로 개신교 방송과 언론들을 통해 북한주민 돕기 모금운동을 펼쳤다. 또한 NGO들은 긴급구호 활동과 함께 개발지원으로 사업을 확장시켜 농업, 의료, 주택, 학교 등 장기적 관점에서의 사업들을 펼치게 되었다.

지역개발사업

남북나눔운동은 2005년 평양에서 개성방향으로 72km 떨어진 곳에 위치한 황해북도 봉산군 천덕리에서 지역개발 사업을 시작했다. 북한 농촌시범마을조성사업으로 농민주택 400채, 공공건물 7채, 유치원, 탁아소 각 4동(총 8동)을 건축하고 식수조림사업, 보건위생개선사업 등을 위해 북측 민족경제협력련합회(민경련)과 협력했다.[133] 이곳에는 주민 약 4,600여 명, 800여 세대가 살고 있었는데 오랜 시간 보수하지 못한 채로 있는 주택에서 더위와 추위, 비바람에 노출된 상태에서 생활하고 있었다. 이는 주민들의 건강에 곧바로 연결되는 열악한 주거환경이었다. 처음 접촉할 당시에는 지붕 개량으로 비바람을 막아보고자 했다. 그러나 서까래가 부식된 상태에서 새 지붕을 얹게 되면 붕괴 위험이 크다는 전문가의 의견에 따라 주택을 신축하는 프로젝트로 확

---

[132] 감리회 서부연회는 북핵실험이 있은 후 2006년 10월 11일 대북 지원 사업을 잠정 중단한다고 발표했고, 한기총도 대북지원을 잠정적으로 중단한다는 의사를 표현했다. 「국민일보」 2006년 10월 11일. 감리교의 교단신학이 진보적인 하나님의 선교 관점을 수용하고 있더라도 북한의 핵개발과 같은 안보에 위협적인 상황이 닥쳤다고 여겨질 때에는 반공적 대북관으로 어렵지 않게 복귀하는 모습이다.
[133] 대북협력민간단체협의회, 『대북지원 10년 백서』, pp. 272-276.

장되었다.[134]

2007년 이후에는 농민주택 뿐만 아니라 간이진료소(병원), 마을회관, 관리위원회청사, 식당, 창고, 기계작업실, 편의시설(이발소, 목욕탕) 등 7개의 공공건물이 신설됐다. 또한 주변 야산과 집 텃밭에 유실수를 심고, 병원에 기초의약품 및 의료비품(청진기 등)을 제공하며, 기초 농기구와 편의시설(이발소와 목욕탕) 비품을 지원하는 등 지역주민들 복지를 위한 사업을 추진했다.[135]

굿네이버스는 2000년 대안과 용강에 있는 젖소목장에 5억 원 상당의 의약품과 살초제를 제공하는 낙농사업 지원을 하였고 2002년 4월에는 추가적으로 육성우 100마리와 사료 등을 지원했다. 11월에는 평양에서 안과병원 기공식을 갖기도 했다. 2004년 용천사고 발생 시 긴급구호에도 동참했으며 6월에는 평양에서 7월에는 수해가 발생한 지역에서 긴급구호 활동을 벌였다. 11월에는 대동강제약공장과 삼석닭공장 준공식도 이루어졌다. 또한 2007년 1월 북한 어린이 사랑의 치료제 보내기 운동을 통해 5천만원을 모으고 미국지부를 통해 50억 상당의 의약품을 지원했다. 8월에 발생한 수해로 성금 1억 원을 모았고 구호물품 11억 원과 미국지부를 통해 27억 원 상당의 의약품을 지원하였다.[136]

월드비전은 농산품과 국수 등 먹을거리 생산을 지원하는 소규모 개발지원방식을 도입하였다. 북한 지형에 적합한 씨감자 생산을 통해 지속적인 공급체계를 수립한다는 취지로 2000년부터 2004년까지 1단계 사업이 추진되었다. 이를 위해 평양, 대홍단, 정주, 함흥, 배천 등지에 생산시설과 기술을 이전하면서 연간 최소 1,200만 알의 무바이

---

134 남북나눔운동 www.sharing.net 검색일 2012년 1월 10일.
135 남북나눔운동 www.sharing.net 검색일 2012년 1월 10일.
136 굿네이버스 www.goodneighbors.kr 검색일 2012년 12월 20일.

러스 씨감자 생산을 목표로 하였다.[137] 생산사업장 건설 및 기술이 이전되는 가운데 2000년 씨감자를 처음으로 수확했다.[138] 이외에도 채소종자 개량과 채소묘의 안정적 생산을 위해 2000년 두루섬 온실을 세웠고 2004년 8월에는 숙천 과수학연구실에 과수묘목 재배 온실 및 과수원 시설을 완공했다. 또한 2007년 2월에는 월드비전북한농업연구소를 개소했다.[139] 이와 같이 월드비전의 개발지원 사업은 주로 식량생산 증진을 위한 사업에 집중되었다.

C.C.C. 북한젖염소보내기운동은 2001년 젖염소 100마리, 2002년 2월 320마리, 10월에 140마리, 2004년 100마리, 2005년 3월 120마리와 12월 120마리를 지원했다.[140] 2006년 5월 26일에는 독자적인 사업으로 황해북도 봉산군 은정리에 C.C.C. 은정염소목장을 준공하기도 했다. 북한의 식량난이 장기화되는 가운데 국제사회에서는 개발지원에 대한 필요가 강조되어 왔다. 그러나 북한이 유엔인도지원조정국의 합동지원호소를 거부함에 따라 우리 정부와 민간의 역할이 중요해졌다.[141] C.C.C. 은정염소목장은 바로 지속적인 식량생산을 위한 지역기반 조성사업으로 산악지역이 많은 북한의 특성에 맞는 시범사업이었다.[142]

---

137 2001년부터 2004년까지 중국과 북한에서 교차로 진행된 남북농업과학 심포지엄을 통해서 기술이전이 진척되었다. 1단계 사업이 완료되는 2004년 수확량은 목표량을 초과하는 1,850만 알 생산이 심포지엄을 통해 보고되었다. 대북지원민간단체협의회, 『대북지원 10년 백서』, pp. 331-335.
138 월드비전 www.worldvision.or.kr 검색일 2013년 1월 10일.
139 월드비전 www.worldvison.or.kr 검색일 2013년 1월 10일.
140 2001년부터 2005년까지 젖염소와 목장 부대시설 및 사료 등 총 14억8천9백여만 원을 지원하였다. 북한젖염소보내기운동 www.goat4north.net 검색일 2012년 12월 10일.
141 이금순, "대북 인도적 지원의 실효성 연구: 평가지표와 과제," 통일연구원, 『통일정책연구』14권 2호, 2005, p. 41.
142 실무책임자 이관우 목사 인터뷰. 2013년 3월 14일.

젖염소 배양과 함께 염소젖 가공식품을 제조하기 위한 가공설비도 동시에 제공하여 산양유, 요구르트, 치즈 등 유가공품을 생산하는 제조업까지 겸하였다. 이를 통해서 황해북도 지역 530세대 주민과 12만 봉산군 군민과 어린이들에서 산양유 하루 200리터 병 7,500개 이상이 보급될 예정이었다. 개발지원방식은 패키지 지원방식으로 이루어지는 경우가 많은데 은정염소목장 사례에서도 젖염소 공급으로 시작된 지원이 목장운영으로까지 확대되고 있음을 확인할 수 있다. 젖염소와 젖염소 먹이로 사용할 건초씨앗, 비료, 축사건축을 위한 설비 및 재료 등이 지원되었고, 다음 단계에서 유제품생산을 위한 착유시설과 유제품 생산공장, 또한 깨끗한 물을 공급할 수 있는 지하수 개발 파이프라인까지 일체의 물품이 지원되었다.[143]

한민족복지재단은 농업기술지원의 일환으로 2005년 11월부터 복토직파기를 사용하는 농업개발사업을 시작하여 2007년까지 진행하였다.[144] 복토직파 영농법은 모내기를 따로 하지 않고 발아된 볍씨와 규산질 비료를 뿌리면서 파종하는 방법인데 평양 서북쪽에 있는 약전리 협동농장에서 시도되었다.[145] 남북농업기술협력이 이어지면서 12%의 증산[146]의 성과를 거두었다는 점에서 그 사업의 의의를 찾아볼 수 있다.

의료보건과 교육사업

한민족복지재단은 이 시기 어린이 급식 사업과 어린이병원 현대화 사업, 어린이심장병원센터 설립으로 개발지원을 이어갔고 사랑의 의

143　C.C.C. 북한젖염소보내기운동본부 엮,『북한젖염소보내기운동의 어제와 오늘』, pp. 41-47.
144　한민족복지재단 www.hankorea.or.kr 참조. 검색일 2012년 12월 10일.
145　「한겨레」, 2006년 6월 6일.
146　「한겨레」, 2006년 10월 2일.

료품나누기와 사랑의 생필품나누기를 통한 인도적 지원도 계속했다. 어린이 급식사업은 2000년 8월 1만2천 개 빵 지원을 시작으로 2001년에는 평양시 중구역 동성동에 빵공장을 설립했다. 공장 설립 이후에는 제조설비 및 재료, 빵수송차량 등 팩키지 지원이 이루어졌다. 어린이병원 현대화사업에 있어서는 2000년부터 평양어린이 병원(평양 제1인민병원)과 평북도 소아병원(신의주 어린이병원), 평양산원, 남포소아병원, 평양 제3병원, 신의주 제1인민병원, 라진선봉시 인민병원, 조선적십자병원 등 의료시설 현대화 사업이 이루어졌다. 또한 평양의학대학병원 구내에 어린이심장병센터를 설립하고 심장병 수술을 위한 수술실을 마련하였다.[147]

1997년 북한지역 결핵퇴치를 위해 시작된 유진벨재단의 대북지원 사업 또한 시간이 지남에 따라 결핵약을 공급하였던 긴급구호 방식에서 점차 보자보건 사업, 소아보건 사업으로 등 개발지원으로 지원방식이 변화했다.[148] 결핵발병으로 인한 내성결핵이 전염성 질병으로 확산될 것을 우려하여 북한의료진들을 미국으로 보내 교육하는 사업도 병행했다.[149] 유진벨은 2001년부터 2007년까지 총 260여 억 원, 연평균 37여 억 원씩을 지원하였다.[150] 16개 인민병원 및 전문병원에 이동 X-ray 검진차를 1대씩 지원하였고 50여개 결핵예방원 및 요양소를 대상으로 약 21만 키트에 달하는 결핵약을 비롯하여 100여 대의 X-ray 진단기계, 460여 대의 현미경, 18세트 수술실 패키지 등 북한 내 1/3에 해당하는 지역에서 의료보건사업을 실시해왔다. 또한 군 단위 인민병원 의사 대상의 의료전문교육실을 각 병원마다 설치하여 의료장

---

147 대북협력민간단체협의회,『대북지원 10년 백서』, pp. 385-388. 한민족복지재단 www.hankorea.or.kr 참조. 검색일 2012년 12월 10일.
148 유진벨재단 www.eugenebell.org 검색일 2013년 1월 10일.
149 「연합뉴스」, 2006년 8월 14일.
150 유진벨 www.eugenebell.org 검색일 2013년 1월 15일.

비 사용 및 환자 치료방법에 대한 교육시스템도 도입했다.[151]

2007년 6월 21일 여의도순복음교회 조용기 목사는 강영섭 북한 조선그리스도교연맹 위원장과 평양에 심장병원 건립을 합의했다. 평양 대동강구역 동문2동 3만 평방미터 대지 위에 연건평 2만 평방미터, 260병상 규모로 200억 원 예산으로 2010년 개원 예정이었다.[152] 2007년 12월 3일 평양을 방문한 조용기 목사 일행은 4일 평양봉수교회에서 조용기심장전문병원 착공예배를 드렸는데, 평양 심장병원 건립은 여의도순복음교회가 합의하기 전 평양복음심장병원 설립으로 추진되었다. 북측의 요구로 타 개신교단체들과 협상이 진행되던 중 평양부흥 100주년 기념 2007 평양국제대성회를 추진하던 우리민족교류협의회 측에서 평양집회를 여는 대가로 평양복음병원건립을 약속했다는 주장이 제기되면서 무산되었다.[153] 그러나 남북협력사업 승인 요건을 갖추지 못했던 사업이었기 때문에 이후 조용기 목사가 개인적인 차원에서 추진하고 사업이름을 조용기심장전문병원으로 변경했다.

한편, 동북아교육문화협력재단[154] 지원을 받아 설립된 평양과학기

---

151 「연합뉴스」, 2006년 11월 28일.
152 www.nocutnews.com 2007년 9월 19일.
153 "조용기 목사의 '조그련'과의 평양 심장병원 건설 합의에 대하여" 「뉴라이브」, 2007년 6월 28일.
154 동북아교육문화협력재단은 1988년 2월 김진경 총장이 중국 정부와 중국 연변조선족기술전문대학(이하 연변과기대) 설립합동서를 체결하면서 이를 후원하기 위한 재단으로 1991년 법인등록을 마쳤다. 중국과의 수교가 없는 상황에서 미국 시민권자였던 김진경 총장이 중국 당국과 MOU(Memorandum of understanding)를 체결하자 중국과 북한 등 동북아 선교를 모색하고 있었던 개신교 교회들은 공산권선교의 일환으로 연변과기대 설립을 지원하게 된 것이다.
연변과기대는 1992년 9월 16일 산업기술훈련학교로 시작해서 1993년 9월 4년제 대학과 2년제 전문대학이 되었고 1997년 첫 졸업생을 배출한 연변과기대는 2008년 현재 260여 명의 교직원과 1,776명의 학생들이 공부하는 대학이 되었다. www.yust.edu 참조. 제11회 동북아 미래포럼, "평양과학기술대학의 비전과 한반도의 미래" 자료집 참조. 정진호, "회복·통일·부흥의 꿈, 평양과기대", 대한기독교서회, 「기독교사상」, 2005년 9월호, 통권 제561호.

술대학교[155](이하 평양과기대)는 2001년 연변과기대 김진경 총장을 통해 한국교회와 연결되었다. 연변과기대를 방문했던 북한 최고위층인사가 2001년 1월 상해 푸둥지역 방문을 마치고 귀국한 후 평양과기대 건설 계획을 본격화하였다고 전해진다.[156] 국내에서는 2001년부터 평양과기대 설립을 위한 모금활동이 시작되었다. 흥미로운 점은 대표적인 후원교회들이 소망교회, 명성교회, 높은뜻숭의교회, 사랑의교회 등 보수적 교회들이라는 점이다.[157] 평양 중심가에서 20분 정도 떨어진 낙랑구에 위치한 평양과기대는 2002년 6월 12일 착공식에 이어 2009년에는 본관동, 학사동, 기숙사, 종합관, 지식산업복합단지를 비롯 17개 동의 건물이 완공될 예정[158]이었다. 그러나 2010년 국정감사 과정에서 드러난 평양과기대 내 영생탑 및 주체사상연구소 건립 문제로 여론의 질타를 받는 등 어려움을 겪다가[159] 2010년 10월 25일 개교했다. 동북아교육문화협력재단은 연변과기대와 평양과기대 설립 이후 북한 어린이들을 지원하는 후원 프로젝트도 진행하고 있다.

④ 북한 공식교회 지원

1980년대 해외에서 이루어진 해외동포 및 개신교인들과의 만남, 국제개신교조직과의 교류 등은 북한 당국에 있어서는 개신교의 정치적

---

155 동북아교육문화협력재단 www.nafec.or.kr 참조. 검색일 2013년 1월 10일, 평양과학기술대학 www.pust.or.kr 참조. 검색일 2013년 1월 10일.
156 정진호, 전 평양과기대 설립부총장, 『멈출 수 없는 하늘의 열정』(서울: 규장, 2006), p. 17.
157 동북아교육문화협력재단 이사진 중에 소망교회, 명성교회, 높은뜻숭의교회, 사랑의교회 등 보수적 교회 목사들이 포함되어 있다. www.nafec.or.kr 참조. 검색일 2013년 1월 10일.
158 동북아교육문화협력재단 www.nafec.or.kr 검색일 2013년 1월 10일.
159 2009년 9월 25일 자유아시아방송, 노컷뉴스 등을 통해 밝혀졌고, 2010년 10월 5일 국회 국정감사에서는 한나라당 윤상현 의원의 문제제기가 있었다.「연합뉴스」, 2010년 10월 5일.

활용에 대한 현실적인 동기를 제공했다.[160] 1989년 평양에서 개최될 예정이었던 세계청년축제를 앞두고 1988년 10월 평양에는 공식교회인 봉수교회가 처음으로 건축되었다. 봉수교회는 김일성 주석이 직접 지시해 건립한 최초의 교회로 손효순 목사와 교역자 30여 명이 임명되었다. 장로 8명 집사 20여명을 포함 300여 명의 교인이 있는 것으로 알려졌다.[161] 예장통합은 2001년 1월 22일 총회에서 북한 봉수교회의 교육관 및 친교실 건축을 지원하기로 결정했다. 조그런 중앙위원회(위원장: 강영섭)의 요청이 받아들여져서 교단 내 남선교회전국연합회[162]가 실무진행을 맡도록 했는데 연길교회 건축으로 조그런 측 신뢰를 얻은 것으로 알려졌다.[163] 남선교회전국연합회는 봉수교회 건축재정의 투명화를 강조하며 봉수교회 예배당, 교육관, 선교관 건립을 위해 40억 예산을 세워 모금을 시작했고, 2005년 11월 11일 현지에서 신축 감사예배를 드렸다.[164] 이후 공사가 진행되는 과정에서 북핵문제로 인한 남북관계 경색으로 모금운동이 위축되며 어려움을 겪었지만 2007년 12월 21일 사업이 완결되어 입당예배를 드릴 수 있게 되었다.[165]

봉수교회 건축 이후로도 교계 내에서는 북한 공식교회에 대한 진위 논쟁이 계속되었다. 북한 당국이 통일전선전술의 일환으로 교회를 이

---

160 북한에 종교의 자유가 허용된다는 점을 세계에 알릴 필요가 있었기 때문인데 이는 민간단체들 중 특히 기독교단체들과의 교류가 활발했기 때문이다. 김병로, "북한 종교인가족의 존재양식에 관한 고찰: 기독교를 중심으로," 「통일정책연구」제20권 1호 2011, p. 172.
161 김흥수, 류대영 『북한 종교의 새로운 이해』, p. 159.
162 예장통합 www.pckm.or.kr 참조. 검색일 2013년 1월 10일.
163 「국민일보」 2005년 11월 15일.
164 www.nocutnews.com 2006년 12월 3일. 보도에 따르면 봉수교회재건축에 소용되는 비용은 총 29억 5천만원 정도로 남측에서 직접 설계하고 대부분의 건축자재를 남측에서 구입해 전달하기 때문에 인건비 등 극히 적은 비용만 현금으로 지원된다고 밝혔다. 예장통합 남선교회전국연합회 홈페이지에도 동일금액으로 공개하고 있다. 예장통합 www.pckm.or.kr 참조. 검색일 2013년 1월 10일.
165 www.nocutnews.com 2007년 12월 23일.

용할 뿐 진정한 종교의 자유는 허락하지 않는다는 것이 반대파의 주장이었다. 이에 예장통합은 북한선교는 지리적으로나, 시공간적으로 모든 수단을 동원한 입체적 시도를 해야 한다고 주장하며 단순한 복음증거는 불가능하다고 보았다. 그러면서 북한선교 특수성을 고려할 때 기존처럼 단파방송이나 중국을 경유한 성경과 전도지전달 방식에만 국한시킬 수 없다고 했다. 또한, 북한의 정치, 경제, 사회, 문화 등 북한에 대한 전문 지식을 바탕으로 북한선교사 훈련프로그램을 개발하는 등 포괄적인 선교방법을 동원해야 한다고 주장했다.[166]

(2) 북한지하교회 지원과 자유권운동 본격화

① 북한지하교회와 중국 미션홈 지원

조선족교회를 통한 북한선교는 2000년대 더욱 본격화되었다. 비밀리에 성경을 들여보내는 사업을 하며 출범한 모퉁이돌선교회는 이후 2000년 중국 현지에서 조선족을 대상으로 하는 신학교육프로그램을 시작했다.[167] 졸업생들이 직접 방북하여 '성경배달,' '교회배달,' '구제배달' 등을 하는 북한선교가 이루어졌다.[168] 두리하나선교회 역시 북한지하교회 지원을 주요사업으로 하였는데 북한을 방문하는 조선족들을 통해 성경과 전도지를 전달했다.[169] 열방빛선교회를 이끌고 있는 최광 목사의 미션홈은 2001년 6월 추방으로 단절되었다가 2006년 중국 재입국이 가능해져 4기까지 훈련생을 배출하였다.[170] 또한 이 시기

---

166 박완신, 『21세기 북한종교와 선교통일』(서울: 지구문화사, 2002), p. 199.
167 모퉁이돌선교회 www.cornerstone.or.kr 연혁 참조. 검색일 2013년 1월 5일.
168 모퉁이돌선교회 www.cornerstone.or.kr 사역소개 참조. 검색일 2013년 1월 5일.
169 두리하나선교회 www.durkhana.com 두리하나소개 참조. 검색일 2013년 1월 5일.
170 최광, 『내래, 죽어도 좋습네다』.

탈북민들의 탈출경로를 분석한 2005년, 2007년 북한인권정보센터 실태 조사결과에 따르면 중국뿐만 아니라 태국이 최대 경유지로 나타나기도 하고 몽골과 미얀마, 라오스, 베트남 등을 통해서 입국하는 사례가 늘었다.[171] 다양한 탈출경로가 생겨난 것이다. 이에 따라 미션홈도 동북 3성 지역에서 이들 탈북경로를 따라 새롭게 확산되었다.[172]

② 재외탈북민 북송반대 캠페인

이 시기 탈북민 북송반대와 제3국 탈북민들의 신변보호 활동은 한기총이나 기독교사회책임, 두리하나선교회(이하 두리하나), 북한정의연대 등을 통해 이루어졌다. 중국을 거쳐 지하교회 설립을 위한 북한선교를 하던 교회는 탈북민들의 신변안전과 관련된 사건이 발생할 때 현장으로부터 소식을 직접 접하게 된다. 정치범 수용소 내의 인권유린 실태도 이들 교회를 통해 알려졌다. 이것이 탈북민 북송반대 캠페인이 주로 보수적 교회의 지원을 받으며 이루어졌던 배경이다.

한기총은 1999년 4월 16일 북한난민보호 유엔청원운동본부와 함께 탈북난민을 위한 1000만 명 서명운동을 벌이기 시작했는데 2001년 3월에는 천만이 넘는 서명을 받아 유엔본부에 전달한 바 있다.[173] 또한 아시아·태평양인권협회(ASIA PACIFIC HUMAN RIGHTS COALI-

---

171 임용석, 『통일, 준비되었습니까?』, pp. 112-116.
172 조용관, 김윤영, 『탈북자와 함께하는 통일』(서울: 한울아카데미, 2009), pp. 21-24. 임용석, 앞의 책, pp. 159-160. 최근에는 조선족 교회들이 자체적으로 북한선교에 나서는 사례가 늘고 있다. 훈춘과 도문 등 접경도시들을 중심으로 조선족 교회 목회자들의 연합조직이 마련되고 있는데 동북 3성 지역을 아울러 약 200여명의 목회자들이 협력하고 있으며 이들은 중국 당국에 정식으로 등록된 삼자교회를 운영 중에 있다. 2013년 8월 21일 훈춘 A 목사, C 목사 인터뷰.
173 김수진, 『한기총 10년사』(서울: 쿰란출판사, 2002), pp. 285-287. 그러나 2006년 1월 24일 유엔청원운동본부의 내부 부정사건이 발생하면서 단체의 목적 실현 및 유사단체들의 활약을 이유로 폐지가 결정되었다. "한기총, 탈북난민보호운동본부 전격 폐지…금전수수 일부 사실로," 「국민일보」 2006년 1월 25일.

TION, INC)가 2004년 12월 워싱톤에서 주최한 탈북난민강제송환저지 제1차 국제시위에 참여했고, 이듬해 2005년 12월 10일 서울에서는 독자적으로 북한동포의 인권과 자유를 위한 촛불기도회를 주최했다.[174] 이 기도회는 2005년 한기총 인권위원장으로 임명된 서경석 목사에 의해 주도되었다. 서 목사는 1996년 6월 우리민족서로돕기운동을 조직하면서 집행위원장을 맡은 후 2005년 공동대표직을 사임할 때까지 인도적 지원에 앞장섰다. 그러나 중국에서 보호하던 62명의 탈북민들이 북송되어 처형되는 사건을 겪고 난 뒤 탈북민강제송환반대를 위한 국제캠페인에 나서게 되었다고 한다.[175]

2004년 출범한 기독교사회책임도 탈북민들의 북송 반대 캠페인에 지속적으로 참여하였다. 2005년 한기총이 주최한 촛불기도회에 동참하였고 2006년과 2007년에는 인권실장을 지낸 정베드로 목사에 의해 북한을 위한 세계 기도주간, 북한인권개선과 손정남씨 구명을 위한 기도회, 탈북난민강제송환저지국제캠페인 등이 진행되었다. 이후 탈북민 북송문제가 국제적 이슈가 되는 상황에서 기독교사회책임은 지속적으로 기도회를 주최하고 북송반대 캠페인을 진행했다.[176]

---

[174] 「연합뉴스」, 2005년 12월 10일. 경찰추산 7000여명(한기총 추산 2만 명)이 모인 이 집회에서는 대북지원과 북한인권을 연계해야 한다는 입장이 분명하게 제시되었다. 핵개발포기, 종교의 자유 실현, 피납자와 국군포로송환, 정치범수용소 폐지, 이산가족만남실현, 식량의 공평한 분배, 문타폰 유엔 인권보고관의 북한입국 허용 등 일곱 가지 원칙을 제시하였다. 그러나 이날 집회에서는 "전교조가 어린 학생들에게 좌파 교육을 시키고 있다"거나 "노무현 정권이 좌파 세력과 손을 끊고 자유민주주의와 시장 경제라는 국가 정체성이 지켜질 수 있도록 해달라"는 등의 발언과 또한 당시 사회적 논란이 있었던 개정 사립학교법에 대해 언급하는 등 집회목적과 다른 정치적 발언이 이어졌다. "한기총, '대북 지원 북 인권과 연계해야'", 「복음과상황」, 2005년 12월 12일.
[175] 서경석 목사 인터뷰 2012년 7월 29일.
[176] 기독교사회책임 www.kcsr.kr 참조. 검색일 2012년 8월 5일. 기독교사회책임 신임 김규호 사무총장은 2008년에도 최소 10만 명의 탈북민들이 중국에 흩어져 있으며 이들 중 매주 150-300명 정도가 중국 공안에 체포되어 강제 북송된다고 주장하며 북송반대 캠페인을 지속하였다. 「중앙일보」 2008년 8월 8일.

두리하나는 북한선교를 위해 중국 접경도시를 방문하면서 탈북자들의 실상을 접하고 이들을 지원하기 위한 활동을 하였다. 보수적 선교인 북한복음화를 위해 시작되었으나 중국에서 탈북자들과 만나면서 이들을 위한 활동이 시작된 것이다. 주요 사업 목적은 북한복음화 및 지하교회 지원이지만 중국 및 제3국 거주 탈북민의 신변안전과 보호, 그리고 현지 탈북여성이 낳은 아이들을 돌보는 고아원 사업, 탈북민 구출활동, 국내 입국 탈북자들에 대한 정착지원활동, 탈북민 난민지위 확보를 위한 국제연대 등으로 사업이 확장되었다.[177]

두리하나 천기원 대표는 2001년 12월 29일 12명의 탈북민과 함께 연길에서 몽골로 이동 중 국경수비대에 체포되어[178] 인민폐 5만원(한화 800만 원)의 벌금형을 받고 2002년 8월 5일 석방된 후 한국으로 추방되었다.[179] 이후 국내에서 지속적으로 탈북민들의 신변보호를 위해 미국이나 국내입국을 지원해오고 있다. 2003년 3월에는 탈북민들에 대한 기획망명이 이슈화되면서 여론의 비난을 받기도 했다. 당시에는 중국에 있는 외국 영사관이나 대사관, 학교 등 공관에 탈북민들이 진입하여 망명신청을 하는 사례가 자주 발생하였다.[180] 이러한 과정에 개입하였던 한 프로듀서에 의해서 자세한 과정이 밝혀졌는데 탈북과정에서의 브로커 개입문제나 정치적 목적의 언론플레이 등 두리하나

---

177 설립배경과 설립목적, 주요사업 두리하나선교회 www.durihana.com 참조. 검색일 2013년 2월 5일.
178 "재중 한인 전도사 중국 억류 탈북자 출신 등 2명 풀려나,"「연합뉴스」, 2002년 4월 25일.
179 "국회인권포럼 탈북자 성명,"「연합뉴스」, 2002년 7월 25일.
180 2001년 6월 26일 장길수 가족이 베이징 주재 유엔난민고등판무관실(UNHCR)에 진입한 사건이 전세계적인 주목을 받았다. 2002년 3월 14일 탈북민 25명이 베이징 주재 스페인 대사관에 진입한 이후 미국, 일본, 캐나다, 한국 등 공관에 진입하려고 시도하는 사건들이 줄이어 벌어졌다. "탈북자 駐中공관 진입일지,"「연합뉴스」, 2002년 6월 13일.

의 활동방식을 문제 삼았다.[181] 그러나 이후로도 두리하나를 통해 미국으로 간 탈북민들은 2006년 6명에서 2008년에는 667명에 달했다.[182] 두리하나는 탈북민의 국내외 입국 외에도 북송반대 및 난민지위 인정을 위한 캠페인에도 적극 참여했다.

북한정의연대는 기독교사회책임 북한인권실장으로 일하던 정베드로 목사가 중심이 되어 2007년 5월 23일 출범한 단체이다. 이 시기 북한정의연대는 매주 토요일 3시 인사동에서 북송당하는 탈북자들에 대한 상황극 시연을 통해 재중탈북민들의 신변안전문제를 널리 알리면서 북송반대 캠페인을 벌였다.[183]

정베드로 목사는 2003년부터 중국에서 탈북민들을 위한 미션홈을 운영하며 국내입국을 돕다가 중국 공안에 의해 타인비법월경 방조죄 위반으로 1년 반 동안 구속되었던 경험이 있다.[184] 국내로 추방되어 들어온 뒤 2006년 1년 동안 기독교사회책임 인권실장으로 활동하다가

---

181 오영필씨는 기자회견을 열어 당시 일본의 도쿄방송과 계약을 맺고 탈북민들이 외국 대사관에 진입하는 장면을 촬영해 제공할 경우 성공보수를 받기로 했다고 진술한 바 있다. 당시 NGO와 언론사들의 이슈화가 현지에 있는 탈북민이나 북송되는 탈북민들의 신변보호에 오히려 부정적이고, 언론과 브로커들이 얽혀 상업화되고 있는 현실에 대해 양심선언을 한 것이다. "이벤트식 기획망명은 정의로 포장된 악,"「오마이뉴스」, 2004년 7월 23일. 중국내 공관에 진입해 한국행을 기다리고 있는 탈북민들에 대해서는 한국과 중국 정부 사이에 조용한 처리가 암묵적으로 합의되었고 이후 언론도 직접적인 보도를 삼가고 있다. 그러나 2012년 2월 탈북민들의 북송문제가 부각되면서 중국 공관 내 탈북민의 거주 실태 보도가 다시금 문제가 되었다. "中공관 탈북자 공론화에 정부 엇갈린 기류,"「연합뉴스」, 2012년 3월 5일.
182 두리하나선교회 www.durihana.com '사역안내-해외사역', 검색일 2013년 2월 5일.
183 북한정의연대 www.justice4nk.org 참조. 검색일 2013년 2월 5일.
184 news.chosun.com 2012년 7월 28일. 중국에서 감옥생활을 경험한 정베드로 목사는 한 달 동안 햇빛을 제대로 보지 못해 피부병이 발생하거나 고립되는 등 힘겨운 생활을 하면서 '옥에 갇힌 자'들을 위해 살고자 하는 신앙적 결심을 더욱 굳게 갖게 된다. 이는 국내로 입국한 이후에 북한 정치범 수용소에서 극한의 시련을 겪는 탈북민들을 생각하며 북한인권운동에 참여하는 계기가 되었다고 한다. 2014년 8월 14일 인터뷰.

2007년 독자적인 북한인권운동을 시작했다.[185]

③ 북한인권법제정운동

이 시기 북한인권법 제정운동은 보수적 연합단체인 한기총과 기독교사회책임을 중심으로 유관단체들이 협력하는 방식으로 진행되었다. 2004년 미국에서 북한인권법이 제정되고 12월 워싱턴에서 북한인권국제대회가 열리자 국내에서도 북한인권법제정운동이 본격화되었다. 이런 상황 속에서 NCCK는 2005년 12월 1일 한기총과 함께 한반도 평화정착과 북한인권법 관련 대토론회를 개최했다. NCCK는 이에 앞서 2005년 6월 13일 인권위원회 제3차 회의에서 북한인권법에 대한 결의문을 발표하며 단체 입장을 정리한 바 있다. 그에 따르면 북한인권법은 민간단체에 보조금을 지급하면서 외부행위자를 통해 북한체제 변화를 꾀하기 때문에 주권국가에 대한 내정간섭이라는 것이다. 또한 대북인도적지원에 있어서 투명성 보장이나 접근성을 조건으로 내건 규정이 지원을 불가능하게 할 수 있다며 반대 입장을 표했다. 더불어 북한인권 문제는 분단 상황을 고려하며 평화권과 더불어 민족자주권을 고려하며 다뤄야 한다고 주장했다.[186]

이러한 입장은 12월 1일 토론회에서도 이어졌는데 특히 국제정치와 북한인권법 문제를 주제로 한 발제문에서 정치적 목적이 다분한 미국 북한인권법의 모순점을 지적하였다. 미국의 북한인권법은 북한체제 교란과 반체제 단체 선동 그리고 대북지원 제한 등을 함축하

---

185 중국 감옥에서 겪은 부당한 처우로 국내 입국 이후 후유증에 빠져 다시 사역을 재개하기는 쉽지 않은 일이다. 최영훈씨의 경우 4년간의 중국 감옥 생활로 외상 후 스트레스 장애와 비기질적 정신분열증을 앓고 있다. 중국에서 탈북민들을 보호하는 활동에는 선교사들의 신변도 매우 불안정한 상황이라고 할 수 있다. 「데일리안」, 2007년 1월 18일.
186 "교회협 북한인권법 결의문 발표," 「기독신문」, 2005년 6월 21일.

고 있다는 것이다.[187] 한편 한기총 입장은 대북지원에 있어서 식량과 비료 등 인도적 지원은 지속하지만 상호주의에 입각한 조건부 지원이 되어야 한다는 주장이었다. 이산가족문제와 납북자문제, 정치범수용소 폐지와 종교의 자유 등을 조건으로 지원해야 한다고 주장하기도 했다. 이러한 주장은 대규모 대북지원이 오히려 위기에 처한 북한체제를 유지시킨다는 인식에 바탕을 두었다. 토론회 이후 곧바로 NCCK는 북한인권법에 관한 입장을 발표하였는데 그 내용은 1. 미국의 북한인권법은 정치적 이해관계에 종속된 인권침해법이다. 2. 북한의 진정한 인권발전을 위해 국제사회는 북한 당국과 협력해야 한다. 3. 북한 이탈주민과 더불어 사는 삶을 실천해야 한다. 4. 한반도 평화 정착과 북한의 생존권을 위해 교류와 협력을 강화한다 등으로 요약될 수 있다.[188]

이에 한기총은 북한동포의 인권과 자유를 위한 정책세미나를 연이어 열고 인권과 평화는 양자택일의 문제가 아니라고 주장하며 "대한민국의 안보를 위해 북한주민의 고통을 외면하는 '인권보다 평화정착이 우선'이라는 교회협의 입장에 동의할 수 없다"[189]고 밝혔다. 한기총과 NCCK는 2002년부터 부활절예배와 6.15 기념집회, 8.15 직전 공동주일 행사 등을 함께 개최해왔는데 12월 1일 토론회에서는 북한인권 문제를 놓고 명백한 입장 차이를 드러냈다.

---

[187] 미국에서 제정된 '이라크 해방법(1998)', '쿠바자유법(2001)', '이란 민주주의법(2003)' 등과 비교할때 '북한인권법(2004)'은 부시정부의 북한공격을 위한 수단으로 여겨진다는 것이다. NCCK의 대토론회 관련 기자회견에서 미국이 인권문제를 제기한 나라들마다 전쟁이 일어났다고 주장하며 한기총이 개최하고자 하는 12월 10일 촛불기도회에 대해 비판했다. NCCK는 북한인권에 대해 개인의 자유권보다 사회권과 평화권이 우선적으로 고려되어야 한다는 입장을 표해 왔다. 전쟁 없는 한반도의 평화정착이 인권개선의 실질적 방인이고 선결요건이라는 주장이다. "'북한인권'문제 수면 위로 부상," www.nocutnews.com 2005년 11월 25일.
[188] "한기총·교회협 '북한인권법' 놓고 설전," 「기독신문」, 2005년 12월 7일.
[189] "북한인권 보는 시각 '극과 극'," 「기독공보」 2005년 12월 12일.

한편 서경석 목사는 기존의 대북지원운동에서 탈북민지원운동으로 운동방향을 전환하며 평양에 있는 봉수교회가 외화벌이와 종교의 자유를 선전하기 위한 가짜교회라고 공개적으로 비난하기 시작했다.[190] 또한 2005년 10월 21일에는 '봉수교회 어떻게 볼 것인가'라는 주제로 포럼을 개최하여 이른바 가짜교회 논쟁을 불러일으켰다. "봉수교회는 가짜교회로 함께 예배를 드려서는 안 되고 조그런과도 관계를 끊어야 한다"는 입장을 밝힌 것이다.[191] 12월 10일에는 북한인권결의안 찬성을 촉구하는 대규모 촛불집회를 개최하였다.[192] 북한 공식교회에 대한 진위논란과 북한인권 관련 촛불집회에 대해 조그런은 2005년 11월 17일 서신을 통해 "6.15 공동선언이 발표된 이후 북과 남 사이에 화해와 협력, 교류가 활발해지고 통일 열기가 고조되는 이 시점에서 이를 역행하고 찬물을 끼얹는 행위로 밖에 볼 수 없다. 촛불시위를 즉각 금지해야 한다"[193]고 비난했다. 서경석 목사 개인에 대해서도 "봉수교회를 몇 차례나 방문하면서 많은 감동을 받았다던 그가 이제 와서 가

---

190 기독교사회책임을 이끌던 서경석 목사가 한기총의 인권위원장으로 활동한 2005-2006년 한기총 차원에서의 북한인권운동이 활발하게 이루어졌다. 진보적 인권운동가였던 서경석 목사가 보수단체인 한기총에 합류한 배경에는 당시 한기총 회장이었던 최성규 목사로부터 인권위원장 직을 의뢰받자 북한인권운동 지원을 조건으로 합류하게 되었다고 한다. 서경석 목사 인터뷰 2013년 7월 29일. www.nocutnews.co.kr 2005년 7월 28일.
191 이 당시 대북협력사업에 나섰던 예장통합과 기감 등의 교단들도 보수교단으로 볼 수 있는 예장총회도 조그런과 협력 사업을 지속하고 있었기 때문에 대조적이었다. ("기독교사회책임 잇따른 북한인권발언 보편적 동의 먼저 얻어야," 「기독교신문」, 2005년 11월 17일 참조.) 개신교 내부에서는 북한 정권으로부터 자유롭지 못한 북한교회에 대한 진위논쟁이 뜨겁게 일어났다. 이는 개신교인들의 대북관 여하에 따라 북한 개신교 공식조직인 조그런과 산하 교회들에 대한 평가도 갈리면서 보수와 진보의 기준점이 형성되는 계기가 되었다.
192 "보수 성향 한기총 북 인권 기도회," 「한겨레」, 2005년 12월 10일.
193 "한기총에 보낸 서신 통해 서경석 목사 비판," 「뉴스한국」, 2005년 11월 24일 재인용.

짜라고 하는 것은 말도 안 되는 일"[194]이라며 반발하였다. 서경석 목사는 한기총 인권위원장을 사임한 2006년 이후 지속적으로 기독교사회책임과 선진화시민행동, 그리고 각종 연합조직을 통해서 탈북민북송 반대 운동과 더불어 북한인권법제정 운동을 펼치고 있다.[195]

(3) 탈북민 정착지원운동 시작

① 청소년 대안학교

여명학교는 2004년 1월 탈북청소년들의 대학입시를 돕는 대안학교로 출발했다.[196] 20여 교회가 학교운영을 지원한다. 국내 입국 탈북청소년들이 한국교육 시스템에 적응하기 힘든 상황에서 검정고시를 통해 대학입시가 가능하도록 중등과정 1년과 고등과정 2년을 교육한다. 학생들의 연령대는 주로 16세부터 25세까지로 교육이념은 개신교 정신을 바탕으로 하며 민족과 이웃사랑 실천이 강조된다.[197] 1990년대 북한에서 대량아사가 발생했을 당시 중국에서 탈북민을 돕던 단체와

---

194 「뉴스한국」, 2005년 11월 24일 재인용. 이에 대해 기독교사회책임과 한기총 관련자들은 촛불집회를 저지하기 위한 조그런의 의도로 보고 집회를 진행하였다.
195 2004년 11월 22일 출범한 기독교사회책임은 북한인권 이외에도 다양한 정치적 사안에 대해 성명서 운동을 통해 여론을 환기시키는 활동을 했다. 북한인권문제에 대한 성명서 발표와 캠페인, 서명운동 등을 주로 하고 타 단체들과 연합으로 북한인권 관련 행사를 주최하기도 했다. 기독교사회책임 대표 서경석 목사는 한국기독교사회문제연구원 원장서리로 활동하다가 경제정의실천시민운동연합 사무총장, 우리민족서로돕기운동 공동대표, 한기총 인권위원장, 민족화해협력범국민협의회 집행위원장 등을 역임했다. 기독교사회책임은 한국정부에 대한 유엔 북한인권결의안 찬성 촉구, 납북자 및 국군포로 송환과 대북지원 연계검토 촉구, 남북관계발전평화번영을 위한 선언에 대한 논평 등 성명서와 논평 발표를 통해 여론 확산운동을 펼치고 있다. 기독교사회책임 www.kcsr.kr 참조. 검색일 2012년 12월 5일.
196 여명학교 www.ymschool.org 참조. 검색일 2013년 1월 10일.
197 조명숙, "새터민 청소년 대안학교의 현황과 북한선교", 한국기독교 통일포럼, 『통일한국포럼』(서울: 도서출판 바울, 2006), pp. 130-131.『꿈꾸는 땅끝』(서울: 규장, 2006).

현장 활동가들이 중심이 되어 설립한 고등학교 과정의 대안학교이다. 남서울교회, 남서울은혜교회[198], 남포교회, 높은뜻숭의교회, 분당우리교회, 사랑의교회, 산울교회, 온누리교회, 우리들교회, 일산동안교회, 일산은혜교회, 제자교회, 향상교회 등 보수적 교회들이 이사로 참여하고 있다. 이들 교회 중 북한선교부가 조직되어 재정후원 뿐만 아니라 학교봉사 활동에 참여하는 교회가 많은데 부서원들이 탈북민과 교류하는 기회가 되기도 한다.

한꿈학교는 2005년 5명의 졸업생을 시작으로 2010년까지 36명의 졸업생을 배출하였다.[199] 개신교 신앙을 기초로 학생들이 전원 기숙사 생활을 하는데 가족이 없는 탈북청소년에게 공동체 생활은 심리적, 정서적 안정을 위해서도 필요하다. 탈북청소년들이 탈출과정에서 겪었던 어려움과 국내 입국 후에도 가족들과 분리되어 겪는 어려움은 교육과정에 있어서도 심리적 장애물이다. 탈북청소년의 공동체 생활은 한국사회 정착과정에서 필수적인 교육 능력 향상을 위해서도 효과적인 방식이라고 할 수 있다.[200]

하늘꿈학교는 2002년 11월 대안학교 추진협의회가 구성된 이후 2003년 3월 10일 개교했다.[201] 2005년 처음 졸업생이 나온 이후 2007년까지 총 41명의 졸업생을 배출하였다. 하늘꿈학교 역시 개신교 정신을 바탕으로 남북통일시대를 위한 새로운 세대 준비를 목표로 하고

---

198 남서울은혜교회의 통일선교위원회는 2001년 3월 구성되어 통일선교활동의 일환으로 여명학교설립준비부터 운영에 이르기까지 주축이 되는 역할을 하고 있다. 2003년 준비팀이 갖추어진 후 2004년 4월 개교하게 된다. 오명도, "여명학교," 남서울은혜교회 통일선교위원회, 『남북이 하나 되는 교회이야기』(서울: 2007, 남서울은혜교회), pp. 201-215.
199 한꿈학교 www.greatvision.or.kr 참조. 검색일 2013년 1월 10일.
200 김성원, "대안학교에서 북한이탈 학생 지도의 시행착오와 극복방안, 교육과학기술부, 서울특별시교육청, "북한이탈학생교육 민간단체 성과보고회 자료집". 2009년 2월 16일 백범기념관 대회의실.
201 한꿈학교 www.greatvision.or.kr 참조. 검색일 2103년 1월 10일.

있다.[202] 탈북청소년의 한국사회 적응을 위한 문화적응 훈련과 중고등학교 정규 교과과정을 소화하기 위한 기초 교육을 실시하고 있다.

② 취업지원

한국기독교탈북민정착지원협의회(이하 한정협)는 탈북민을 대상으로 하는 보수적 선교를 위해 시작되었다.[203] 1980년 6월 대성공사 기독신우회로 시작된 한정협은 이후 1998년 8월 대성공사 내 평화교회를 설립하고 국내 정착 초기 탈북민을 신앙 면에서 지원하였다. 한정협의 활동은 국내 거주 탈북민의 기초적인 사회적응을 돕는 일과 신앙생활을 돕는 일로 대별된다. 하나원 거주 탈북민의 기초사회 적응 훈련으로 일반주민들과 교류할 수 있는 홈스테이 행사[204]를 주관하고 이후 거주 지역 인근 지역교회를 연결하여 기초적 생활안정을 지원하도록 하고 있다. 교도소에 수감되어 있는 탈북민 대상의 교정활동이나 중국 등지에서 탈북민 보호를 위한 미션홈 사업에도 참여하고 있다. 한정협은 이외에 탈북민 신학생 양성 세미나, 영성수련회, 조찬기도회 등 보수적 선교관에 입각한 정착지원 사업에 집중하고 있다.

자유시민대학은 1999년 1월 굿피플(구 선한사람들) 설립 당시 정부의 의뢰를 받아 북한이탈주민 생활지원 및 장학 사업을 위해 출범했다. 이후 굿피플대학[205]이 설립되면서 2002년부터 2012년까지 12기에 걸쳐 500명 이상의 수료생을 배출했다. 23세부터 45세에 이르는 탈북

---

202 하늘꿈학교 www.hdschool.org 참조. 검색일 2013년 1월 10일.
203 www.hjh.or.kr 검색일 2013년 2월 5일. 한정협 자료집, 「북한동포를 그리스도께로!」, 참조.
204 기초적인 사회생활에 필요한 체험학습을 위해 자원봉사자들의 가정에 머무르며 장보기에서부터 은행이나 관공서 출입 등과 같은 일상을 경험할 수 있도록 하는 프로그램이다.
205 굿피플대학은 2005년부터 자유시민대학으로 개칭되었다.

민을 대상으로 매주 토, 일 양일에 걸쳐서 교육이 이루어졌는데 6개월 기초과정과 2개월 심화과정으로 나뉘어 진행되었다. 기초과정 교육에는 한국사회이해교육, 인성교육, 구직능력향상교육, 구직장애물 극복교육, 직장적응능력교육, 창업기초교육 등이 포함된다. 또한 심화교육에는 취업을 위한 준비와 창업을 위한 현장실습이 이루어진다. 수료생들은 자유시민대학을 지원하는 교인들의 사업장에 취직되는 경우도 있었는데 지속적으로 취업상태를 유지하기는 쉽지 않았다고 한다.[206]

함께하는재단 탈북민취업지원센터(이하 탈북민취업지원센터)는 탈북민의 안정적인 사회정착을 돕기 위해 출범하였다. 2004년부터 준비과정을 거쳤고 2005년 3차례 걸쳐 시범운영을 한 후 2007년 공식 출범하였다.[207] 취업준비 및 멘토링 프로그램을 시작한 후 년 4회씩 프로그램을 운영하고 있다.[208] 또한 열매나눔재단(이하 열매나눔)은 사회적 기업 설립을 통한 일자리 제공으로 탈북민의 정착지원을 돕고 있다. 국내 거주 탈북민의 정착에 있어서 가장 중요한 문제는 취업이다. 열매나눔은 탈북민을 위한 정착지원 사업 이전부터 우리 사회 취약계층을 상대로 일자리 창출과 자활사업에 선구적인 역할을 해왔다. 2006년까지 밑천나눔공동체로부터 마이크로크레딧 희망씨앗터 10호점까지 출범시킨 후 2007년 서울시 사회복지법인 재단설립으로 본격화했다. 탈북민 정착지원 사업도 이와 같은 사회적 기업 사업장과의 협력

---

206 자유시민대학 www.freecitizen.kr 참조. 검색일 2013년 2월 5일. 초창기 실무책임자 양영창 차장 인터뷰. 2012년 1월 23일.
207 여명학교와 마찬가지로 남서울은혜교회 통일선교위원회가 중심이 되어 출범한 단체이다. 유욱, "정착지원센터," 남서울은혜교회 통일선교위원회, 『남북이 하나 되는 교회이야기』 앞의 책, pp. 216-221.
208 함께하는재단 탈북민취업지원센터 www.togethergoodwill.org 참조. 검색일 2013년 2월 5일.

을 통해 이루어진다.[209]

3) 특징

이 시기 한국교회의 북한인권운동은 인도적 지원에서부터 개발지원에 이르는 생존권 보호운동과 탈북민 북송반대 및 정치범 수용소에서의 인권보호, 종교의 자유 보장 등 자유권보호를 위한 운동으로까지 다각적으로 이어졌다. 국내 입국 탈북민에 대한 정착 지원도 복격화되었다. 구체적으로 이 시기의 북한인권운동은 다음과 같이 정리해 볼 수 있다.

첫째, 북한인권에 있어서 가장 기본적인 생존권과 자유권을 추구하는 운동이 동시에 이루어졌다. 생존권을 위한 운동에는 진보적 교회뿐만 아니라 보수적 교회도 전격 참여하고 있다. 자연재해나 재난 발생 시 긴급구호 형식의 인도적 지원이 이루어졌고, 소규모 개발지원은 시간이 지나면서 전문화되었다. 이 같은 긴급구호와 개발지원은 북한주민들의 기본적인 생존권 보호를 위한 인권운동 범주에 포함될 수 있다. 다른 한편에서는 유엔 북한인권결의안 채택 결정에 기권한 한국정부에 대해 압력을 가하거나 북한인권법 제정을 위한 서명운동이 펼쳐지는 등 자유권 중심의 북한인권운동도 본격화됐다.

둘째, 북한지역 포교를 목표로 추진되던 북한교회재건운동이 현실적으로 불가능해 보이자 보수적 교회의 선교방식이 대북관에 따라 달라졌다. 즉, 개별 교단 차원에서 조그런을 파트너로 한 교회건축과 소규모 개발지원이 이루어지는가 하면, 다른 한편에서는 비공식 교회를 통한 지원이 이루어졌다. 보수적 대북관을 유지하던 보수적 교회가

---

209 열매나눔재단 www.merryyear.org 참조. 검색일 2013년 2월 5일.

대북관에 있어 유연한 태도를 갖는 경우 북한 공식교회를 지원하고 협력하였다. 조그런과 지속된 교류나 북한교회 방문은 가짜교회 논란을 불식시키며 대북관에 있어서도 변화를 보인 결과였다.

반면, 반공주의적이고 적대적인 대북관을 고수할 때 공식교회를 통한 선교는 어렵게 된다. 이 경우 북한주민과 직접 접촉을 시도하며 중국을 경유하여 지하교회 선교에 집중하게 된다. 모퉁이돌선교회나 열방빛선교회, 그리고 조선족이나 탈북민을 통한 직접 전도활동이 보수적 교회의 관심을 끌게 되는 것이다. 그러나 한국교회와 접촉한 탈북민이 북송될 경우 혹은 북한지역에서 비밀리에 포교활동을 하다가 발각되는 경우 정치범으로 구속되는 일이 빈번하게 발생했다. 주로 성경이나 전도지를 소지하고 있다가 발각되면 한국인과의 접촉을 문제 삼아 간첩활동으로 간주되어 정치범으로 처벌되는 것이다. 이러한 소식을 접한 보수적 교회는 종교의 자유를 주장하는 자유권운동을 펼치게 되었다. 또한 재중탈북자들의 난민지위 인정이나 북송반대 운동도 이 시기를 거치면서 표면화되었는데 이 운동은 북한인권제정운동으로 이어졌다.

셋째, 탈북민의 국내 입국이 이전 시기에 비해 현격히 늘어나자 탈북민의 정착지원을 돕는 활동이 활발해졌다. 정착지원은 교육과 취업지원 운동으로 대별된다. 탈북민의 한국사회 정착에 가장 긴급한 사안은 청소년 교육과 청장년의 취업문제이다. 이에 보수와 진보를 불문하고 청소년들의 취학을 돕는 대안학교가 운영되기 시작해서 중고교 취학이나 대학진학을 지원하였다. 성인 탈북민의 취업을 돕기 위해서는 기초적인 생활정착에서부터 본격적인 정착을 위한 취업교육과 자활을 돕는 자활사업체운영이 모색되기 시작했다.

4. 북한인권운동 정체기(2008년부터 2012년까지)

1) 배경

이 시기 이명박 정부의 대북정책은 이전 정부들의 대북정책을 전면적으로 전환시켰다. 김대중 정부의 대북포용정책 및 노무현 정부의 평화번영정책이 북한의 변화를 가져오지 못했다는 비판적 평가를 전제로 한 것이다.[210] 대북정책 패러다임을 변화시키겠다는 취지로 '비핵·개방·3000정책'을 추진하겠다고 밝혔지만[211] 이러한 대북정책은 발표 이전부터 사회적으로 논란의 대상이 되었고 북한 정부의 노골적인 반발을 사기도 했다.[212] 이 시기에는 또한 남북관계를 위협하는 여러 사건들이 발생했는데 특히 2008년 7월 금강산 관광객 피살사건과 2009년 5월 북한의 제2차 핵실험, 그리고 2010년 3월 천안함 사건과 11월 연평도 포격사건 등은 남북관계를 악화시켰다. 특히 5.24 조치로 남북교류가 극히 제한되자 대북지원활동은 크게 위축되었고 2011년 12월19일 김정일 위원장이 사망하면서 남북관계는 불안정한 상황 속에서 경색이 지속되었다.

---

[210] 즉, 남북경협에 있어서 북한에 대한 지원이 늘어 대남경제의존은 증가했지만 상호주의에 입각한 경제협력이 이루어지지 않았다고 보았다. 또한 장기적인 인도적 지원에도 불구하고 만성적 식량난은 해소되지 않고 있으며 북한은 핵개발과 군사적 긴장을 완화시키지 않았다는 평가이다. 박종철, "대북포용정책과 상생공영정책의 비교: 도전과 전략적 선택", 학술회의 총서 08-01, 『이명박정부 대북정책 비전 및 추진방향』(서울: 통일연구원, 2008), p. 32.

[211] 서재진, "이명박 정부 대북정책의 형성배경과 정책목표", 『이명박정부 대북정책 비전 및 추진방향』, pp. 12-16.

[212] 북한은 2008년 4월 1일자 노동신문에서 이명박 정부의 '비핵 개방 3000'정책을 노골적으로 비난하였다. "이는 대결과 전쟁을 추구하며 북남관계를 파국으로 몰아넣는 반통일선언"이라고 규정 "새 정부가 실용주의를 내세워 6.15 공동선언과 10.4 선언을 전면 부정하고 있다"고 반발했다. 「한국경제」, 2008년 4월 1일.

이러한 남북관계 경색은 개신교를 포함 전체 북한인권운동에 있어서 지형변화를 가져왔다. 대북지원은 한정된 사업에 제한적으로 이루어졌고 신규 사업은 허가가 나지 않았다. 반면 자유권운동은 점차 확산되었는데 특히 2008년 11월 제63회 유엔총회에 한국정부도 북한인권결의안 공동제안국으로 참여하면서 국내외에서 자유권 중심의 북한인권운동이 활발해졌다. 또한 재중탈북민 북송반대 캠페인도 확산되었고 국내 탈북민 정착지원 사업도 이 시기 더욱 활성화되었다.

2) 전개과정

(1) 대북지원 감소

정부 차원의 대북지원이 크게 축소한 가운데 민간부문 지원 역시 대폭 감소했다. 민간단체들의 대북지원이 감소한 것은 정부가 지원하는 남북협력기금이 줄었기 때문이기도 하지만 자체 모금으로 마련한 지원물품도 전달할 수 없게 었기 때문이기도 하다. 이 시기 정부 차원의 대북지원은 확연한 감소세를 나타냈는데 이러한 추이를 보기 위해 2001년부터 2012년까지 정부의 대북지원 현황을 살펴보면 다음과 같다.

표 3-1 정부의 인도적 대북지원 추이

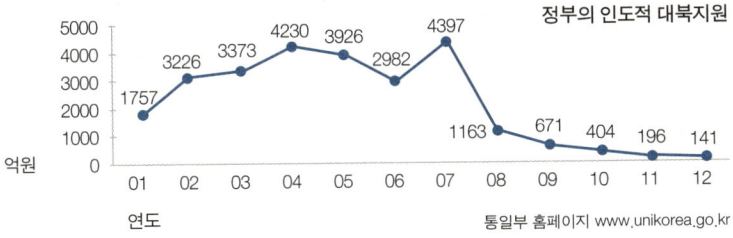

통일부 홈페이지 www.unikorea.go.kr

위의 대북지원 액에는 민간차원과 정부 차원의 지원액이 모두 포함되어 있는데 2007년을 기점으로 뚜렷한 감소세가 나타나고 있다. 더욱이 2010년 천안함 사건 이후 취해진 5.24조치로 대북지원액은 더욱 크게 감소하였다. 정부의 대북지원액 뿐만 아니라 민간기금 지원액이 감소하는 가운데 이 시기 남북나눔운동, 굿네이버스, 굿피플, 유진벨, 월드비전 등 개신교 배경의 NGO들은 자체모금을 통한 지원을 계속하였다. 이 시기 남북나눔운동은 총 50억8천9백여만 원을 지원하였지만 이는 이전 시기 2000년부터 2007년까지 총 904억6천2백여만 원보다 훨씬 줄어든 액수였다. 연평균으로 계산해보면 이전 시기에는 113억여 원을 지원했고 이 시기에는 10억여 원을 지원해 약 십 분의 일 규모로 감소한 것을 알 수 있다.

굿네이버스의 경우에는 2005년부터 2007년까지 총 304억여 원, 연평균 101억여 원의 지원을 했는데 2008년부터 2012년까지 총 194억여 원, 연평균 39억여 원을 지원해 역시 큰 감소폭을 보였다. 한민족복지재단은 2010년 4월 어린이빵공장 자재지원과 2010년 9월 신의주 홍수 피해와 2012년 8월 수해발생 시 긴급구호를 실시하는 정도의 지원만 가능했다.[213] 월드비전은 2008년 옥수수 총 600톤과 태양열 온실 30동 등이 지원했고 2010년에는 밀가루 총 1,100톤을 지원했다. 2011년에는 농업복구를 위한 자재 및 비료와 농약 등이 지원되었다.[214]

유진벨의 경우 2008년부터 2012년까지 총 172여억 원, 연평균 34억여 원씩을 지원하여 비교적 고르게 지원하였다. 그러나 정부지원금이 없었던 2011년과 2012년에는 각각 17억과 22억으로 크게 줄어든 모습이다.[215] 한편 NCCK의 경우 2009년부터 지속적으로 밀가루를 지원

---

213 한민족복지재단 www.hankorea.or.kr 참조. 검색일 2013년 1월 10일.
214 월드비전 www.worldvision.or.kr 참조. 검색일 2013년 1월 10일.
215 유진벨 www.eugenebell.org 참조. 검색일 2013년 1월 15일.

했는데 2011년과 2012년에는 중국의 애덕기금회(Amity Foundation)를 통해 보냈다.[216] 직접적인 지원활동 이외에 이 시기 NCCK는 대북지원을 촉구하는 성명서를 채택하거나 삼일절-부활절 공동기도문 채택, 민족화해주간 연합예배, 평화통일공동주일 행사와 같은 남북교회 협력활동을 지속하면서 한반도 차원에서뿐만 아니라 WCC나 CCA 등 국제개신교 조직과의 연대 속에서 평화와 통일운동을 이어갔다. 천안함 사태나 연평도 총격사건이 발생했을 때에는 국제개신교조직을 통해 성명서를 발표하기도 했다.[217] 그러나 남북관계의 긴장이 연속되는 상황에서 정책에 변화를 주거나 민간단체의 대북지원활동을 회복시킬 수 있는 동력은 발휘하지 못했다.

이 시기 교단 차원에서의 지원 또한 활발하게 이루어지지 못했다. 기장이나 예장통합, 예장합동 등은 직접적인 대북지원활동을 하기 어려웠다. 교단 내적으로 총감독 선출문제와 관련 내홍을 겪었던 감리교는 교단 차원에서 힘 있게 북한선교를 추진하지 못하는 상황에서 2012년 12월에서야 북한회복감리교연합(이하 회복감연)을 새롭게 조직했다.[218] 정동제일교회, 종교교회, 성수교회, 아현교회 등 26개 교회가 참여하고 있는 회복감연은 출범과 함께 탈북민 출신 교역자 교회

---

216 중국의 애덕기금회(Amity Foundation)는 중국교회협의회 산하 재단으로 성경제작과 구제활동을 위해 설립되었다. NCCK와는 1991년 이후부터 교류해왔는데 대북지원 통로로 활용한 것이다. "아시아사회발전모델,"「기독공보」1998년 10월 3일.
2009년 9월 27일 밀가루 36톤, 분유 2톤, 11월 6일 밀가루 56톤, 전지분유 1톤, 2010년 8월 5일 밀가루 76톤, 2011년 5월 18일 밀가루 172톤, 11월 11일 밀가루 180톤, 2012년 3월 15일 밀가루 153톤, 9월 21일 밀가루 154톤 지원. NCCK www.kncc.or.kr '화해통일위원회' 참조. 검색일 2013년 1월 15일.
217 천안함과 연평도 사건이 발생했을 당시 WCC, CCA, EKD, 캐나다연합교회, 호주연합교회 등 국제개신교조직은 성명서를 발표하거나 한국교회에 서신을 보내와 한반도에서의 전쟁위협에 대한 우려를 표했다. NCCK www.kncc.or.kr 참조. 검색일 2013년 1월 15일.
218 2013년 6월 19일 유관지 목사 인터뷰.

에 2억여 원을 지원하였다.[219] 기하성은 2011년 이영훈 목사(여의도순복음교회)가 NCCK 회장에 취임하면서 NCCK 차원의 인도적 지원과 남북교회 교류에 힘썼다.[220]

조용기심장병원 건축은 남북관계 경색의 여파로 도중에 공사가 중단되기도 했다. 2012년 1월 현재 공정율 35%로 8층 건물 외부가 완성되었으나 1년 6개월여 공사 중단으로 당초 예정되었던 완공시점인 2010년 6월을 넘기게 되었다.[221] 반면 평양과기대는 2010년 10월 25일 학부 100명, 대학원 60명의 학생을 대상으로 첫 학기를 시작했다. 미국, 캐나다, 영국 등 4개국에서 파견된 30여명의 교수 및 직원들이 학생들과 함께 생활하며 가르치고 있다.[222]

한편 이명박 정부 출범 첫해 남북관계가 악화되는 상황이 지속되자 2008년 11월 진보와 보수 개신교 인사 103명 명의로 '계속되는 남북관계 경색을 우려하는 기독인의 입장'이 발표되었다.[223] 성명서에서는 정부의 적극적인 남북관계 개선책을 요구하였는데 보수적 교회의 대표적 목사인 조용기 목사와 김명혁 목사, 그리고 한기총의 최희범 목사 등이 박종화 목사, NCCK 총무 권오성 목사 등 진보진영 인사들과 더불어 연명했다는 점에서 주목되었다. 같은 해 7월 11일 금강산 관광객 사망사건 발생으로 남북관계가 더욱 어려워지고 대북전단지 배포 단체들의 활동이 문제시되는 상황에서 나온 성명서였기 때문에 보수

---

219 www.nocutnews.com 2013년 4월 22일.
220 이영훈 목사는 2011년 1월 28일 NCCK 회장에 선출되었다. NCCK 회장은 회원교단의 대표가 1년 임기 윤번제로 맡게 된다.「국민일보」 2011년 1월 28일.
221 이영훈 목사 인터뷰기사, "이영훈 여의도순복음교회 담임목사 "평양 조용기심장병원공사 2-3월께 재개,""「한국경제」, 2013년 1월 8일.
222 평양과기대 www.pust.or.kr, 동북아교육문화협력재단 www.nafec.or.kr 참조. 검색일 2012년 1월 9일. 김진경 총장 인터뷰기사, "과학통한 남북소통 평화통일 앞당길 것,"「영남일보」 2012년 1월 9일.
223 "남북관계 정상화, 진보-보수 한목소리",「한겨레」, 2008년 11월 21일자.

적 개신교인들의 저항에 부딪히는 일도 발생했다.[224] 성명서는 대북지원과 관련 다음과 같은 주장을 담고 있다.

> 현 정부는 이전 정권의 대북정책에 대한 차별화에 너무 집착하여, 북한에 끌려 다니지 않고 퍼주지 않겠다는 원칙만을 고수한다는 인상을 주고 있습니다…북한이 미국과 수교하여 국제사회에 진입하고 한반도에 평화체제가 정착되면, 북한 내부에도 거부할 수 없는 변화가 예상됩니다. 따라서 북한의 내부 변화를 목표로 하는 대결 유발적 정책을 강행하기보다는 북핵 폐기와 북미·북일 수교, 경제 협력과 평화체제 정착 등 보다 유연하고 포괄적인 접근을 균형적으로 추진해 나갈 것을 촉구합니다.[225]

성명서는 북미수교와 한반도 평화체제정착, 그리고 북한 내부 변화 등을 동시에 거론하면서 남북대결 지양과 균형 잡힌 대북정책을 촉구하고 있다. 이러한 성명서가 보수적 교회에 수용될 수 있었던 주요 요인들 중 하나는 1990년대와 2000년대에 걸친 장기간 대북지원을 통해 보수와 진보 교회들은 북한 정부와의 협력에 있어 동일한 환경을 맞게 되었다는 점이다. 즉, 북한 현지에서의 사업을 지속하기 위해서 보수와 진보는 공통된 이해가 생기게 되었는데 남북관계 인식에 있어서도 입장이 수렴되는 모습이라고 할 수 있다. 보수적 교회의 대북관인

---

224 성명서 발표 후 조갑제닷컴에는 조용기 목사에 대한 노골적인 반대 글 "김정일을 펀드는 가짜 교인들" 등이 올라왔고, 대북전단지 살포와 관련해서도 거센 항의성 글인 "기독인들, 김정일과 함께 지옥 갈 것" 등이 올라오는 등 보수적 교회 내에서도 성명서가 이슈화되었다. 조갑제닷컴 www.chogabje.com 참조. 검색일 2012년 12월 5일.
225 "기독교계 지도자들, 상생과 공영의 대북정책 촉구보수와 진보측 인사들, 남북관계 경색 우려 표명" www.nocutnews.co.kr 2008년 11월 21일.

반공주의적 대북관이 교류협력의 결과 협력적 대북관으로 변화되는 모습을 보여주는 일례였다.[226]

(2) 자유권운동 활성화

자유권 중심의 북한인권운동은 보수적 교회 연합단체인 한기총이나 기독교사회책임과 같은 사회운동 단체를 중심으로 이루어지다가 북한정의연대 등 자유권운동을 전담하는 NGO들이 본격적으로 출범하면서 더욱 활성화되었다. 사업 성격상 재외탈북민의 북송반대캠페인과 북한인권법제정운동 등으로 구분하여 살펴볼 수 있다. 특히 탈북민 보호활동을 하던 선교사들이 중국에서 구속되거나 북한으로 납치되고, 사망사건도 일어나면서 자유권 중심의 북한인권문제가 사회적 이슈가 되었다.

① 재외탈북민 보호운동

재외탈북민 보호운동은 전담 단체들의 출현과 함께 더욱 구체화되었는데 국내외적으로 여론 형성을 위한 캠페인이 진행되었다. 또한 동북 3성 지역에서 활동하다가 추방되어 국내로 입국한 선교사들이 중심이 되어 쉰들러프로젝트[227]라는 이름으로 탈북민의 국내입국을 지원하는 운동도 이루어졌다. 갈렙선교회, 기독교사회책임, 기독

226　C.C.C.북한젖염소보내기운동 실무책임자인 이관우 목사는 인터뷰를 통해 북한 정권이나 북한주민이나 먹고사는 문제에는 차별이 없어야 한다고 말했다. 보수적 북한선교입장에서도 포교활동을 위한 대상자가 극한에 처해 있다면 모른 체 해서는 안 되는 것이 성경적 교훈이라고 한다. 2012년 2월 18일 인터뷰.
227　2차 세계대전 당시 나치수용소에서 처형당할 위기에 처한 1,100명의 유태인을 구출하는 내용을 그린 영화 '쉰들러 리스트'에서 유래한 사업별칭이다. 국내 입국 탈북민 25,000여명 가운데 40%인 1만 여명이 개신교 NGO의 도움을 받은 것으로 추정한다. "탈북민 모두 구출될 때까지 사역은 계속된다. 기독 NGO 20여 곳 '쉰들러 프로젝트' 가동," 「국민일보」 2013년 1월 9일.

탈북인연합, 두리하나선교회, 에스더기도운동, 모퉁이돌선교회, 북한구원운동, 북한기독교총연합회, 북한인권정보센터, 북한정의연대, 열방빛선교회, 탈북기독인총연합회, 탈북난민보호운동, 탈북난민북한구원한국교회연합, 탈북동포회, 탈북자강제북송저지국민연합, NK.C 에바다선교회[228] 등 20여 개의 단체가 유사한 사업을 펼쳤다. 주로 중국이나 몽골, 태국, 미얀마, 버마, 라오스, 베트남 등지에서 미션홈을 통해서 탈북민을 보호하는데 긴급한 구조 요청이 있을 때마다 소식을 알리고 필요한 자금을 모으는 방식으로 이루어졌다. 탈북민이 미션홈에서 지내는 동안 필요한 경비와 한국에 입국 시 필요한 자금을 모아서 지원하는 것이다.[229] 중국의 동북 3성 지역에서 탈북민 지원활동이나 선교사로 활동하는 인원은 2012년 현재 3천여 명 정도로 추정된다.[230]

이 시기 재중탈북민들에 대한 교회의 지원활동이 지속되는 가운데 중국에서 활동하던 북한인권 활동가들이 구속되거나 사망하는 사건이 발생했다. 2011년 8월 단둥에서 발생한 김창환 선교사의 의문사는 북한당국에 의한 독살사건으로 추정되었다.[231] 또한 2012년 5월 27일에 10년 이상 옌벤에서 인권운동을 하던 강호빈 목사도 의문의 교통사고로 사망했다.[232] 2012년 8월 9일에는 중국 조선족을 대상으로 선

---

228 임용석, 『통일, 준비되었습니까?』, pp. 138-140.
229 갈렙선교회 www.calebmission.co.kr 참조. 검색일 2012년 5월 25일. 탈북민들의 제3국 체류와 한국입국을 돕는 활동들은 개신교 네트워크를 통해 개별적으로 혹은 일반적인 선교헌금 모금방식으로 진행되는 예가 많아 정확한 규모를 측정하는 일이 불가능하다.
230 북한인권개선모임 김희태 사무국장 추산. "동북 3성에 탈북자 등 북한인 5만 여명 체류…한국 선교사, 탈북자 지원 등 3000여명 활동," new.chosun.com 2012년 5월 25일.
231 "北 '독극물 암살' 충격…지난해 의문사한 김창환 선교사,"「국민일보」2012년 12월 6일.
232 2011년 8월 주차장에서 독침 피습을 당하기도 했던 경험으로 미루어 볼 때 북한

교활동을 하던 전재귀 목사가 탈북자밀입국알선죄로 공안당국에 체포되었다.[233] 중국을 기반으로 펼쳤던 북한선교차원의 운동이 탈북민 보호운동과 연계되면서 중국과 북한 양측의 공안당국으로부터 통제가 이루어지면서 이 같은 사건들이 발생한 것으로 보인다.

문제는 중국으로 이동하는 북한주민이나 탈북민들의 수가 감소하지 않고 지속되는 데에 있다. 외화벌이를 위해 나온 북한주민들이 재입국이 여의치 않자 탈북하는 사례도 있고 망명 목적으로 나오는 경우도 있는데 이들의 구분이 명확하지 않다. 외화벌이 목적으로 중국에 나온 북한주민들이 교회를 통해 도움을 얻고 돌아간 뒤 종교행위가 문제되어 탈북하는 경우도 발생했다.[234] 중국에 체류 중인 탈북민의 정확한 수치는 파악되고 있지 않지만 이 시기 국내입국 탈북민 수가 2,500-3,000여명[235]에 달한 것으로 미루어 여전히 많은 수의 탈북민이 중국에 머물고 있음을 알 수 있다. 이들 규모는 단체에 따라 5만에서 10만 명으로 잡고 있는데 이는 여전히 적은 수가 아니며 이들을 보호하는 활동이 계속될 것으로 보인다.

에 의한 고의적인 사건이라는 의심이 있는 가운데 중국 당국이 교통사고에 대한 구체적 소명을 하지 않고 있어 의문이 증폭되기도 했다. "작년 독침 피습 강호빈 목사(대북 인권활동가), 中 옌벤서 의문의 교통사고 死 " new.chosun.com 2012년 5월 30일.

233 「연합뉴스」, 2012년 10월 12일 보도, 검색일 2013년 6월 1일. 전목사는 탈북민 5인에게 숙소를 제공하다가 탈북민 밀입국 알선죄로 구속되었다.
234 훈춘 선교사 A 씨 인터뷰 2013년 8월 19일.
235 2008년부터 2012년 국내 입국 탈북자 수는 2,805(2008)/ 2,929(2009)/2,402(2010)/2,706(2011)/ 1,502(2012)로 총 12,344명이다. 통일부 www.unikorea.go.kr 참조. 검색일 2013년 1월 5일.

② 북한인권법제정운동

2010년 9월 10일에는 북한인권법 제정을 위한 국민운동본부가 출범하였다.[236] 북한인권법이 미국과 일본에서도 이미 2004년에 제정되었음을 환기시키며 당해 연도 국회 회기 내 법안통과를 목적으로 하였다. 한기총, 기독교사회책임, 에스더기도운동본부, 모퉁이돌선교회, 기독탈북인연합, 부산기독교총연합회, 시민과 함께하는 변호사들 등 보수적 개신교단체들이 중심이 되었다.[237] 이 단체 사무총장을 맡았던 정베드로 목사는 북한인권법 제정을 위해 기독교사회책임의 김규호 목사, 서경석 목사와 협력하며 국회의원 190명의 지지 서명을 얻는 등 적극적으로 활동했다.[238] 2011년 3월 17일에는 북한의 종교자유와 인권회복을 위한 국제기독교기구도 설립되었다. 성경을 소지하거나 개신교인과 접촉했다는 이유만으로도 정치범수용소에 보내지는 북한 현실에 우려를 표하며 국내 교회뿐만 아니라 해외 한인교회들 포함하여 국내 교역자 38명과 미주한인교회 교역자 16명이 발기인으로 참여하였다.[239] 2012년 6월 21일에는 탈북난민과북한구원을위한한국교회연합(탈북교연)[240]이 창립되었다.[241]

북한인권법제정을 위한 운동은 이후 2012년 4월 총선을 앞두고 기

---

236 「국민일보」 2010년 9월 10일.
237 「국민일보」 2011년 3월 11일.
238 한나라당 166명을 포함 18대 국회의원 190명으로부터 서명을 받으며 법안통과를 위해 활약했다. 당시 법안은 대북민간단체에 대한 지원 확대, 북한인권대사제도 신설, 북한인권재단 및 북한인권 기록보존소 설립 등을 주요 내용으로 하였다.「국민일보」 2011년 3월 9일. 실무진행 책임은 정베드로 목사와 김규호 목사가 맡으면서 서경석 목사와 연대하여 국회의원 서명운동을 벌였다. 2013년 8월 14일 정베드로 목사 인터뷰.
239 「국민일보」 2009년 3월 17일.
240 "교계, 탈북자 북송반대 등 對北 목소리 하나로," 「국민일보」 2012년 6월 26일.
241 "'북한구원' 3000인 목사단 결성…탈북교연 특별기도회," 「국민일보」 2012년 10월 25일.

독교유권자연맹을 출범시키기도 했다. 북한정의연대 대표 정베드로 목사, 선민네트워크 대표 김규호 목사 등이 중심이 되었다. 출범 선언문에서 밝히고 있듯이 이 운동의 목적은 특정 법안을 지지하는 개신교 유권자들의 이해를 반영하고 있다.

> 기독 국회의원들이 전체 의원의 3분의 1이나 되면서도 개원 초기부터 한국교회가 강력하게 요구했던 북한인권법, 사학진흥법 등은 아직도 표류하고 있으며, 수쿠크법을 비롯해 국가와 사회에 혼란을 가져올 악법들은 아무런 여과 없이 등장하고 있는 현실에서 대다수 기독 국회의원들은 제대로 된 대처를 하지 못하고 있다.[242]

그렇기 때문에 기독교유권자연맹은 "뜻있는 전문가들의 도움을 받아 기독 정치인들의 국가관, 윤리관, 신앙관을 점검하고 그들이 하나님과 사람 앞에서 부끄럽지 않은가를 검증하려"[243] 한다는 것이다. 2012년 3월 26일 구성된 한국기독교공공정책위원회 역시 북한인권 개선을 위해 각 정당에 북한인권법 제정을 요구하는 등 여론 형성을 통해 정치운동으로 이어지는 모습이다.[244] 이 시기 북한인권법제정운동은 2012년 총선과 대선을 앞두고 법안통과를 위한 여론을 형성하는 정치운동으로 확산되었다.

---

242 "기독정치인 성경적으로 평가…기독교유권자연맹 출범," 「국민일보」 2011년 4월 11일.
243 「국민일보」 2011년 4월 11일.
244 "기독교공공정책위, 각 정당에 북한인권법 제정 요구," news.chosun.com 2012년 3월 26일.

(3) 탈북민 정착지원운동 본격화

국내 입국 탈북민의 정착지원운동 역시 이 시기 각 단체별로 본격화되었다. 자유시민대학은 수료생을 대상으로 2008년 7월부터 굿피플 제1호 편의점 창업을 지원, 2012년 현재 17호점까지 개업하였다. 수료생들은 적성에 따라 취업이나 창업을 시도하는데 창업지원에는 최초 투자금 5,000만원이 무이자로 지원되며 매월 원금상환이 이루어지도록 하고 있다. 상환된 원금은 후속 수료생들의 창업지원금으로 사용되는 방식으로 운용된다.[245]

열매나눔재단의 경우 2008년부터 2010년까지 5개의 사회적 기업이 설립되었다. 이들 기업은 직원의 60% 이상이 탈북민과 취약계층민들로 구성되어 있는데 정부와 기업의 협력을 통해 운영된다.[246] 메자닌 아이팩은 포장전문 회사로 2008년 설립된 제1호 사회적 기업이다. SK 그룹과 통일부 지원을 받았고 제2호 사회적 기업으로는 경기도에 위치한 메자닌 에코원이 있다. 블라인드 제조업체로 전 직원의 50%가 탈북민, 취약계층민으로 구성되어 있다. 이 밖에도 기존 가방 브랜드 쌈지를 개편해 만든 고마운 사람과 커피전문매장 Bliss & Bless를 통해 탈북민들의 일자리를 제공하였다.[247]

탈북민취업지원센터는 고용노동부 취업성공패키지 위탁운영업체로 선정되었으며 탈북민들에 대한 1:1 맞춤형 상담을 통해 지속적으로 취업알선 및 사후관리프로그램을 진행하였다. 2012년까지 총 15기 223명 교육이 실시되었고 수료인원 195명, 취업률 59.34%를 달성했

---

245 굿피플 www.goodpeople.or.kr 참조. 검색일 2012년 12월 10일.
246 열매나눔운동 역시 지역교회의 사회적 실천을 잘 보여주는 사례이다. 탈북민의 정착지원 사업 이전부터 취약계층민들의 자활을 돕는 사업을 해왔는데 성공적인 자활사업장들이 늘면서 탈북민 중심의 정착지원사업도 확장되고 있다.
247 열매나눔재단 www.merryyear.org 참조. 검색일 2012년 12월 10일.

다.[248] 두리하나선교회도 국내 정착지원을 위해서 2009년부터 시작된 두리하나국제학교를 비롯 탈북학생 장학금 지원, 청소년들의 공동생활을 위한 그룹 홈 등을 진행하였다.[249]

3) 특징

이 시기 민간차원에서 이루어진 교회의 북한인권운동은 정부의 대북정책과 남북관계에 따라 크게 영향을 받았다. 남북관계 개선을 위해 정부 차원의 대북정책이 일관성 있게 펼쳐지는 것이 중요하겠지만 무엇보다도 민간차원에서 행해지는 교류협력은 인도주의 원칙을 바탕으로 지속되어야 한다. 그러나 전반적으로 대북지원이 급감하는 가운데 남북나눔운동, 굿네이버스, 유진벨 등 개신교 배경의 NGO들은 자체 모금으로 기존의 대북지원 사업을 지속하고자 했으나 여의치 않았다. 반면 북한인권법제정을 위한 활동과 탈북민 북송반대 운동이 활발해져 2012년 대선 당시에는 각 후보들에 대한 메니페스트 운동[250]이 시도되는 등 법제화 운동도 시도되었다.

이 시기 북한인권운동에 있어서 특징적인 점은 첫째, 대북지원 사업에 깊숙이 관여했던 보수적 교회가 남북관계가 경색되자 지원 사업 중단에 대한 우려 속에서 정부정책에 대한 반대성명서를 채택하고 진보적 교회와 연대 움직임을 보인 것이다. 이는 선교관과 대북관에서 차이를 보이던 보수교회와 진보교회가 북한 현지에서 진행되는 사업

---

248 함께하는재단 www.togethergoodwill.org 참조. 검색일 2012년 12월 10일.
249 두리하나선교회 www.durihana.com '사역안내-국내사역' 참조. 검색일 2013년 2월 5일.
250 북한정의연대는 2012년 대선에 참여했던 주요 후보들을 상대로 북한인권법제정 동의를 묻는 질의서를 보냈고 이에 답한 후보들을 지원하는 방식의 메니페스트 운동을 시도하였다. 정베드로 목사 인터뷰 2013년 8월 14일.

의 연속성을 위해 동일한 이해가 생기면서 나타난 현상이다. 대규모 프로젝트를 진행 중이거나 지속적인 대북사업현장을 유지하려는 보수적 교회가 협력적 대북관으로 변화된 양상이라고 할 수 있다.

둘째, 국내 북한인권법 제정운동이나 해외에서 탈북민에 대한 난민 지위인정 운동 등 자유권운동은 더욱 확산되었다. 기독교사회책임, 북한정의연대 등이 자유권운동을 펼쳤고 북한인권법 제정을 목적으로 새로운 단체가 출범하기도 했다. 이들 단체들은 자유권운동단체를 지원하는 북한인권법 제정을 위한 캠페인을 본격화하였다. 특히 한기총의 경우 대북지원에 동참했던 이전 시기와 달리 탈북민 북송반대나 정치범수용소문제 등 자유권 중심의 운동으로 전환하면서 대북정책이나 북한에 대한 태도도 달라진 모습이다.

셋째, 탈북민의 정착지원활동은 시간이 경과함에 따라 심화되었다. 정착지원사업은 교육사업과 더불어 취업지원 사업이 대표적이라고 할 수 있는데 이들 사업은 이 시기 더욱 전문화되었다. 앞서 살펴본 바와 같이 굿피플과 열매나눔재단의 탈북민 정착지원 사업이 성과를 나타냈고 교육사업 역시 대안학교들이 전문적 교육기관으로 자리를 잡아갔다.

그림 3-1 한국교회 북한인권운동 시기별 추이

시기별 추이
- 장기화할수록 개발지원으로
- 생존권과 자유권운동의 분화

1989~1995년 초창기
통일희년운동
긴급구호

1996~1999년 확산기
긴급구호/
인도적지원/
개발지원 모색

2000~2007년 분화기
정상회담
- 인도적/개발지원
- 자유권운동
- 정착지원

2008~2012년 정체기
교류협력급감/
자유권운동확산/
정착지원심화

제 4 장

선교패러다임과 대북관에 따른 북한인권운동 분석

　앞 장에서 살펴본 바와 같이 한국교회의 북한인권운동은 대북지원을 통한 생존권 보호활동에서부터 탈북민 북송반대 및 정치범 수용소에서의 인권보호, 그리고 종교의 자유 등을 주장하는 자유권 보호활동까지 다양하게 이루어지고 있다. 또한 국내입국 탈북민의 정착지원을 돕는 활동도 지속되고 있다. 이렇듯 한국교회는 북한인권과 관련 장기에 걸쳐 전반적인 인권보호 활동을 전개해오고 있다. 인권의 속성상 모든 권리는 상호의존적이고 불가분적이어서 북한인권에 관련된 다양한 활동들은 유기적인 협력을 통해 극대화될 수 있지만 현실적으로는 강조되는 인권에 따라 해법이 달라지고 경우에 따라서는 충돌이 발생하기도 한다. 대북정책에 있어서도 정치적 상황 변화에 따라 북한인권문제에 대한 인식에서부터 상반된 입장이 나타나며 이로써 정치적 갈등 이외의 새로운 갈등이 초래되기도 한다.
　개신교 내에서는 진보적 교회가 일찍부터 반공주의 대북관을 극복하며 통일운동에 임했지만 냉전질서가 해체된 1990년대 이후로도 반공주의 대북관을 표방하는 보수적 교회가 여전히 많은 형편이다. 그러나 특기할 점은 1990년대 대북지원이 시작되면서 북한교회와 직접 교류하게 된 교회 중 보수적 선교관을 유지하면서도 대북관에 있어서 변화를 보이는 교회가 대거 출현한 현상이다. 한국교회 북한인권운동이 보편적 인권운동으로 발전하기 위해서 어떠한 전제가 필요한지 앞으로 보다 구체적인 분석이 필요하다. 본장에서는 먼저 선교패러다임과 대북관을 중심으로 한국교회 북한인권운동을 유형화한 후 유형별 특징을 살피고자 한다. 또한 교회의 사회적 실천이 인권운동과 통일운동, 그리고 북한인권운동으로 이어진 데에는 선교패러다임과 대북관 변화가 어떻게 작용했는지 알아보기 위해 시기별 행위자들의 활동에서 발견되는 추이를 규명하고 그 특징을 살펴보고자 한다.

1. 북한인권운동 유형

1) 보수적 선교관과 보수적 대북관(A유형)

A 유형의 특징은 북한선교에 있어서 최대 관심을 북한지역에서의 교회 설립과 포교활동에 두며 북한인권에 있어서도 종교의 자유를 위한 자유권을 우선시하는 점이다. 교단 연합체인 한기총과 보수적 북한선교단체인 모퉁이돌선교회, 두리하나선교회, 열방빛선교회, 갈렙선교회 등의 활동이 이에 해당된다.

(1) 선교패러다임
한기총이 1994년 발표한 통일 및 북한선교를 위한 결의문에는 통일을 바라보는 보수 교회의 관점이 잘 드러나 있다. 제1항에서 "우리는 통일과 남북교회 협력 및 북한교회 재건이 이 시대에 있어서 우리를 향한 하나님의 뜻이며, 이것이 한국교회가 이루어야 할 지상과제임을 믿는다"[1]고 하여 북한교회의 재건이 북한선교 목표임을 분명히 하고 있다. 통일과 남북교회 협력을 선교적 과제로 제시하기도 했지만 이는 궁극적으로 북한교회 재건을 위한 협력으로 해석할 수 있다. 교회 중심의 포교활동을 선교의 제일목표로 하는 보수적 선교관이 그대로 반영되어 있는 것이다. 또한 앞서 살펴본 바와 같이 1970년대 한국교회 성장 동력은 민족복음화였는데 이를 위해서는 북한지역에서의 포교활동이 이루어져야 한다. 그러므로 과거 북한지역에서 융성했던 교회 회복을 위한 고토회복적 교회재건운동이 중요해지는 것이다.

1995년 6월 12일 출범한 북한교회재건위원회는 한기총 산하 기구로서 북한선교에 대한 관심을 불러일으켰다. 북한 지역에 존재했던 옛 교회들의 주소와 지역정보를 정리한 자료집이 출간되면서 운동이 구체화되었다.[2] '북한교회재건대회 결의문'에서는 다음과 같이 보수적 선교관을 바탕으로 하는 교회재건의 취지를 밝히고 있다.

> 한국기독교총연합회 북한교회재건위원회의 결성은 한국교회에 주신 시대적 사명인 통일과 북한교회재건을 위하여 교파를 초월하여 창구를 일원화하는 데 꼭 필요한 조처였다고 믿는다…북한에 존재하였던 약 3,000개소의 교회가 재건될 것을 믿으며, 통일 후 10년까지 북한에 1만 5천개의 교회가 서도록 할 것을 다짐한다…북한교회재건운동은 단순한

---

[1] 김명혁, 『한국복음주의협의회 성명서 모음집』, p. 61.
[2] 북한교회주소록을 정리해 한기총의 북한교회재건 자료집 발간에 기여한 안부섭에 따르면 김일성 사망과 북한식량난 발생으로 통일에 대한 전망이 구체화되는 듯 보이자 한국교회는 북한선교에 대한 관심을 고조시키게 되었는데, 북한교회주소록과 자료들은 북한교회재건운동을 본격적으로 추진할 수 있도록 하는 근거가 되었다. 안부섭 인터뷰. 2011년 10월 4일. 한기총 산하 북한교회재건위원회 편찬, 『북한교회재건 자료집 무너진 제단을 세운다』(서울: 진리와자유, 1995)에는 해방 전 북한 지역에 존재했던 1,917개 교회의 주소, 소속교단, 설립연도, 설립자와 역대 담임 등의 내용이 실려 있다. 교회의 옛 주소는 새로워진 주소지와 비교해서 실려 있고 평양과 남포, 개성을 비롯 9개 도의 지역별 교회관련 역사가 소개되어 있다.

교회당 건물을 짓는 운동이 아니라 북한의 전 주민을 복음화하는 총체적 전도운동임을 확인한다…북한교회재건운동은 전쟁으로 골이 깊어진 남북 간의 불신을 극복케 하고 남북 한민족의 마음의 통합을 이루는 지름길이 될 것이며, 복음으로 통일을 이루려는 한국교회의 열망에 대한 최선의 대안이 된다고 믿는다.[3]

교회 세우기와 복음전도를 선교의 최우선 과제로 여긴 보수적 선교관에 입각한 접근이다. 중국에서 미션홈을 운영했던 모퉁이돌선교회와 두리하나선교회, 열방빛선교회 등도 기본적으로 보수적 선교관에 근거한다고 할 수 있다.

(2) 대북관

보수적 선교관에 입각해서 북한인권운동에 참여하는 개신교인들의 북한 정부에 대한 태도는 철저한 반공주의에 입각해 있다. 공산주의는 종교의 자유를 허용하지 않는 것은 물론 나아가 종교말살 정책을 꾀한다는 인식이 강하게 자리 잡고 있기 때문에 조그련에 대해서도 종교적 진정성을 문제 삼게 된다. 공산주의에 대한 부정적인 인식이 형성된 데에는 1장에서 살펴본 바와 같이 토지개혁, 한국전쟁, 분단이후 대결주의적 반공이념 재생산 등 역사적인 배경이 있다. 공산주의와 근본적으로 공존할 수 없다는 인식은 현실공산주의를 경험한 교회에게 공통된 바탕이었다. 공산주의자들에 대한 종교적 적개심마저 포함된 이러한 태도는 북한인권운동에 있어서도 영향을 미쳤다.

자유권운동에 있어서 가장 큰 이슈인 민주화 논의의 근저에는 단순한 독재정권에 대한 증오심을 넘어서서 종교적 대결주의로 치닫는 적

---

[3] 한국기독교총연합회 북한교회재건위원회 편, 『북한교회재건백서』, pp. 58-59.

개심이 자리 잡고 있다. 전쟁 직후 1950년대 개신교 반공주의는 절정에 달했다고 할 수 있는데 이는 북한뿐만 아니라 공산국가 전반에 대한 태도였다.[4] 또한 1988년 NCCK가 발표한 통일과 평화선언에서 지적되었듯이 한국교회는 1970년대와 80년대에 걸쳐 반공이념을 철저히 내면화시켰다. 공산주의에 대한 반감은 유물론적 무신론에 대한 거부감을 넘어 악의 실체로 규정하기까지 확대된다.[5] 북한 정권에 대해 체화된 원수마귀라는 인식은 조그련에 대한 태도에도 영향을 미쳤는데 조그련을 협력 상대로 여기는 개신교인들과 갈등이 빚어지는 원인이기도 하다.

(3) 선교방식

반공주의적 대북관에 근거하여 조그련을 북한선교에 있어서 협력단체로 인정하지 못하는 보수적 교회는 북한 정권이 더 이상 체제를 지속시키지 못하는 상황을 상정하면서 북한교회재건운동을 펼쳤다. 그러나 현실적으로 불가능한 상황이 되면서 북한지하교회를 통한 북한선교를 모색하게 되었다. A 유형에 속하는 교회나 단체는 조그련과 전략적 대화는 가능할지라도 공식적 교회로 인정하지 않고 대신 지하교회를 구축하고 확산하는 일에 주력하게 된다. 북한의 공식교회나 조그련을 허구적 종교단체라고 규정하기 때문에 중국을 경유하는

---

4 강인철에 따르면 개신교 반공주의는 '사탄론,' '선민의식,' 그리고 '종말론적 구원론' 등과 결합되어 1950년대 가장 두드러지게 나타났다고 한다. 또한 1954년 미국 에반스톤에서 열린 WCC 제2차 총회에서 공산국가 교회 대표들이 참여하여 공산국가들과의 '공존' 문제가 이슈화되었을 때 평화공존 노선을 반대하는 입장을 강하게 나타냈다고 한다. 이후 중공에 대한 유엔 가입을 놓고 지지성명을 발표한 미국 감리교청년회 발표문에 대해 반대하는 결의를 채택하고 미국교회협의회(NCCCUSA)가 미국 정부에 대해 중공승인 요청 제안을 하자 강하게 반대하였다고 한다. 강인철, 『한국의 개신교와 반공주의』, pp.74-77.
5 이러한 인식은 1999년부터 8년간 집권했던 미국의 부시 대통령이 북한 정권을 '악의 축'으로 규정하며 펼쳤던 대북정책에서와 동일하다고 볼 수 있다.

우회적 경로를 통해 북한주민들에 대한 직접적인 포교활동을 모색하게 되는 것이다.[6] 이 경우 중국에서 탈북민들을 대상으로 미션홈을 운영하며 개신교 신앙을 전수한 뒤 북한으로 다시 들여보내 지하교회를 세우도록 하는 활동을 시도하였다.[7] 그러나 재입국 탈북민들이 종교활동을 이유로 정치범 수용소로 보내지거나 처형당하는 사례까지 발생하는 상황이어서 선교방식에 대한 논란의 소지가 있다.

북송된 탈북민이 한국선교사들과 접촉하는 것이 문제가 되면서 간첩죄가 적용되면 정치범수용소에 보내지거나 처형되는 경우가 발생한다. 이들에 대한 구명운동차원에서 북송반대와 정치범 수용소 인권탄압 금지를 주장하는 자유권운동이 벌어진 것이다. 그러나 이 경우에도 보수적 선교관에 따른 북한선교를 우선시하기 때문에 본격적인 자유권 중심의 북한인권운동으로 전문화되지는 않고 북한지하교회를 지원하는 보수적 북한선교활동을 더욱 모색하는 것으로 보인다. 다른 한편으로는 제3국 거주 탈북민들의 국내 입국을 지원했던 단체 중 정착지원을 돕는 사례가 생겨났다. 두리하나선교회가[8] 대표적이다. 중국에서 직접적인 활동이 불가능해지자 국내 입국 탈북민들을 지원하기 시작한 것이다. 모퉁이돌선교회와 열방빛선교회, 한기총 등은 지

---

[6] "국가에 의한 종교 관리와 통제가 있는 한 지하 종교의 양산은 불가피하며 오히려 자연스러운 현상일 수 있다." 류성민, "북한종교정책 변화 전망과 김정일 이후의 선교," 모퉁이돌선교회 편, 『김정일 이후의 북한선교』(서울: 예영커뮤니케이션, 2008), p. 94.

[7] 보수 북한선교단체인 모퉁이돌선교회의 활동이 대표적이고 사업의 성격상 공개리에 활동하지 못하는 다수의 북한선교 활동가들이 있다. 중국 현지에서 추방되어 한국에 들어온 뒤 북한선교 현황을 소상히 밝힌 최광 목사의 수기 『내래, 죽어도 좋습네다』는 중국 현지에서 진행되는 북한선교방식을 소상히 소개하고 있다.

[8] 두리하나선교회의 천기원 대표는 국제사회에서 북한인권문제를 알리며 탈북민 북송반대 운동에도 참여하였다. 그러나 시간이 경과할수록 국내 탈북민들의 정착을 지원하며 탈북민교회를 운영하고 있다. 두리하나선교회 www.durihana.com 참조. 검색일 2013년 1월 5일.

속적으로 북한지하교회 구축 사업을 지원하고 있다.

표 4-1 A 유형

기준/행위주체	한기총	모퉁이돌선교회, 열방빛선교회, 두리하나선교회
선교패러다임	보수적 선교관	보수적 선교관
대북관	반공주의적 대북관	반공주의적 대북관
활동 유형	• 지하교회 구축과 성경전달, 소규모 식량지원 • 교역자 양성	• 지하교회 구축과 성경전달, 소규모 식량지원 • 교역자 양성 • 교역자 파견 • 탈북민 정착지원

2) 진보적 선교관과 보수적 대북관(B 유형)

B 유형의 특징은 진보적 선교관을 바탕으로 하면서 보수적 대북관에 입각하여 자유권을 중시하는 운동을 펼친다는 점이다. 기독교사회책임과 북한정의연대가 대표적이다. 이들 단체는 자유권 중심의 북한인권운동에 주력하지만 단체설립배경이나 조직 구성 면에서 차이가 있다. 2007년 설립된 북한정의연대는 탈북민북송반대운동을 시작으로 전문적인 북한인권운동 단체로 자리매김했다. 2004년 출범한 기독교사회책임은 개신교 시민운동 단체로서 국민통합, 경제위기 극복, 한반도 평화와 사회 안정, 미래를 위한 비전 제시 등 광범위한 목표를 설정하며 활동해왔다.[9] 이 단체들은 진보적 선교개념을 바탕으로 하

---

9 기독교사회책임은 2010년 발표한 2.0선언문에서 통일운동과 관련한 사업으로
  1. 북한인권운동 : 북한인권개선, 탈북난민강제북송중지, 종교자유, 국군포로 및 납북자 송환운동
  2. 북한동포돕기운동 : 대북지원 투트랙운동, 두만강프로젝트(조선족을 통한 직접 식량전달)
  3. 쉰들러프로젝트 : 탈북 인신매매여성, 고아 보호 및 구출, 국내 탈북자 정착지원" 등을 정

면서도 운영진들이나 회원들이 대부분 보수적 교회에 속해 있다.[10]

(1) 선교패러다임

기독교사회책임의 출범선언문[11]에는 2004년 출범 당시의 경제상황과 정세에 대한 우려와 위기의식이 드러나 있다. 경제적 양극화는 물론 기형적 재벌구조와 전투적 노조가 성장 잠재력을 막아 고질적인 한국병에서 벗어나지 못하고 있다는 것이다. 또한 당시 개혁과제를 추진하였던 정부는 국론을 분열시키고 이념적 양극화를 낳았다고 평하며 반정부적 시국인식을 표명했다. 개신교인들이 위기에 처한 나라와 침체에 빠진 한국교회를 구해야 한다고 주장하며 사회적 책임을 다하기 위해 나선다고 밝혔다. 이러한 주장에는 현실 세계에 개신교인들이 적극적으로 참여해 '하나님의 역사에 동참하도록 부름 받고 있다'는 진보적 선교관이 반영되어 있다.

> 우리들은 현실 세계에서 사랑과 정의, 화해와 평화, 그리고 창조세계의 회복을 이루시는 하나님의 역사에 동참하도록 부름 받고 있다. 하나님의 형상대로 창조된 인간은 존경과 섬김을 받아야 하며 누구도 차별이나 억압, 착취를 당해서는 안 된다. 이러한 하나님의 공의와 사랑의 실천에 우리는 기독교인으로서 특별한 부름을 받고 있음을 자각한다.
> 한국교회에는 나라가 위기에 처할 때마다 시대적 과제와 씨름하며 사회책임을 감당해온 역사가 있다. 일제시대의 교회는 민족운동으로,

---

한바 있다.
10 10명의 공동대표와 31명의 지도위원들 명단. 기독교사회책임 www.kcsr.kr 검색일 2012년 12월 10일.
11 기독교사회책임 www.kscr.kr 참조. 검색일 2012년 12월 10일.

7·80년대에는 민주화운동으로 이 민족의 희망이 되어 왔다. 그러나 요즈음 한국교회는 이러한 역사참여의 전통을 제대로 계승하지 못함으로써 오히려 사회로부터 외면당하고 있다.[12]

위기라고 규정한 당시 상황에서 나라를 구원하기 위한 활동을 선교와 동일시함을 알 수 있는데 이는 진보적 선교관에 입각한 것이라고 할 수 있다. 한편 출범선언문에서 언급하고 있는 '7·80년대 민주화운동'에 참여했던 교회는 2장에서 상세히 살펴본 바와 같이 진보적 교회였다. 보수적 교회는 당시 정교분리 원칙을 내세우며 보수적 선교관을 바탕으로 교회성장에 집중했기 때문이다. 여기서 '역사참여의 전통을 제대로 계승하지' 못하고 있는 교회란 출범 당시 기독교사회책임이 협력대상으로 삼는 교회들이라고 할 수 있다.[13]

진보적 선교관에 입각해 있으면서도 보수적 교회들을 배경으로 사회적 실천을 이끌어내고자 했던 데에는 단체 설립자 개인적 특성이 반영되어 있다. 서경석 목사는 1970년대 진보적 개신교인들과 함께 노동운동을 주도했으며 1990년대에는 대표적 시민운동인 경제정의실천운동과 공정선거캠페인을 펼쳤다.[14] 또한 1996년부터 2005년까지 대북지원을 전담하는 우리민족서로돕기운동을 창설하고 대표로 활동했다. 그러면서 2005-2006년에는 보수적 연합단체인 한기총 인권위원장으로 활약함으로서 과거 진보적 개신교인들과는 반대되는 행보를

---

12 기독교사회책임 www.kcsr.kr 출범선언문 참조. 검색일 2012년 12월 10일.
13 고문과 공동대표 15명은 김삼환 목사, 림택권 목사, 이동원 목사, 이수영 목사, 정정섭 장로, 김요한 목사, 서경석 목사, 손인웅 목사, 이광선 목사, 이광자 총장, 이승영 목사, 이우근 변호사, 이정익 목사, 정영환 목사, 최성규 목사 등 대부분 보수적 교단 소속 교인들이다.
14 서목사의 자서전을 통해 그의 노동운동과 시민운동 참여 배경을 알 수 있다. 서경석,『꿈꾸는 자만이 세상을 바꿀 수 있다』(서울: 웅진출판, 1996), pp. 61-64, 69-72, 83-87, 156-166.

보이기도 했다.

한기총 인권위원장에서 물러난 이후로는 북한민주화, 탈북민의 북송반대, 북한인권법제정 등 자유권 중심의 북한인권운동을 이끌었다.[15] 진보적 선교관에 따라 기본적 인권이 크게 침해당하고 있는 현 북한체제는 구조변혁이 필요하다고 보고 방법론상으로는 국제사회에서의 인권보호 압력을 비롯하여 중국 당국이 탈북민을 북송하지 않도록 하는 정책을 펴야 한다고 주장했다. 통일이 되기 전 동독주민들의 대량 탈독이 동독정권에게 큰 타격을 준 것처럼 탈북민의 난민지위가 인정될 수 있다면 대량탈북을 통한 정권 흔들기가 가능하다고 보는 입장이다.[16]

한편, 북한정의연대를 통해 탈북민북송반대와 북한인권법제정 운동에 집중하고 있는 정베드로 목사 역시 칼뱅주의에 입각한 개혁교단 신학을 통해 진보적 선교개념을 수용하고 있다.[17] 북한인권의 개선을 위해서는 국가폭력으로부터 인권을 지키려는 운동이 불가피하다고 여기는 것이다. 정베드로 목사는 북송된 탈북민의 인권탄압 사례와 더불어 정치범수용소에서 탄압당하는 개별사례들을 소개한 자료집을 출간하면서 구체적인 인권탄압 상황을 널리 알리는 운동을 펼쳤다.[18]

---

15 서목사가 1990년대 중후반 대북지원에 나서며 생존권운동에 전격적으로 참여하다가 2005년 이후 부터는 탈북민을 지원하며 자유권 중심의 북한인권운동으로 방향을 전환했다. 그 배경에 대해서는 서경석, 『나는 다시 진보이고 싶다』(서울: 둥근세상, 2012)

16 2013년 7월 29일 서경석 목사 인터뷰.

17 정베드로 목사는 2013년 8월 14일 인터뷰를 통해 자신의 신학은 칼뱅주의의 개혁적 신학을 바탕으로 하고 있다고 밝힌 바 있다. 이는 본 논문에서 정의한 진보적 선교관의 토대가 되는 현대신학과 다소 차이가 있지만 중세교회로부터의 개혁을 출발점으로 삼고 있기 때문에 '개혁'적 전통에 있어서 진보적 신학과 유사한 부분이 있다고 할 수 있다. 하나님의 선교로 대표되는 진보적 선교관을 포용해야 한다는 입장이고 북한인권운동을 선교활동의 일환으로 받아들인다.

18 북한지하교회의 실상을 폭로한 자료집에서는 북한인권운동에 있어서는 보수적 선교관과 진보적 선교관 모두 상호보완적으로 필요한 관점들이라고 밝히고 있다. 김

북한정의연대의 경우 기독교사회책임과 달리 전반적인 시민운동 이슈를 다루지 않고 북한인권문제에 있어서도 탈북민의 난민지위 인정과 북송반대, 북한인권법 제정 등에 한정된 운동을 펼치고 있다.

(2) 대북관

진보적 선교관을 유지하면서도 대북관에 따라 북한인권운동의 행위유형이 달라지는 데에는 개인적인 경험의 차이가 원인이 되었다고 할 수 있다. 즉, 단체의 활동 현장이 대북관 형성에 영향을 주고 있는 것이다. B 유형에서 나타나는 보수적 대북관은 A 유형의 대북관과 반공주의에 입각해 있다는 공통점이 있다. 그러나 A 유형에서 보이는 대북관이 주로 종교의 자유가 침해당하는 상황에서 종교적 대결주의 양상 하에 형성되었다면 B 유형에서 볼 수 있는 대북관은 인권유린에 동원되는 국가기구의 폭력성과 잔혹성, 비민주성을 직접적으로 경험하며 형성되었다.

기독교사회책임을 이끌면서 한기총 인권위원장으로 활동했던 서경석 목사의 경우 북한인권운동에 동참하는 보수적 교회와 반공주의적 대북관을 공유하는 것으로 보인다. 대북지원활동 당시 진보적 대북관을 수용했지만 활동변화와 함께 다시 보수적 대북관을 표방하게 된 것이다. 북한정의연대의 정베드로 목사 또한 2003년경 1년 넘게 중국의 감옥에 갇혀 있으면서 사회주의 국가의 감옥에서 벌어진 인권침해에 대한 문제의식을 갖게 되었다. 또한 탈북민의 북송 이후 겪게 되는 정치범 수용소에서의 참혹상과 지하교회 교인들의 탄압상황에 대해 직접적인 전언을 듣게 되면서 반공주의적 대북관에 입각한 자유권운동에 집중하고 있다.[19]

희태, 정베드로, 북한정의연대 자료집, 「박해」, , pp. 100-101.
19 정베드로 목사는 국내로 추방되어 들어온 이후 탈북민들의 인권과 관련해서 난민

(3) 선교방식

B 유형의 선교방식은 종교의 자유 주장과 함께 정치범 수용소 존재와 수용소 내 인권유린 문제를 환기시키고 북한민주화를 촉구하며 탈북민 북송반대 캠페인을 추진하는 것이다. 국내에서는 북한인권법제정운동도 벌이고 있다. 정치범 수용소 인권유린 문제는 정치범 수용소를 경험한 탈북민의 증언을 토대로 본격화되었다. 중국 선교사나 조선족 교역자들의 지원을 받는 지하교회 활동이 적발되어 수용소에 갇혔다가 탈출한 탈북민을 통해 종교를 이유로 핍박이 가해지는 북한 현실에 대한 고발도 이어졌다. 신앙훈련을 거친 탈북민을 재입북시켜 포교활동을 하도록 하는 보수적 선교단체의 활동은 종교 차원에서 개인적 결단을 바탕으로 하지만 신변의 위험이 예측되는 가운데 무리하게 진행되고 있어 논란의 소지가 크다.

한편, 북한인권법제정운동이 국내 특정 정파에 연결되는 과정에서 인권운동의 정치화 현상이 나타나고 있다. 기독교사회책임과 북한정의연대가 주축이 되었던 개신교 내의 북한인권법제정운동은 2011년 4월 기독교유권자연맹 출범으로 정치권에 직접적인 영향력을 행사하기 시작했다. 2012년 총선과 대선에서 각 정당의 후보들에게 북한인권법제정 관련 정책질의서를 보내고 협력을 약속받은 후보들을 지지하는 방식으로 운동을 펼쳤다.[20] 자유권 중심의 북한인권운동이 북한인권법제정을 둘러싼 유권자운동으로 발전한 사례라 할 수 있다.

운동에 관심을 가지면서 기독교사회책임과 연대하게 되었고 2006년 1년간 기독교사회책임 인권실장으로 활동하게 된다. 이후 2008년 베이징 올림픽을 앞두고 재중 탈북민들의 보호를 위한 운동에 집중하기 위해 2007년 북한정의연대를 출범시켰다고 한다. 2013년 8월 13일 인터뷰.

20 기독교유권자 연맹에는 정베드로 목사 이외에 선민네트워크 김규호 목사, 주님의 은혜교회 김선호 목사 등이 참여했다. 정베드로 목사 인터뷰 2013년 8월 14일.

표 4-2 B 유형

기준/행위주체	기독교사회책임, 북한정의연대
선교패러다임	진보적 선교관
대북관	반공주의적 대북관
활동 유형	● 재중탈북민 보호 ● 탈북민 난민지위 인정 및 북송반대 캠페인 ● 북한인권법제정운동

3) 진보적 선교관과 진보적 대북관(C유형)

C 유형의 특징은 진보적 선교관과 대북관을 중심으로 통일운동 관점에서 북한인권에 접근하는 점이다. NCCK와 기장, 기감, 예장통합의 활동이 대표적이다. 1988년 통일과 평화선언 발표 이후 1995년까지 통일희년운동을 전개해왔던 NCCK는 1990년대 중반 이후에는 대북지원을 위한 한국교회 컨소시엄을 구성하거나 보수적 교단 영입을 통해 대북지원운동에 참여했다. 장기적으로 NCCK 소속 교단 중 기장을 포함 기감과 예장통합 등은 교단이 직접 대북지원에 나서기도 했다. 이에 NCCK는 주로 남북교회교류나 국제개신교조직과의 연대 등 큰 틀에서의 협력사업에 특화되는 모습이다. C유형의 특징은 선교전략상 공식적인 단체인 조그련과 협력하고 봉수교회나 칠골교회 등 개별 교회가 지역사회에 공헌할 수 있도록 하여 교회의 역량강화를 추구하고 있다.

(1) 선교패러다임

한국사회 인권운동에 앞장섰던 진보적 교회는 궁극적 인권추구를 위해서 통일문제가 함께 해결되어야 함을 인식했다. 북한인권문제에 있어서도 이러한 입장은 동일하게 이어지고 있다. 북한인권문제의 본질도 분단구조 해소와 민족화해 속에서 해답을 찾을 수 있다고 보는 것이다. 희년신학을 바탕으로 하는 통일신학적 입장이라고 할 수 있다. NCCK와 소속교단의 진보적 선교관에 따른 통일문제 해석은 앞서 살펴본 바와 같다.

기장총회는 1980년대부터 평화통일에 대한 관심을 표명해왔는데 하나님의 선교 신학을 평화통일선교에 적용한 총회 공식문건이 지속적으로 발표되었다. 분단구조 극복을 통해 인권을 신장시키려는 노력은 곧 하나님의 선교에 동참하는 것이라는 신념이 바탕이 된다. 특기할 사항은 분단구조 속에서 사회정의와 회복, 남북교회의 교류협력, 또한 이를 위한 세계교회와의 협력을 강조하고 있는데, 북한인권문제를 한반도 전체의 구조 속에서 파악하고 있는 점이다. 1987년 제71회 총회에서 발표된 평화통일에 대한 우리의 입장 13항에는 이러한 입장이 명시되어 있다.

> 3) 제도화된 적대관계의 청산과 화해의 연대성은 분단민족이 각기 처한 대로 안보를 내건 불안정치와 정치적 억압으로부터의 해방을 통해 구체화됨을 믿는다. 따라서 화해와 평화의 공동체인 교회는 그리스도의 십자가와 부활을 통하여 부여받은 자유를 선포하며 스스로 해방 받은 자유인의 공동체의 삶을 실천하는 교회가 되려 한다.[21]

남북의 적대관계를 극복하여 안보담론에 따른 정치적 억압을 극복해야 한다고 한 이 규정은 기장의 북한에 대한 태도변화 동기를 설명한다. 화해와 평화의 공동체인 교회가 신앙을 바탕으로 억압적인 구

---

21 "평화통일에 대한 우리의 입장 1," 한국기독교장로회 역사편찬위원회, 『한국기독교 100년사』(서울: 한국기독교장로회출판사, 1992), p. 888.

조를 극복하기 위해 실천해야 한다는 것은 북한교회가 감당해야 할 개혁적 역할에 대해서도 에둘러 표현한 것이다. 교회를 통한 사회개혁에 대한 입장은 기장이 한국사회 변혁운동에 있어서도 가장 중요하게 여겼던 선교원칙이다.

이듬해 제72회 총회에서는 평화통일에 대한 우리의 입장 2가 발표되었는데 이전의 입장에 더하여 평화통일을 이루기 위한 정치적 민주화를 강조하고 있다. 안보 이데올로기를 내세운 민족 적대시정책을 극복하고 평화통일을 통한 민족 동질성 회복을 위해 노력해야 한다는 논리에서이다.[22] 또한 남북한 군비확장으로 인한 한반도 군사화 및 핵 기지화를 막아야 한다고 주장하며 과도한 군사비 지출로 인한 경제적 부담을 줄여야 함도 지적하였다.[23]

이후 1999년 9월 총회에서 채택된 2000년 민족통일선언서에서는 민족의 유기적 공동체 회복이 정치적 통일보다 우선됨을 강조했다. 2003년 발표된 제6문서에서도 민족공동체 회복을 위한 분단극복, 한국교회의 사회개혁을 통한 민족화해, 세계평화와 동북아평화를 동시에 추구하는 평화통일운동 등이 재차 강조되었다.[24] 이 같은 기장의 평화통일에 대한 입장은 NCCK가 발표한 통일과 평화선언과 동일한 입장으로 한국사회 인권운동에서와 같이 분단구조 해소를 통한 인권신장을 주장하고 있다. 따라서 기장의 북한선교는 평화통일운동 맥락에서 추진되고 있으며 북한인권 개선 또한 분단 구조 해소를 통해 추구되어야 한다고 본다.

---

22 "평화통일에 대한 우리의 입장 2(72회)," 한국기독교장로회 역사편찬위원회, 앞의 책, p. 906.
23 "평화통일에 대한 우리의 입장 2(72회)," 한국기독교장로회 역사편찬위원회, 앞의 책, p. 907.
24 한국기독교장로회총회, 『정의·평화·통일 자료집: 새 역사 희년 문집』(서울: 한국기독교장로회출판사, 2003), pp. 13-106.

예장통합과 기감의 선교관은 보수적 선교관을 바탕으로 진보적 신학을 받아들이면서 포괄적으로 형성되었다. 북한인권운동에서 나타난 특징을 설명하는 신학적 배경이다. 예장통합의 선교신학은 1982년 제66회 총회 결의로 마련된 '총회의 선교신학'과 1996년 제81회 총회에서 채택된 '우리의 선교신학'을 통해 확인할 수 있다. 먼저, '총회의 선교신학'에서는 선교 주체는 하나님이고 선교 영역은 온 세상이라는 점을 명시하고 있다. 여기서 교회는 선교하는 하나님의 도구이며 선교의 목표는 하나님의 나라와 그의 의를 구하는 샬롬의 실현이라고 밝히고 있다.[25] 국제선교대회를 통해 발전한 진보적 선교관이 그대로 수용되고 있다. 한편 1996년의 '우리의 선교신학'에는 진보적 선교관 이외에 성부, 성자, 성령 삼위일체 하나님에 대한 고백이 강조되어 개신교 정체성을 확인하고 있다. 보수적인 신앙고백 위에 진보적 선교 개념을 수용하는 모습이다. 교회의 기능에 대해서도 "하나님의 선교는 교회를 통해 기본적으로 수행된다"[26]고 하여 교회 중심의 보수적 선교관을 유지하고 있다. 기감 역시 보수적 선교관을 바탕으로 하면서도 북한선교에 있어서 선교의 주체는 하나님이라는 고백을 통해 하나님의 선교개념을 받아들이고 있다. 또한 A유형과 달리 복음전도나 교회설립이 아닌 평화통일을 북한선교와 연계하며 민족화해운동을 선교과제로 밝히고 있다.[27]

---

25 대한예수교장로회총회 교육부, 『대한예수교장로회 제67회 총회회의록』(서울: 예장총회, 1983), pp. 53-58.
26 한국장로회출판사, 『대한예수교장로회 제82회 총회회의록』(서울: 예장총회, 1998), pp. 894-896.
27 "하나님의 선교(Missio Dei)에 우리도 "아버지가 일하시니 나도 일한다"고 고백하며 실천하는 예수의 제자들이 되어야 한다," 은희곤, "감리교 북한선교의 현황 및 전망,"「평화통일과 북한선교 1」, 교육자료집 참조.

(2) 대북관

C 유형에서 찾아볼 수 있는 북한 정부와 조그련에 대한 태도는 일찍이 해외에서 진행되었던 북과 해외동포 개신교인들의 통일대화를 통해 형성되었다. 1981년 비엔나에서 시작된 통일대화는 1991년까지 10년 동안 지속되었는데, 채택되었던 결의문, 주제 강연, 설교문, 모임에 관한 소개 등이 정리되어 책으로 출판되었다.[28] 무엇보다 민족공동체 회복을 위한 샬롬의 추구는 남북교회가 공통의 목표로 삼을 수 있는 관심사였다. 이는 '인간화'를 지향하는 진보적 선교관이 주체사상가들과의 대화에서 공통된 토대가 되었기 때문이다.

NCCK의 통일과 평화선언 역시 북한 정부나 조그련에 대해 기존의 반공주의적 태도를 돌아보게 한 계기였다. 진보적 교회는 통일과 평화선언에서 언급한 바와 같이 "북한 공산정권을 적대시한 나머지 북한동포들과 우리와 이념을 달리하는 동포들을 저주하기까지 하는 죄"를 인정하고 탈반공주의선언을 한 것이다. 이후 문익환 목사의 방북은 분단구조 속에서 안보를 우선시하는 국가의 대북정책을 민간 차원에서 극복하고자 했던 사회적 실천이었다.

기장은 1988년 8월 제 73회 총회에서 거듭 발표된 평화통일에 대한 우리의 입장 3(73회) 1항에서 "우리는 분단구조의 극복을 위해 분단을 정당화하고 정치권력 유지의 수단으로 이용되어 온 반통일적인 제도와 법률들의 개폐를 요구하며 이를 위해 우리의 역량을 집중할 것"이라고 밝혔다. 또한 5항에서는 "평화통일의 당사자인 남북한 모두가 민족공동체의 인권신장과 정치적 자유 그리고 경제적, 사회적 평등과 정의를 주축으로 하는 민주화의 구체적 실천이 분단극복의 요체임을 선언하며 이 실천운동을 우리의 선교적 과제로 줄기차게 전개해 갈

---

28 홍동근, 『비엔나에서 프랑크푸르트까지』(서울: 형상사, 1994).

것"이라 규정하여 이전의 입장을 좀 더 구체화시켰다.

특히 분단구조를 이용한 반통일적인 제도와 법률이 정치권력의 유지 수단이 되었음을 언급한 1항은 한국에서뿐만 아니라 북한의 정치권력에 대한 도전이기도 하다. 3항에서는 "북한에 대해서도 이와 상응한 조치를 가시적으로 취할 것을 요구"하고 있기 때문이다. 그러나 기장이 북한의 자유권운동에 앞장서고 있지 않은 것은 선교전략 상의 판단이라고 여겨진다.[29] 진보적 선교관에 입각해 한국사회 인권운동과 통일운동을 이끌었던 기장은 북한인권운동에 있어서도 무엇보다 민족공동체 회복을 목표로 남북교회 교류와 지원을 우선시하고 있다. 또한 분단구조 해소를 위한 법제도적 개선에 주력하며 교단 총회는 일관되게 평화통일 입장을 밝혀 왔다.

남북교회 교류에 있어서는 조그런과의 협력을 공식화했다. 나아가 조그런이 북한선교의 주체가 되어야 한다고 보고 조그런의 정치사회적 위상 제고에 힘쓰고 있다. 이는 북한의 교회에 대해 동구 사회주의 국가들에서와 같이 '사회주의 속의 교회'로 규정할 수 있다고 보았기 때문이다.[30] 보수적 교회가 지하교회를 구축하려는 것과 달리 지하

---

29 북한의 공식조직인 조그런과 산하 교회들인 봉수교회, 칠골교회 등은 WCC의 지원을 받으며 국제개신교 조직과 교류하기도 했는데 NCCK와 기장의 북한선교정책에 따른 것이었다고 할 수 있다.
30 1961년 8월 베를린 장벽이 건설되고 동서분단이 굳어지는 상황에서 서독 독일개신협의회는 통일이 사실상 힘든 과제라고 판단하고 점차 평화적 공존문제로 관심을 돌리게 된다. 이에 동독 개신교협의회는 1969년 동독 개신교연맹(BEK)을 결성하고 공식적으로 서독 개신교협의회로부터 독립하게 되었다. 동서독교회의 분리 독립 이후 동독 교회는 사회주의 정권과의 관계를 표현함에 있어서 '사회주의 속의 교회'로 규정하였는데 이 말이 다양하게 해석되면서 혼선을 빚었다. 1971년 동독 개신교연맹 아이제나하(Eisenach) 총회에서는 "증언과 봉사 공동체로서 동독 교회는 이 특징적인 사회 속에서 그 사회 옆도 아니고, 그 사회에 맞서지도 않으면서, 자신이 속한 사회에 대해 깊은 고려를 해야 한다"고 선언하였다. 실존하는 현실 사회주의 속에서 교회로서 감당해야 하는 사회적 역할을 정리한 것이다. 이진모, "냉전시대 동·서독 교회의 갈등과 협력", 「기독교문화연구」, pp. 165-166. 동독교회의 현실을 잘 이해하고 있었던 진보적 신학자들에 의해 북한교회의 존재방식을 설명

교회는 "북한체제나 사회 내에서 가시적 사회구성체를 형성하고 있지 못하다는 점에서…공식적으로 파트너로 삼는 데 현실적인 문제가 있으리라고"[31] 본다. 기장은 또한 교단 산하에 평화공동체운동본부를 세워 타교단과 협력하게 하고 국제개신교조직과도 연대하도록 했다. NCCK와 함께 기장은 총회 차원에서 지속적으로 평화통일에 대한 입장을 표명하며 통일운동 방향성을 제시해 왔다. 인권운동의 궁극적 목적도 평화통일을 통해 이루어진다고 주장한다.

C 유형에 해당하는 기감과 예장통합의 대북관은 일차적으로 협력적이라고 할 수 있다. 그러나 조그런과의 연대 사업을 펼치는 한편 교단 소속의 개별 교회들은 재외탈북민이나 북한의 지하교회를 지원하는 사례도 나타나고 있어서 이중적인 모습을 보이고 있다. 예장통합은 1988년 통일과 평화선언이 발표되었을 때 교단 차원에서 반발하며 NCCK와의 협력을 중단하기로 결정했는데 이는 교단 소속 보수교회들의 입장이 반영되었기 때문이다.[32] 이후 NCCK를 통하지 않고 교단 차원에서 직접 선교활동을 추진하는 과정에서 조그런과 협력이 불가피해졌고 협력 상대로 인정하는 입장으로 변화했다. 예장통합은 1991년 9월 17일 발표한 한반도 평화통일에 관한 대한예수교장로회 총회의 입장에서 전쟁으로 인한 증오심, 남북 상호간의 불신과 적대감 등이 선교를 위해 해결되어야 할 과제라고 하며 다음과 같이 밝혔다.

하는 용어로 사용되었다고 할 수 있다.
31 박종화, 『평화신학과 에큐메니칼 운동』(서울: 한국신학연구소, 1991), pp. 251-252.
32 예장합동은 1990년 NCCK와의 관계유보 결정을, 1994년 협력중단 결정을 내린 바 있는데 이는 NCCK의 진보적인 남북교회협력에 대한 보수적 교회들의 문제제기가 있었기 때문으로 보인다. 김동선, "한국교회 개신교단 및 기관의 북한선교 정책 비교," 『한국교회북한선교정책』, p. 47.

형제를 속으로 미워만해도 살인한 것으로 여기고 회개를 하여야 한다는 예수님의 가르침을 알고 있는 우리는 이와 같은 적대적 감정으로 대치하여 온 일을 부끄럽게 여기면서 용서와 화해의 사역을 우리의 선교적 사명으로 인식한다.[33]

보수적 대북관의 기반이 되었던 공산주의적 입장에 변화를 가져오면서 통일과 평화선언에서와 같이 죄책 고백을 하는 모습이다. 또한 남북이 서로 용서하고 화해할 수 있도록 하는 것이 교회의 선교적 사명임을 분명히 하고, 남북 상호간 불신과 적대감 해소와 의식 전환을 위해 평화교육을 실시하며 민족공동체 회복을 위한 상호교류에 힘쓸 것을 제안했다.[34] 더불어 통일 이후 민족복음화를 준비하는 차원에서 적극적인 북한선교 의지를 표명하기도 했다. 기감 역시 1991년 10월 9일 발표한 평화통일희년 실현을 위한 감리교회 선언에서 NCCK의 통일과 평화선언에 대한 지지를 재확인하며 평화통일을 선교적 과제로 규정하였다. 이를 위해 "남한교회에 의한 독단적인 북조선 선교를 지양하고 북조선교회의 자주적 선교활동에 의한 북조선의 복음화 실현을 위하여 필요한 모든 협력과 조치를 취할 것"[35]이라고 밝혔다. 예장통합과 기감의 이 같은 입장 표명이 있은 이후 북한교회와의 공식 교류가 현실화됐고 조그런과의 협력 속에서 교회지원뿐만 아니라 생존권 운동에도 적극 참여했다.

---

33 "1991년 9월 17일 예장 한반도 평화통일에 관한 대한예수교장로회 총회의 입장," 한국기독교교회협의회, 『한국교회 평화통일운동자료집』, p. 208.
34 한국기독교교회협의회, 앞의 책, p. 209.
35 "1991년 10월 9일 기감대회 평화통일희년 실현을 위한 감리교회 선언," 한국기독교교회협의회, 앞의 책, pp. 212-213.

(3) 선교방식

C 유형의 북한인권운동은 북한주민들의 기본적 인권에 대한 관심뿐만 아니라 분단구조 변혁을 통한 한반도 전체 인권의 개선이라는 관점에서 이루어진다. 1987년 제71회 기장 총회에서 발표된 평화통일에 대한 우리의 입장 1에서와 같이 기장은 북한교회의 역량을 강화시켜 북한지역에서 하나님의 선교를 감당하게 한다는 입장이다.

> 7) 통일을 위한 화해의 공동체인 교회는 남한과 북한의 백성이 서로간에 상대방의 눈으로 민족공동체를 어떻게 회복시킬 수 있는가를 배우며 구현할 수 있도록 노력해야 한다. 따라서 남한의 교회는 처한 정치적, 사회적 현실여건 속에 몸담고 사는 역사적 공동체이면서 동시에 이 여건을 비판적으로 초극하는 종말적 공동체로서의 예언자적 사명을 감당해야 한다. 북한에도 그 정치사회적 현실 속에 몸담으면서도 그것을 하나님의 평화를 바탕으로 하여 비판적으로 초극하는 역사적이며 종말적인 공동체, 곧 그리스도의 몸으로서 교회가 생성되고 발전할 수 있도록 우리의 선교적 역할을 총동원해야 한다. 이와 함께 우리는 남북의 교회가 민족공동체적, 그리고 선교적 차원에서의 만남과 대화와 협력을 심화하고 확대해 갈 수 있는 길을 적극 모색하려 한다.
>
> 8) 우리는 분단현실이 세계 분단구조의 희생물이고 따라서 분단극복을 통한 통일성취는 세계분단의 극복과 일치한다는 맥락으로부터 유리될 수 없음을 인식한다. 그리스도의 몸 된 교회들이 전세계적으로 평화통일을 공동으로 추구하는 에큐메니칼 협력과 연대관계를 지속적으로 심화시켜 가는 데 적극 참여할 것을

천명한다.³⁶

　7항에서는 북한교회의 역할에 대한 기대를 확인할 수 있다. 북한의 정치사회적 현실 속에서 '하나님의 평화를 바탕으로 하여 비판적으로 초극하는…교회가 생성되고 발전할 수 있도록' 선교역량을 집중하겠다고 한 것이다. 한국사회에서 교회가 감당했던 예언자적 사명을 북한교회가 감당하게 한다는 전략임을 알 수 있다. 또한 국제개신교조직이 남북교회의 관계회복을 위해 도울 것을 요청하고 있는데 이는 진보적 교회의 오래된 에큐메니칼 전통에 따른 것으로 볼 수 있다.

　기장은 1986년 총회 이후 지속적으로 평화통일에 대한 입장발표를 통해 통일운동의 방향성을 제시해오고 있다.³⁷ NCCK와 동일한 선교적 입장을 취하며 남북공동기도주일 행사를 추진하기도 했다. 교단 차원에서 직접 탁아소를 운영하며 NCCK를 통한 긴급구호와 인도적 지원에도 참여했다. 국제개신교 조직과의 연대활동도 계속되었는데 2006년 5월 동아시아 평화를 위한 에큐메니칼 국제심포지엄, 2008년 2월 한반도 평화, 통일과 개발협력을 위한 에큐메니칼 포럼 등을 진행했다. 기장의 가장 중요한 선교활동은 평화통일을 추구하는 차원에서 이루어지는 국내 개신교 연합 및 남북교회 교류라고 할 수 있다.

　예장통합과 기감 두 교단은 초창기 NCCK를 통한 남북교회 교류경험을 기초로 독자적인 지원 창구를 개발했고 이후로 조그런과 협력하

---

36 "평화통일에 대한 우리의 입장 1," 한국기독교장로회 역사편찬위원회, 『한국기독교 100년사』(서울: 한국기독교장로회 역사편찬위원회, 1992), p. 889.

37 1987년 9월과 1988년 9월 평화통일에 대한 입장이 거듭 발표되었고 1989년 9월에는 '분단 극복을 위한 회개와 화해선언,' 1991년 12월에는 '제5차 남북고위급회담의 양국서명에 관한 성명,' 1995년 한국장로교회협의회 7개교단장 공동선언문,' 1995년 9월 '막힌 담을 헐고 화해하는 공동체,' 1998년 9월 '1998년 민족통일선언서,' 1999년 9월 '2000년 민족통일선언서' 등을 발표했다. 한국기독교교회협의회, 『한국교회 평화통일운동자료집』, pp. 58-434 참조.

며 평양신학원이나 공식교회를 지원하고 있다. 그러나 북한교회재건 운동이 한창이었던 1996년 당시 예장통합은 한기총 소속 교단으로서 북한교회의 재건을 할당받기도 했다.[38] 아울러 교단 소속 교회들 중에는 지하교회를 돕고 재외탈북민들을 지원하는 경우도 있어[39] 보수적 선교관을 바탕으로 한 A 유형의 선교활동도 나타난다. 그러나 교단 전체로는 봉수교회 건축과 제일기도처 마련 등 공식교회와의 교류활동이 더욱 두드러졌다. 기감 역시 서부연회를 통해 북한지역에 교회를 설립한다는 계획을 세워 놓고 있었다.[40] 그러나 이후 진행된 활동은 평양신학원 복원, 칠골교회 건축 등 공식교회 지원으로 이어졌고, 봉수빵공장, 온실설립 등 장기간에 걸쳐 소규모 개발지원이 이루어졌다. 예장통합과 기감은 교단 차원에서 대북협력민간단체협의회의 일원으로 독자적으로 대북지원활동을 펼치고 있다.

두 교단 모두 통일과정에서 남북교회의 역할에 대해서 분명한 인식을 하고 있는데 통일 후 북한사회를 위한 한국교회 선교는 북한교회와 협력하는 방식이 바람직하다고 보고 조그런과의 협력을 중시했다.[41] 한국교회는 북한교회를 지원하고 북한교회로 하여금 북한선교를 감당하게 한다는 입장이다. 그러므로 공식적인 북한선교는 북한 내에서 조그런 위상을 높이는 방향에서 추진하고 조그런 주도의 생존

---

38 예장통합에 할당되었던 북한교회수는 590개였다. 한국기독교총연합회 북한교회재건위원회 편, 『북한교회재건백서』, p. 414.
39 박완신, "예장통합 총회의 북한선교입장과 선교현황 및 과제," 대한예수교장로회(통합) 남북한선교통일위원회·한민족선교정책연구소 편 「제2차 북한선교정책 공동세미나」, 자료집, 2001년 6월 12일, pp. 48-50.
40 한기총에서 북한교회재건운동을 펼치고 있을 당시, 한기총 소속이 아닌 기감은 자체적으로 북한지역 감리교회 복원 388개, 북한의 행정구역별 570개 교회 설립 계획을 수립하기도 했다. 은희곤, "감리교 북한선교의 현황 및 전망," 한민족선교정책연구소 편, 『한국교회·단체북한선교정책 자료』, 2001년, pp. 65-82.
41 홍근수, "남·북한 교회의 선교적 공동과제", 한국기독교장로회총회교육원, 『분단의 실상과 교회의 통일운동』(서울: 한국기독교장로회총회교육원, 1991), p. 135.

권 운동에 적극 협력해야 한다고 주장했다.[42] 이러한 맥락에서 C 유형의 북한인권운동은 평화통일운동을 전제로 이루어지며 북한의 공식 개신교 조직인 조그련을 통한 지원활동이라고 할 수 있다.

표 4-3 C 유형

기준/행위주체	예장통합/기감	NCCK/기장
선교패러다임	보수적 선교관 바탕 위에 진보적 선교관 수용	진보적 선교관
대북관	반공주의적 대북관과 통일신학적 대북관 병존	통일신학적 대북관
활동유형	공식교회지원: ● 예배당 건축 ● 인도적 지원 평양신학원 교육관건축과 운영, 봉수교회와 온실, 칠골교회	● 긴급구호 ● 평화통일운동 남북교회 교류와 국제적 연대

4) 보수적 선교관과 진보적 대북관(D유형)

D 유형의 특징은 보수적 선교관을 바탕으로 하면서 북한인권운동에 있어서 생존권 운동과 함께 공식 개신교 조직인 조그련과의 협력 하에 활동한다는 점이다. 기하성과 예장합동이 이에 해당한다. 또한 개신교를 배경으로 활동하는 대북지원 NGO들 역시 D 유형에 속한다고 할 수 있다. 한기총 차원에서도 긴급구호가 필요한 상황에서는 유사한 활동이 나타났지만 전반적으로 조그련에 대한 부정적 입장과 더불어 지하교회 지원을 통한 북한교회재건운동에 더 큰 관심을 갖기 때문에 D 유형의 행위자로 구분하기에는 무리가 있다. 한편, 국내 탈북민 정착을 위해 활동하는 단체의 경우 보수적 선교관에 입각해 있

---

42 김동선, "한국교회 개신교단 및 기관의 북한선교 정책 비교", 한민족선교정책연구소, 『한국교회북한선교정책』(서울: 한민족선교정책연구소, 2002), pp. 51-52.

으면서도 탈북민과의 만남을 통해 적대적 대결주의 대북관에 변화가 생기기 때문에 D 유형에 속하는 것으로 분류하였다.

(1) 선교패러다임

보수적 선교관에 입각해서 북한지역 복음화에 일차적인 관심을 갖는 교회가 1990년대 중반 이후 대북지원 활동에 참여하면 북한주민의 생존권을 위한 대북지원을 하고 있다. 초창기에는 1980년대 통일운동을 하면서 북한교회와 교류했던 진보적 교회가 가교역할을 했다. 또한 1996년 8월 범 개신교 대북지원운동이 펼쳐졌을 당시 한기총, 한국복음주의협의회, 한국기독교평화통일추진협의회, 남북나눔운동, 한국선명회(월드비전) 등의 단체들은 북한동포를 돕기 위한 한국교회 결의에서 인도주의 정신을 우선하는 남북관계 입장을 밝힌 바 있다.

제1항에서는 "우리는 북한이 당면한 경제 및 식량난이 극심함을 인식하고 신앙에 바탕을 둔 인도주의적 입장에서 한국교회가 조건 없이 북한동포를 돕는 일이 하나님의 뜻임을 믿으며, 북한동포돕기운동을 계속하여 적극적으로 전개"[43]한다는 취지를 밝히고 있다. 북한 지원에 나서는 동기가 일차적으로 개신교 정신에 의한 인도주의적 입장임을 분명히 한 것이다.

또한 제3항에서는 "우리는 선교적 차원에서 우리가 모금한 헌물을 북의 조선그리스도연맹에 전달하여 북한동포에게 배분"[44]한다고 하여 조그련과의 협력방침이 별도로 규정되어 있다. 2000년대로 이어진 대북지원활동 역시 같은 맥락에서 이루어졌다고 할 수 있는데 장기에 걸쳐 협동농장, 학교, 병원, 주택단지 등 소규모 개발지원으로 발전되었다. 북한 현지사정을 고려한 지원이 신앙에 바탕을 둔 인도주의적

---

43 김명혁 편, 『한국복음주의협의회 성명서 모음집』, p. 110.
44 김명혁 편, 앞의 책, p. 110.

입장에서 이루어짐을 강조하였는데 보수적 선교를 궁극적 목적으로 한다고 할 수 있다.

(2) 대북관

1990년대 초중반 북한에 대한 인도적 지원이 이루어지면서 남북관계의 획기적인 변화가 시작되는 상황에서 1996년 9월 18일 강릉에서 북한잠수정무장간첩 사건이 발생했다. 남파간첩단이 임무를 수행하고 돌아가던 중 암초에 잠수정이 좌초하면서 일어난 사건이다. 교전 끝에 침투간첩 26명 가운데 24명 사망, 1명 생포, 1명 행방불명 처리되었고 우리 측 군인 11명, 민간인 4명이 희생되고 다수의 부상자가 발생했다.[45] 이는 대대적인 북한동포돕기운동 이후의 사건이었기 때문에 당시 사회적으로 큰 충격을 주었고 남북관계를 다시금 경색시켰다. 이러한 상황 속에서 개신교 원로목사들은 안보와 통일에 관한 기독교 원로 및 지도자 성명[46]을 발표하였다.

그중 북한에 대한 인식을 살펴보면 제2항에서 "북한은 적이기도 하지만 우리의 동족이기도 하다. 그러므로 우리는 안보태세를 강화하는 한편, 평화를 모색하고 동포애를 발휘하지 않으면 안 된다"고 하였다. 적 정체성과 한 민족이라는 이중적 정체성을 인정한 것이다. 그러나 동시에 "안보 없는 동포애는 감상적인 통일논의를 가져올 위험이

---

45 「연합뉴스」, 1998년 6월 22일.
46 1996년 10월 22일 발표된 이 성명에 함께한 교계 원로들은 김호경 목사(CBS 사장, 이전 NCCK 총무), 김동완 목사(NCCK 총무), 김상길 목사(국민일보 종교부장), 김경래 장로(기독교100주년 사무총장), 김명혁 목사(한복협 부회장), 박종화 목사(기장 총무), 손봉호 장로(서울대 교수), 서경석 목사(우리민족서로돕기운동 집행위원장), 이윤구 장로(선명회 회장), 조순태 목사(한통협 대표총무), 지덕 목사(한기총 총무), 주서택 목사(C.C.C. 총무), 최성규 목사(인천순복음교회), 총정길 목사(남서울은혜교회), 하용조 목사(온누리교회) 등이다. 김명혁, 『한국복음주의협의회 성명서 모음집』, pp. 115-119.

있고 동포애 없는 안보는 군사적 충돌로 치달을 위험이 있다…안보에 대한 주된 책임이 정부의 몫이라면, 평화에 대한 주된 책임은 교회의 몫"이라고 하면서 정부 차원과 다른 교회역할을 제시하였다.

성명서 제3항에서는 "지금 아사상태에 처해 있는 북녘동포들이야 말로 바로 시대착오적인 북한 정권의 희생자들이다. 따라서 우리는 북녘동포와 북한 당국을 구분해서 생각해야" 한다고 하며 정부와 주민을 구분한 투 트랙(Two-Track) 접근법을 주장했다. 제4항에서는 "그 동안 보수와 진보로 나뉘어져 하나가 되지 못해 왔음을 우리 모두는 정직하게 회개한다. 한국교회는 이제 하나가 되어 절제와 나눔을 통한 동포애 발휘에 힘을 모아야" 한다고 주장했다. 북한을 놓고 한국교회 내에서 벌어졌던 보수와 진보 분열의 책임을 고백한 것이다. 이 성명에는 한기총 소속의 주요 보수 교회 지도자들과 NCCK 소속 진보 교회 지도자들이 함께 참여했다.

이후 같은 맥락에서 식량난에 처한 북한동포들을 돕는 운동이 지속되었다. 1997년 7월 발표된 민족화해를위한북한동포돕기선언에는 개신교뿐만 아니라 천주교와 불교 지도자들도 함께 동참하였다. 이 역시 기아선상에 있는 북한동포를 조건 없이 도와야 한다는 주장을 담고 있는데 정부에 대해 모금 활성화와 창구다원화 정책을 주문하고 있다. 특히 민족화해와 평화적 통일을 위해 교류가 시급하고 1992년 체결된 남북사이의 화해와 교류협력에 관한 합의서 대로 남북의 당국자뿐만 아니라 종교인 등 민간교류가 활성화돼야 한다고 주장했다.[47]

선언에서는 또한 북한의 기아가 북한 정권의 실정에 있음을 지적하면서도 북한 정권의 실정만 탓하며 방관하고 있을 수 없다는 뜻도 분명히 했다. "만일 수백만 명의 북녘동포들이 아사의 구렁텅이에 빠진

---

47 김명혁, 앞의 책, pp. 138-141.

다면, 세계의 사람들과 우리의 후손들은 굶어 죽어가고 있는 북녘동포를 구원하지 못한 책임을 남녘의 우리들에게도 물을 것임"[48]이기 때문에 책임을 피할 수 없다는 것이다. D 유형의 행위자들은 북한 정부에 대한 태도에 있어서는 일차적으로 식량난의 책임을 져야한다고 보면서도 현실적으로 급박한 사안에 대해서는 동포애 차원에서 조건 없이 지원해야 한다는 태도를 보였다. 기존 북한에 대한 인식이 반공주의를 기반으로 한 적정체성 중심이었다면 차츰 동포애 차원에서 북한 주민들을 정권과 분리해 보기 시작한 것이다. 즉, 보수적 교회는 북한의 식량난을 계기로 주민들과 교류하며 적대적 반공주의 입장에서 정권과 주민을 분리해서 보기 시작했다. 이는 앞서 언급된 안보와 통일에 관한 기독교 원로 및 지도자 성명에서 밝힌 태도[49]와 동일하다.

한편 강릉무장간첩 사건으로 공안정국이 재현된 상황에서 발표된 한국복음주의협의회 성명을 주목할 필요가 있다. 안기부법 개정을 반대하며라는 제목으로 발표된 이 성명에서 먼저 북한의 무장간첩 침투가 평화통일에 역행하는 빈민족적 행위라고 비판하며 북한 정부에 대해 재발방지를 촉구하고 있다. 그러면서 당시 제기된 안기부법 개정 움직임에 대해서는 반대의사를 분명히 했다.

> 우리는 5·6공의 산물인 안기부법 중 '고무, 찬양, 불고지죄, 대공수사권'의 부활은 문민정부가 이룩한 민주발전의 퇴보를 자초하여, 과거 5·6공 시절처럼 필요 이상으로 민주사회에서의 의사표현의 자유를 억압할 우려가 있을 뿐 아니라, 나아가서는 인권유린의 결과를 초래할 수도 있으므로 이의 개정을 반대한다. 우리는 현행 안기부법으로도

---

48 김명혁, 앞의 책, p. 139.
49 김명혁, 『한국복음주의협의회 성명서 모음집』, p. 117.

간첩에 대한 수사나 처벌을 할 수 있다고 믿는다.[50]

이 같은 내용은 과거 진보적 교회가 주축이 되어 발표한 성명서 내용과 별다른 차이가 없을 정도로 유사하다. 안보문제와 인권문제를 분리해서 인식하는 태도가 반영되어 있다. 즉, 반공주의 이념이 우선시되는 경우 국내 인권문제에 대해서 소극적으로 반응하던 보수적 교회가 북한 주민들을 위한 생존권 운동에 참여한 이후 반공주의적 대북관에서 점차 북한주민들의 인권을 우선시하는 입장으로 변화한 것이다. 북한 정권과 주민들을 구분해서 인식하기 시작한 보수적 교회가 안보에 위협이 되는 사건이 발생했음에도 북한주민들을 위한 협력은 지속되어야 한다고 주장했던 것이다.

(3) 선교방식

인도적 대북지원에 참여하면서 보수적 교회는 NGO를 비롯해서 교회나 교단, 단체는 물론 타종교기관과도 함께 생존권 보호에 앞장섰다. D 유형에서 찾아볼 수 있는 행위는 주로 대북지원활동이다. 북한주민들을 위한 생존권 운동에 '조건 없이' 참여하여야 한다고 결의한 보수적 교회는 선교관에 있어서는 보수적 선교관을 기반으로 하지만 실천에 있어서는 생존권 보호를 위한 대북지원에 대거 참여했다. 지원 형태는 긴급구호로부터 인도적 지원과 개발지원으로 발전했는데 지원이 장기화되면서 나타난 자연스러운 결과였다.

---

50 1996년 12월 20일 발표. 김명혁, 앞의 책, p. 129.

표 4-4 D 유형

기준 \ 행위주체	기하성/예장합동	남북나눔운동, 유진벨, 굿네이버스, 월드비전, 한민족복지재단, C.C.C.젖염소보내기운동, 조용기심장병원, 동북아교류협력재단	굿피플, 열매나눔재단, 탈북민정착지원센터, 여명학교, 한꿈학교, 하늘꿈학교
선교 패러다임	보수적 선교관	보수적 선교관	보수적 선교관
대북관	반공주의적 대북관과 통일신학적 대북관병존	반공주의적 대북관과 통일신학적 대북관병존	반공주의적 대북관과 통일신학적 대북관병존
활동 유형	● 인도적 지원 ● 개발지원	● 인도적 지원 ● 개발지원 ● 학교건축	● 정착지원

5) 소결

다양한 모습으로 진행되고 있는 한국교회의 북한인권운동을 각 유형별로 요약하면 다음과 같다. A 유형에는 보수적 선교관과 대북관에 따라 북한선교활동을 펼쳐온 보수적 단체들의 활동이 해당된다. 모퉁이돌선교회, 두리하나선교회, 열방빛선교회 등과 한기총을 꼽을 수 있다. 한기총은 긴급구호에 참여하고 북한인권법제정운동에도 함께 했지만 전반적으로는 반공주의적 대북관을 유지한 채 보수적 선교관에 입각한 포교 활동에 주된 관심을 두기 때문에 A 유형으로 분류된다. A 유형은 주로 북한지역에 개신교를 전파하려는 선교 목적을 표방하며 북한주민들의 직접적인 인권개선보다는 개종을 위한 선교활동에 더 큰 관심을 나타낸다. 그러므로 종교의 자유를 주장하는 인권운동과 연대하는 자유권 중심의 북한인권운동에 참여하기도 한다.

B 유형에는 기독교사회책임과 북한정의연대의 활동이 포함된다.

이들 단체는 진보적 선교관을 기반으로 하면서 대북관에 있어서는 북한주민들의 인권을 탄압하는 북한 정권에 대한 반공주의적 인식하에 북한인권운동을 펼치고 있다. A 유형에 속한 행위자들과 연대하여 종교의 자유를 포함, 탈북민 북송반대운동과 북한인권법제정 운동 등 자유권 중심의 운동을 이끌고 있다. A 유형의 행위자들과 선교관에 있어서는 차이를 보이지만 북한 정권에 대한 비판과 자유권 중심의 북한인권운동에 있어서는 협력한다.

C 유형에는 NCCK와 기장, 예장통합과 기감의 활동이 해당된다. 긴급구호와 인도적 지원, 개발지원 등 주로 북한주민의 생존권을 위한 운동을 벌이고 있다. NCCK와 기장은 한반도 평화에 대한 지속적인 성명서 발표를 통해 통일운동 방향을 제시하고 에큐메니칼 정신에 따라 국제개신교조직과 남북교회 협력을 추구한다는 점이 특징적이다. 또한 민족공동체 회복과 분단구조 개선이 인권 실현을 위해 필요하다고 보는데, 북한인권 역시 한반도 전체 맥락에서 조명되어야 함을 주장한다. 분단과 인권을 연결시켜 보는 입장으로 한국사회 인권운동에서도 거듭 강조되었던 바이다.

선교 전략적으로는 북한교회의 역량 강화를 통해 북한지역에서의 인권개선을 추구하도록 한다는 방안도 제시되었다. NCCK와 기장이 진보적 선교관을 바탕으로 평화통일을 추구한다면 예장통합과 기감은 보수적 선교관을 바탕으로 하면서도 하나님의 선교 등 진보적 선교개념을 받아들인다고 할 수 있다. 반면 한국사회 인권운동에 나서면서 인권을 탄압했던 정권에 비판적이었던 것과는 달리 북한 정권에 대해서는 비판적 입장을 직접 명시하지는 않는다. 이는 북한교회의 역량을 강화시켜 북한교회로 하여금 지역운동을 전담하게 한다는 현지 교회 중심의 선교전략에 의한 것으로 NCCK나 기장의 입장과 유사

하다고 할 수 있다.[51]

D 유형에는 보수적 선교관을 기반으로 하면서도 진보적 대북관에 근거한 활동이 해당된다. 북한의 공식교회를 협력대상으로 하는 면에서 C 유형과 유사하지만 주로 북한지역 복음화를 염두에 두면서 보수적 선교활동에 관심이 집중되는 점에서 차이가 있다. 기하성, 예장합동 등 보수적 선교관을 기반으로 선교활동을 펼쳐온 교단들과 대북지원 NGO가 속한다고 할 수 있다. 또한 국내입국 탈북민 증가와 함께 생겨난 정착지원 단체들도 D 유형에 포함시킬 수 있다. 보수적 대북관을 지녔던 보수교회가 탈북민과의 교류를 통해 기존의 적대적 대북관에서 통일을 모색하는 협력적 대북관으로 변화했기 때문이다. 물론 북한 정권에 대한 반공의식은 유지되고 있지만 주민들에 대한 협력적 관점이 형성되고 있다는 점에서 D 유형에 포함될 수 있다.

1990년대 북한교회재건운동에 참여했던 이들 교단은 2000년대 이후 달라진 선교환경 속에서 포교활동 대신 북한주민들의 긴급한 필요에 응하고 있는 것이다. 또한 보수적 교회를 배경으로 하는 대북지원 NGO의 활동은 초창기 긴급구호와 인도적 지원 방식에서 시간이 흐를수록 소규모 개발지원 방식으로 변화했다. 탈북민 정착지원을 돕는 단체의 활동도 다양화되면서 전문화되고 있다. 이상에서의 행위유형에 따라 행위자들을 분석틀에 대입하면 다음과 같이 나타난다.

---

51 독일통일과정에서 동독교회가 사회적 부문으로 기능했던 사례를 참고하는 것이다.

그림 4-1 분석틀: 선교패러다임과 대북관에 따른 북한인권운동 유형

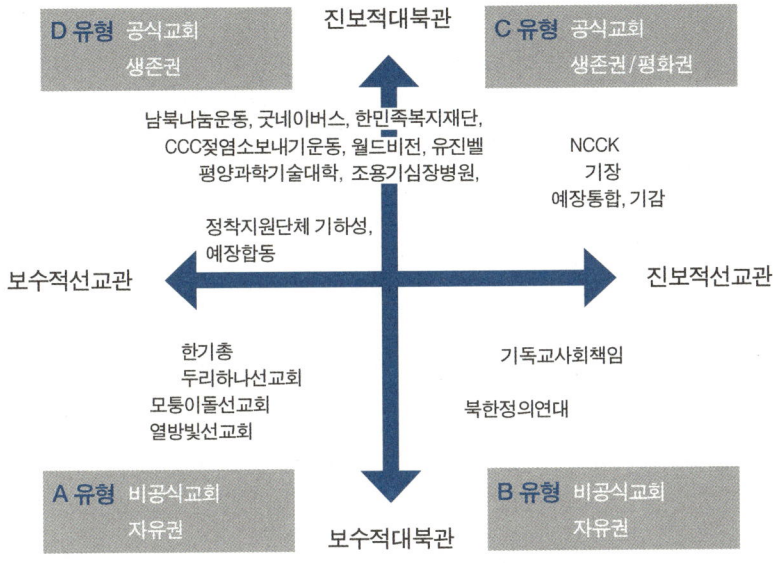

2. 북한인권운동 추이별 특징 분석

한국교회 북한인권운동 추이는 두 가지로 대별할 수 있다. 먼저, 선교패러다임의 변화와 함께 이루어진 인권운동에 이어 통일운동에 참여하다가 북한인권운동으로 이어진 경우이다. 이러한 북한인권운동은 선교패러다임 전환이 중요한 영향을 미쳤다고 할 수 있다. 북한주민의 생존권과 더불어 한반도 평화권을 추구하며 북한인권운동이 이루어졌다. 둘째, 국내외에서 복음전도 중심의 포교활동에 열중했던 보수적 교회가 남북교회 교류가 시작되면서 생존권 중심의 북한인권운동에 참여한 경우이다. 이 경우 선교관 변화보다 대북관 변화가 더

큰 영향을 미쳤는데 북한지역 복음화를 추구하지만 현실적으로 여의치 않자 구제활동을 통한 간접 선교를 시도하는 것이다. 본 절에서는 이 두 가지 추이가 선교관이나 대북관의 변화를 동반하며 나타난 한국교회 북한인권운동의 대표적 모습이라 보고 구체적으로 분석하고자 한다. 전자의 경우를 A→B→C 추이이라고 한다면 후자의 경우는 A→D 추이가 된다.

1) A→B→C 추이

1970년대 이르기까지 대부분의 한국교회는 보수적 선교관과 보수적 대북관을 유지하면서 개신교 포교활동에 힘썼다. 특히 월남개신교인들이 각 교단의 핵심적 위치에 접근하면서 한국교회는 전반적으로 보수와 진보 구분 없이 반공이데올로기를 기반으로 교세확장에 몰두했다. 1970년대 이전 시기 한국교회는 대부분 A 유형에 해당되는 사회적 실천으로서 보수적 선교관과 대북관에 입각한 사회적 실천을 행했던 것이다. 이후 정부주도의 발전전략으로 산업화와 도시화가 급속히 추진되자 이농현상과 더불어 도심으로의 인구집중 현상이 나타났다. 당시 교인 수 증가에 관심이 많았던 교회들은 인구밀집지역을 찾아 경쟁적으로 포교활동을 벌였다. 그러나 열악한 근로환경과 주거환경에 처한 노동자, 도시빈민의 삶을 접하게 된 교회들 중 처우개선에 관심을 갖는 교회가 생겨났다.

NCCK와 기장, 기감, 예장통합 등이 노동운동과 도시빈민운동에 참여했다. 특히 1973년 발생한 전태일 사건을 계기로 진보적 선교관을 수용하는 교회가 중심이 되어 본격적인 인권운동이 시작되었다. 대부분의 보수적 교회가 A 유형의 활동에 여전히 집중하고 있는 가운데 B 유형의 인권운동에 참여하는 교단과 교회들이 생겨났다. 대북관에 있어서는 여전히 보수적 반공주의를 유지하지만 '하나님의 선교', '인간화', 그리고 '오늘의 구원' 등 진보적 선교개념을 수용하면서 국제개신교조직의 지원을 받는 인권운동이 시작됐다. 그러나 같은 시기 예장통합과 기하성 등 보수적 교단들은 인권운동보다 여전히 보수적 선교관에 입각한 포교활동에 열중하고 있었다.

그림 4-2 선교패러다임변화와 인권운동참여

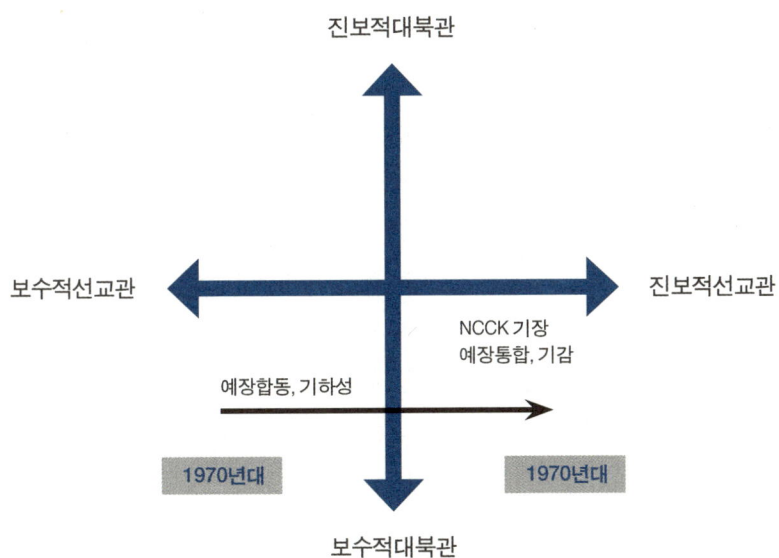

이후 1980년 발생한 광주민주화항쟁은 진보적 교회가 본격적으로 통일운동에 나서는 계기를 제공했다. 독자적인 군대 동원이 불가능한 상황에서[52] 미국이 결과적으로 전두환 정권의 광주민주항쟁 진압을 승

---

52 1978년 11월 7일 한미연합사령부가 창설되어 한국군과 주한미군에 대한 작전통제권이 유엔사령부 UNC(United Nations Command)에서 한미연합사령부로 전환되었다. 미국과 한국이 연합지휘체계를 구성하게 된 것인데 1980년 광주민주화항쟁 당시 군대의 이동을 위해서는 미국과의 협의가 불가피했다. 한용섭, "전시작전통제권 환수 문제 고찰," 이수훈 편, 『조정기의 한미동맹: 2003~2008』(서울: 경남

인한 것처럼 되었다. 이는 미국을 민주주의와 인권 수호의 우방국이라는 한국교회의 기존 믿음에 타격을 주었다. 진보적 교회 중심으로 분단문제 해결은 외부의 힘을 의지하기보다 남북이 자체적으로 해결해야 한다고 자각했다. 다른 한편으로는 민주화운동이 분단문제와 맞물려 있음을 인식하게 되었다. 자주적 민족담론이 새롭게 등장함과 동시에 북한에 대한 태도에 변화가 시작되어 남북교회의 직접 만남을 시도했다. 국제개신교조직의 도움으로 제3국과 북한 현지에서 교류가 시작되었는데 스위스 글리온과 일본 도잔소에서 역사적인 남북교회 교류가 이어졌다.

1988년 2월 발표된 통일과 평화선언은 1980년대 국내외에서 진행된 한국교회 통일운동의 결과로 나타났다고 할 수 있다. 진보적 선교관과 대북관을 기초로 통일에 대한 방향성을 제시한 이 선언은 통일신학적 전망 속에서 기존의 적대적 대결주의 대신 협력적 남북관계를 표방했다. 이는 1980년대 주체사상가들과의 대화를 통해 남북교회가 통일문제에 있어서 공통된 관심을 확인할 수 있었기 때문이다. 통일과 평화선언에서 밝힌 통일의 원칙이나 과정 역시 남북교회의 공감대를 형성하게 해주는 근거가 되었다. 이후 1990년대로 접어들어 대북지원이 장기간 지속되자 진보적 대북관이 보수적 대북관을 대신하게 되었다.

대학교 출판부, 2002), pp. 167-170 참조.

그림 4-3 대북관 변화와 통일운동참여

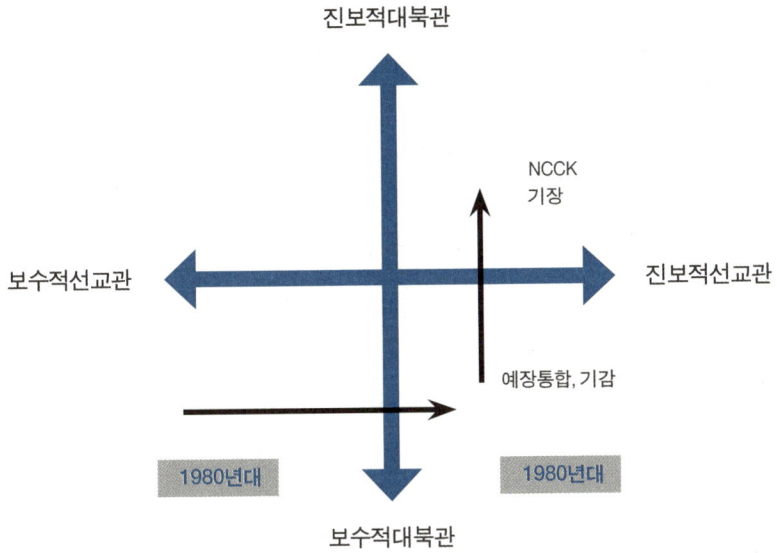

 이러한 남북교회교류는 이후 보수적 교회가 대북지원에 참여할 수 있도록 돕는 가교 역할을 가능하게 했다. 통일논의가 정부에 의해 독점되다시피 했던 시절 민간 차원에서 통일논의를 제기했을 뿐만 아니라 남북교회의 직접적인 교류를 시도했던 진보적 교회가 북한선교에 관심이 많던 보수적 교회와 협력하여 대북지원에 참여할 수 있도록 한 것이다. NCCK와 기장의 통일노력이 초창기 남북교회 교류를 선도했다면 예장통합과 기감은 대북지원과 함께 통일운동을 시작했다. 이들 교단은 통일과 평화선언 발표 당시만 해도 미군철수나 국가보안법 폐지 등의 주장을 지적하며 NCCK에 대해서 비판적인 태도를 보였었다. 그러나 1990년대 대북지원이 시작되면서 점차 진보적 대북관으로 전환되었고 이후에는 NCCK, 기장과 유사한 행위유형을 보이게 된다.
 이러한 A→B→C 추이가 나타난 북한인권운동은 통일 지향적 대북

정책을 펼쳤던 김대중 정부와 노무현 정부 시절 가장 활성화되었다. 특히 2000년부터 2007년까지 남북관계 부침이 계속되는 가운데에도 지원은 지속적으로 증가했다. NCCK와 기장이 통일운동 맥락에서 북한인권문제에 접근했다면 예장통합과 기감은 보수적 선교관을 기반으로 진보적 선교개념을 수용하는 차원에서 북한인권운동에 임했다. 공식교회에 대한 진위논쟁이 있음에도 불구하고 보수적 선교관에 따라 교회 중심의 선교활동에 최우선적 관심을 두며 평양신학원 지원과 북한교회재건축 사업에 주력하였다. 이러한 모습은 NCCK와 기장이 주장하는 바와 같이 북한교회의 역량을 강화시켜 지역사회 필요를 채우도록 한다는 선교전략과 대등소이하다고 할 수 있다.

특이한 점은 진보적 선교관에 입각한 NCCK와 기장의 선교활동이 북한지역에서는 주로 조그련과의 협력에 모아진다는 것이다. 교회중심의 선교관은 보수적 선교관이라 할 수 있지만 북한의 특수 상황에서 조그련이나 공식교회들은 국가로부터 상대적 자율성을 확보할 수 있다고 보기 때문이다. 즉, 한국교회를 전담하는 사업 파트너로서 조그련이 일정한 역할을 감당하면서 북한사회 속에서 역량을 키워갈 때 정부로부터의 자율성이 커질 수 있다는 기대를 하게 되는 것이다. 선교패러다임과 대북관 전환을 통해 이루어진 A→B→C 유형의 북한인권운동은 인권운동과 통일운동의 연관성 속에서 한반도 전체 인권을 추구하며 북한인권에 접근하고 있다 할 수 있다.

그림 4-4　A→B→C 추이

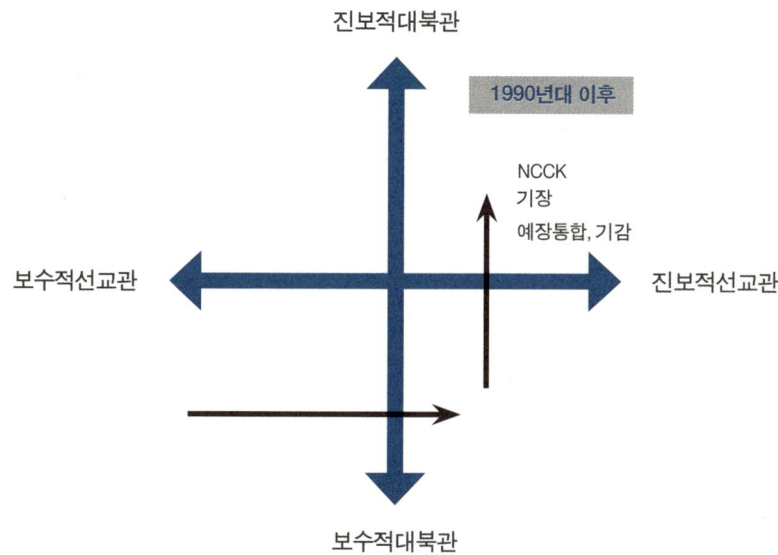

2) A→D 추이

보수적 선교관에 입각해 개신교 포교활동에 앞장섰던 보수교회가 대북지원을 위해 북한 공식교회와 교류하면서 보수적 대북관에서 진보적 대북관으로 변화한 유형이다. 선교패러다임은 그대로 유지하면서 대북관에 변화를 보인 경우인데 예장합동과 기하성, 그리고 보수적 교단 연합단체인 한기총, 보수적 교회를 배경으로 하는 NGO 등이 이에 해당된다. 1990년대 한기총 차원에서 활발한 대북지원이 이루어졌는데 이는 통일에 대한 전망이 현실화되면서 북한선교를 위한 보수적 교회의 관심이 커졌기 때문이다. 남북나눔운동과 굿네이버스, 한민족복지재단과 월드비전, 유진벨 등 대북지원 NGO들이 출현한 것도 1990년대인데 대부분 보수적 교회를 배경으로 한다.

그림 4-5 보수적 선교패러다임과 대북지원

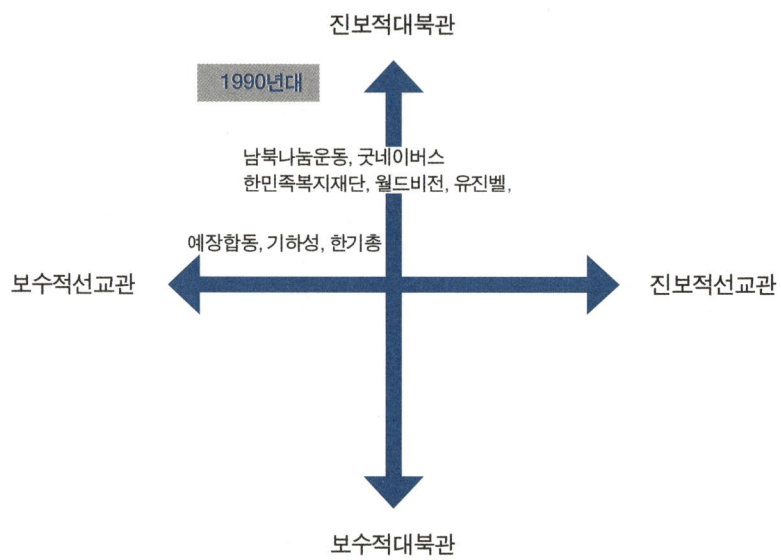

1980년대까지 보수적 선교관과 보수적 대북관을 기반으로 교세확장과 해외선교에 집중하던 보수적 교회는 1990년대 중반 이후부터 대북지원에 참여했다. 장기간에 걸친 대북지원은 결과적으로 대북관에 있어서도 영향을 미쳤다. 이는 대북지원을 통한 교류 속에서 북한사회에 대한 이해가 생겨나면서 가능해진 것이다. 또한 북한 정부와 협력할 수밖에 없는 상황 속에서 적대적 대북관을 그대로 유지할 수 없기 때문이기도 하다. 북한 현지에서 사업을 진행 중인 이들 교단과 NGO는 선교 목표가 궁극적으로 포교활동에 있지만 이를 위해서라도 북한주민들의 자유권보다 생존권 보호를 시급한 과제로 여긴다.

1990년대 중반 북한동포돕기운동을 시작으로 2000년대까지 지속적으로 대북지원에 참여한 이들 교단 및 단체들은 북한교회재건운동 당시와 달리 공식교회와 협력을 표방했다. 보수적 교회를 기반으로 하는 대북지원 NGO들과 탈북민 정착지원을 돕는 NGO들 역시 적대적 대북관에서 변화를 보였다. 이는 일반적으로 알려진 바와 같이 김대중 정부와 노무현 정부의 대북정책 비판이 보수진영에서 제기된 것과 다른 모습이다. 개신교 내에서 가장 보수적 선교관을 유지하는 교단 중 기하성, 예장합동 등은 대북지원에 앞장서서 참여하고 있다.

남북나눔운동은 1993년 설립 당시로부터 보수와 진보 교회를 아우르며 대북지원을 해왔는데 주된 후원은 대부분 보수적 교회에서 이루어진다. 월드비전이나 유진벨, 한민족복지재단, 굿네이버스, C.C.C.북한젖염소보내기운동 등 역시 보수적 선교관에 기초한 교회를 주요 후원대상으로 한다. 조용기심장병원이나 평양과학기술대학 등 대규모 프로젝트 사업에 관계하는 교회들도 대부분 보수적 교회이다. 이렇듯 A→D 추이를 보인 교회와 단체들은 보수적 북한선교를 지향하지만 북한 현지사정을 고려한 식량과 보건 의료, 교육 지원에 적극적으로 참여했다. 이 경우 정부의 대북지원 정책에 대한 비판 대신 오히려 지원활동을 어렵게 하는 남북관계 경색을 우려하는 것이다.

A 유형에 속하면서 자유권 중심의 북한인권운동에 참여하는 교회나 교단과 달리 대북지원을 통해 북한의 공식교회와 협력했던 경우 대북관에 변화를 보일뿐만 아니라 정부의 대북정책에 대해서도 다른 보수적 교회와 입장이 달라지는 것을 확인할 수 있다. 2008년 남북관계 경색을 우려하여 발표한 성명서에서 보듯이 보수적 교회 지도자들이 대북지원 속개를 한 목소리로 요청하는 모습은 개신교만의 특색이기도 하다. 대북지원에 대한 소위 '퍼주기'논란이 보수진영 전체 의사를 반영하지 못함을 증명한다고도 할 수 있다. 이와 관련 대북지원에 참여해온 보수적 교회를 대상으로 보다 심층적 연구조사가 요청된다.

그림 4-6 A→D 추이

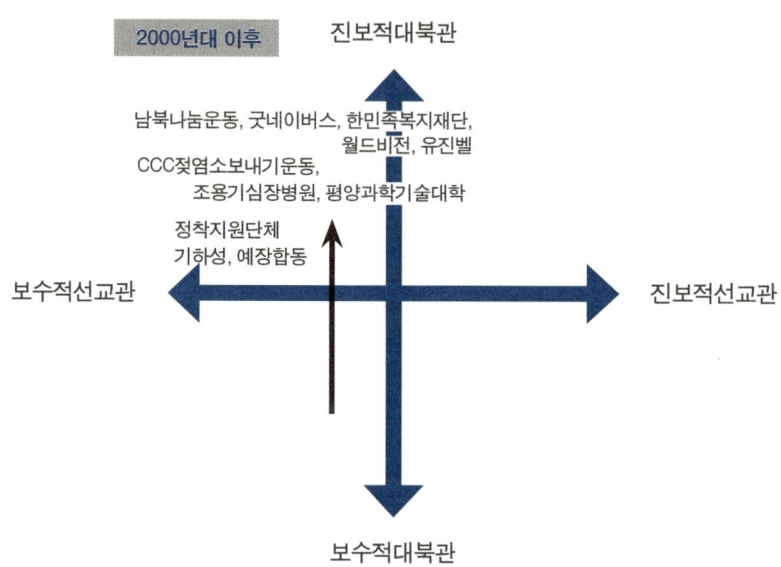

3) 소결

한국교회 북한인권운동 추이는 대체로 두 가지 유형으로 나타났다. A→B→C추이는 선교패러다임변화에 따른 인권운동과 통일운동, 그리고 북한인권운동이 동일한 맥락에서 이어지고 있음을 나타내 준다. 한국사회 인권운동을 통해 분단구조 해소가 인권의 궁극적 실현을 위해 필요하다는 인식이 북한인권운동에도 동일하게 전제되고 있음을 보여준다. 통일운동과 연동된 북한인권운동이 이루어지고 있다고 할 수 있다. 이는 가장 전형적인 진보적 선교관에 따른 선교활동이라 할 수 있다. 또한 통일운동을 지향하는 점에 있어서 진보적 대북관인 통일신학적 대북관을 표방하였다.

A→D 추이는 보수적 교회의 보수적 선교 일환으로 추진되는 북한

인권운동으로 A→B→C 추이와 차이점은 보수적 선교패러다임을 바탕으로 하는 점이다. 그러나 진보적 대북관인 통일신학적 대북관에 입각해서 생존권 보호에 나서기 때문에 차이점을 찾아 볼 수 없다. 더구나 조그련과 협력하고 북한교회와 교류하는 모습은 다른 보수교회들이 북한교회 진위논쟁에 착종되는 모습과 다르다. 오히려 진보적 교회의 전략이라 할 수 있는 북한교회를 통한 지역사회 지원과 유사한 모습이다.

 진보적 교회를 포함, 보수적 한국교회가 대거 참여하고 있는 이러한 대북지원은 일반적인 이해와 달랐다. 즉, 진보적 입장이기 때문에 진보적 대북정책을 지지하는 것이 아니라 보수적 입장에 있으면서도 진보적 대북정책에 협력하는 모습이다. 이는 먼저 북한선교를 상위목표로 하고 대북지원을 하위목표로 설정했던 선교전략에 따른 것이었다. 또한 장기간에 걸친 대북지원의 결과 나타난 현상이라고도 할 수 있다. 남북교회의 협력이 지속되고 북한 현지 교류경험이 쌓이면서 적대적 대북관이 통일신학적 대북관으로 변화한 결과라고도 할 수 있다. 이는 민간단체 교류협력이 추구하는 바 상호불신 해소와 민족공동체 회복에 일정한 성과라고도 할 수 있다. 대북관에 있어서 가장 보수적이라 할 한국교회가 대북지원 참여를 통해 인식이 변화하고 있는 사례는 향후 평화통일을 위한 선교전략 수립에도 참고할 가치가 있다.

제 5 장

결 론

　본서에서는 북한인권운동에 참여하는 주요 행위자인 한국교회의 활동을 대상으로 유형화를 통한 분석을 시도하였다. 분석을 위해 한국교회 사회적 실천을 설명해주는 주요 변수로 선교패러다임과 대북관 중심의 분석틀을 구성하였다. 선교관 변화가 개신교인들의 인권운동 참여에 가장 중요한 근거였다면 대북관 변화는 북한인권운동에 참여하는 동인이었다. 보수적 선교관과 보수적 대북관을 기반으로 한 경우(A 유형), 그리고 진보적 선교관과 보수적 대북관을 기반으로 한 경우(B 유형) 자유권 중심의 북한인권운동에 참여하는 경향을 보였다. 반면 진보적 선교관과 진보적 대북관을 기초로 하는 경우(C 유형)에는 생존권과 평화권 중심의 북한인권운동이 이루어졌다. 또한 보수적 선교관을 기반으로 하면서 진보적 대북관을 수용하는 경우(D 유형)에는 주로 생존권 중심의 북한인권운동에 집중하였다.
　대북지원과 정착지원은 생존권과 관련한 북한인권운동이고, 종교의 자유와 탈북민북송 반대, 북한인권법제정 등은 자유권 중심의 북한인권운동이다. 한국교회는 이러한 운동에 모두 적극적으로 참여하고 있는데 이는 선교적 열심에 따른 인권 추구에 기반을 둔 것이다.

보수적 선교관에 입각하여 직접적인 포교활동에 관심이 많은 입장에서는 종교의 자유를 중시하며 자유권 중심의 북한인권운동에 참여한다. 그러나 보수적 선교관을 바탕으로 하면서도 북한 정부와 협력을 통해 공식 종교조직인 조그련과 사업을 벌이는 경우에는 진보적 대북관인 통일신학적 대북관을 수용하였다. 반면 진보적 선교관을 기반으로 인권운동과 통일운동에 나섰던 진보적 개신교인들 중 북한의 독재체제와 인권탄압을 비판하며 자유권 중심의 북한인권운동에 앞장서는 경우도 나타났다.

생존권 중심의 북한인권운동은 1995년부터 2012년까지 시간이 경과함에 따라 긴급구호로부터 인도적 지원과 개발지원으로 지원방식이 발전되었다. 이러한 장기간에 걸친 한국교회 지원은 현지에서의 인권상황을 호전시키는 데에 도움이 되었다.[1] 또한 자유권 중심의 북한인권운동은 2004년을 기점으로 본격화되었는데 중국이나 제3국 거주 탈북민 신변안전과 북송반대, 국내 북한인권법제정 운동으로 집중되고 있다. 자유권운동이 목표로 하는 탈북민 북송금지나 정치범 수용소 폐쇄 등은 정치문제와 맞물려 있기 때문에 단시일 내에 실현될 것으로 보이지 않는다. 그러나 국제사회나 남북한 정부에 대해서 북한인권개선여론을 불러일으키는 데에는 일정한 영향력을 발휘하였다고 할 수 있다.

장기적으로 이루어진 한국교회 북한인권운동에는 추이별 특징이 나타나기도 했다. 먼저, 보수적 선교관에서 진보적 선교관으로 선교 패러다임이 변화되면서 인권운동에 참여한 경우 통일운동으로 확대

---

[1] 개신교 배경의 대북지원 단체들은 현장 접근성이 높은 소규모 협력 사업을 추진하면서 중간관료들과 지속적인 접촉을 가져왔다. 2003년 남북교회연합으로 3.1민족대회를 개최했는데 당시 조그런 서기장 오경우 목사는 "남측 교회의 지속적인 지원으로 인민들에게 실질적인 도움이 되고 있으며, 이에 따라 연맹의 위상이 크게 올라갔다"며 지속적인 지원을 당부하였다. www.kmctiomes.com 2003년 3월 6일.

되면서 대북관에 있어서도 변화를 보였다(A→B→C 추이). 진보적 교회가 주도해온 통일운동 맥락에서 이루어진 북한인권운동이 이에 해당된다(C 유형). 또한, 대북지원에 장기간 참여하면서 보수적 대북관에서 진보적 대북관으로 변화를 보인 경우에도 유사한 활동이 이루어졌다(A→D 추이). 보수적 교회를 배경으로 하는 NGO 활동과 보수적 교단 차원에서 이루어진 북한인권운동이 이에 해당된다(D 유형). 이러한 두 가지 추이를 나타내는 북한인권운동에는 가장 많은 한국교회가 참여하고 있는데 장기간에 걸쳐서 수렴현상이 나타났다고 할 수 있다.

한편, 진보적 선교관과 보수적 대북관에 따른 자유권 중심의 북한인권운동(B 유형)과 보수적 선교관과 보수적 대북관에 따른 북한인권운동(A 유형)의 경우에도 일정한 수렴현상이 나타났다. 반면 보수적 선교관과 진보적 대북관을 기반으로 하는 북한인권운동(D 유형)과 진보적 선교관과 보수적 대북관을 기반으로 하는 북한인권운동(B 유형)은 선교패러다임은 변화하지 않았지만 대북관이 변화함에 따라 활동이 상반되는 모습이다. 이와 같은 모습은 한국교회 북한인권운동에 있어서 특징적인 점이라고도 할 수 있다. 즉, 보수적 교회이면서 대북지원에 참여하거나 진보적 선교관을 바탕으로 하면서도 자유권 중심의 북한인권운동에 참여하는 등 보수와 진보의 이분법으로는 설명되기 어려운 행위유형을 보이고 있는 것이다.

북한인권 일반이론에 있어서 생존권을 강조하며 대북지원을 주장하는 입장이 진보적 특징이라고 알려졌지만 보수교단에 속한 많은 교회들은 생존권 운동에 적극적으로 참여하고 있다. 또한 북한의 자유권에 대해 진보 진영이 침묵하고 있다는 지적에 대해 진보적 단체인 NCCK와 기장의 선교정책을 통해 그 배경을 알 수 있었다. 즉, 남북교회교류 활성화를 통해 북한교회의 입지를 강화시키고 북한교회를 통해 인권

개선에 나서도록 한다는 전략적 접근을 하고 있는 것이다. 또한 분단 구조 변화가 북한인권뿐만 아니라 남북한 전체 인권개선을 위한 전제라고 여기며 1980년대 통일운동 맥락과 동일한 취지에서 북한인권문제에 접근하고 있는 것이다. 남북교회교류에 있어서는 한국교회 주도의 포교활동을 추구하는 것보다 북한교회의 입지를 강화시키며 지역사회 필요를 충족시키는 방식으로 지원하는 전략을 펼치고 있다. 향후 이 같은 접근의 효과성에 대한 보다 분석적인 연구가 필요하다.

한편 자유권 중심의 북한인권운동에 참여하면서 북한의 공식 교회를 인정하지 않고 지하교회를 지원하는 방식은 북한주민들을 종종 위험에 빠뜨린다. 인권보호 측면에서 볼 때 종교탄압국가로 알려진 북한에 포교활동을 위해 탈북민을 재입국시키는 방식은 재고할 필요가 있다. 모든 북한인권운동의 목적이 일차적으로 북한주민들의 인권향상에 초점이 맞춰져야 하고 또한 인권에 대한 우선순위 결정과 접근 방식에 있어서도 북한주민들의 상황을 고려해야 하기 때문이다. 제한된 범위에서나마 이 같은 북한인권운동의 효과성에 대해서도 더욱 분석적인 연구와 평가가 필요하다.

본 연구에서는 한국교회 북한인권운동을 통시적으로 살펴본 후 다양한 모습으로 진행되는 북한인권운동에 대해 선교패러다임과 대북관 중심의 분석틀로 유형화하여 평가기준을 제시하고자 하였다. 그러나 지난 1995년부터 2012년까지의 북한인권운동 과정에서 나타난 문제점과 한계, 그리고 가능성을 종합 평가하기 위해서 향후 더 많은 사례분석과 행위자 분석이 요청된다고 할 수 있다.

그림 5-1 한국교회 북한인권운동 생존권, 자유권, 평화권

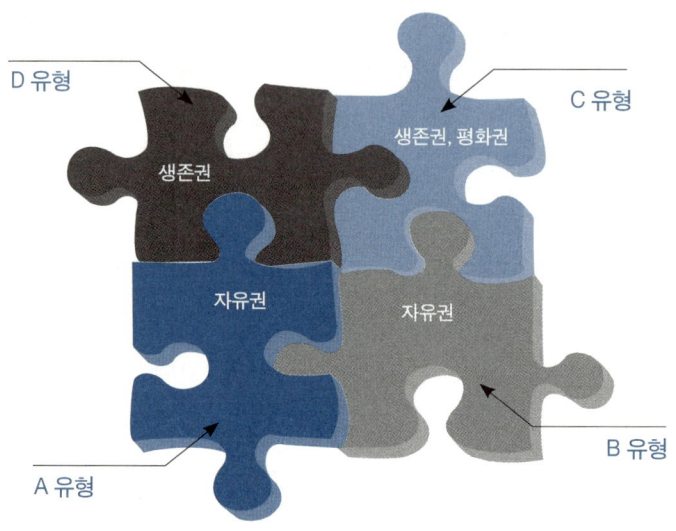

참고문헌

1. 북한문헌

1) 사전 및 전집류

『정치사전』. 평양: 사회과학출판사, 1973.
『정치용어사전』. 평양: 사회과학출판사, 1970.
『조선말대사전 1』. 평양: 과학백과사전출판사, 2006.
『조선말대사전 2』. 평양: 과학백과사전출판사, 2007.
『김일성선집』 I ~ VI권. 평양: 조선로동당출판사, 1960.
『김일성선집』 I ~ IV권. 평양: 조선로동당출판사, 1968.

김일성.『김일성선집』제1권. 평양: 조선로동당출판사, 1954.
_____.『김일성선집』제3권. 평양: 조선로동당출판사, 1954.
_____. "민청단체들 앞에 나서는 당면한 몇가지 과업에 대하여."『청소년사업과 사회주의로동청년동맹의 임무에 대하여』제1권. 평양: 로동당출판사, 1969.
_____. "당사업에서 주되는 것은 모든 사람을 교양하고 개조하며."『김일성저작선집』제3권. 평양: 조선로동당출판사, 1975.
_____. "력사적인 민주선거를 앞두고."『김일성저작집』제2권. 평양: 조선로동당출판사, 1979.
_____. "학생들을 사회주의, 공산주의 건설의 참된 후비대로 교육교양하자."『김일성저작집』제22권. 평양: 로동당출판사, 1983.
_____. "민족의 분렬을 방지하고 조국을 통일하자."『김일성저작집』제28권. 평양: 조선로동당출판사, 1984.
_____.『사회총화와 과업에 대해』. 평양: 사회안전부, 1974.

_____. 『김일성회고록 세기와 더불어』제1권. 평양: 조선로동당출판사, 1992.
_____. "우리당 단체들의 과업에 대하여." 『김일성전집 7』. 평양: 조선로동당출판사, 1993.
김정일. "예술영화 최학신의 일가를 반미교양에 이바지하는 명작으로 완성할 데 대하여." 『김정일선집』제1권. 평양: 로동당출판사, 1992.
_____. "주체사상 교양에서 제기되는 몇가지 문제에 대하여." 『김정일선집』제8권. 평양: 로동당출판사, 1998.

2) 단행본 및 신문기사

김희일. 『인민의 아편』. 평양: 민청출판사, 1959.
로재선. 『종교는 인민의 아편이다』. 평양: 민청출판사, 1959.
정하철. 『우리는 왜 종교를 반대하여야 하는가』. 평양: 로동당출판사, 1959.
허종호. 『주체사상에 기초한 조국통일리론과 남조선 혁명』. 평양: 사회과학출판사, 1976.
"전조선 애국적 기독교도들과 전체 종교인들에게 보내는 호소문." 「로동신문」. 1950년 8월 7일.
"평양시 기독교들 일요례배에서 정의의 전쟁 승리를 기원." 「로동신문」. 1950년 8월 15일.
"미국은 〈〈인권문제〉〉를 걸고 우리나라 사회주의를 허물 수 없다는 것을 똑똑히 알아야 할 것이다." 「로동신문」. 1995년 2월 9일.
"제국주의의 〈〈인권〉〉은 간섭과 압력의 도구." 「로동신문」. 1995년 7월 15일.
"미국의 〈인권보고서〉는 론의할 한푼의 가치도 없는 것이다." 「로동신문」. 1996년 3월 14일.
"제국주의자들의 〈인권외교〉의 본색." 「로동신문」. 1996년 7월 23일.
"미국의 〈인권보고서〉 규탄." 「로동신문」. 1997년 2월 9일.

"서방식의 모든 것의 기준으로 될 수 없다."「로동신문」. 1997년 12월 17일.
"김대중 〈정권〉은 기만적인 〈인권법〉 제정 책동을 즉각 중지하라." 「로동신문」. 1998년 11월 23일.
"자주권은 우리공화국의 생명이며, 사회주의는 우리 인민의 생활이다-유엔총회 제54차 회의에서 한 우리나라 외무상의 연설." 「로동신문」. 1999년 9월 27일.
"미국의 대조선적대시압살정책은 절대로 실현될 수 없다."「로동신문」. 2004년 12월 15일.
"반동적 인권공세에는 혁명적 인권 공세로, 〈〈힘〉〉에는 힘으로."「로동신문」. 2004년 12월 28일.
"미국식 〈〈민주주의〉〉를 단호히 반대배격하자."「로동신문」. 2005년 12월 13일.
"기만적인 〈〈인권〉〉타령에 대한 반발."「로동신문」. 2007년 3월 27일.
"미국은 세계최악의 인권유린자."「로동신문」. 2007년 7월 19일.

2. 국내문헌

1) 단행본

강동완.『대북지원정책 거버넌스』. 서울: 한국학술정보, 2008.
강승삼 외.『평화통일과 북한복음화』. 서울: 쿰란출판사, 1997.
강인철.『한국의 개신교와 반공주의』. 서울: 중심, 2006.
교회와사회연구원.『기독교와 주체사상』. 서울: 도서출판 성지, 1989.
구갑우 외.『좌우파사전』. 서울: 위즈덤하우스, 2010.
구스타보 구티에레즈.『해방신학』. 서울: 분도출판사, 2000.
국가인권위원회.『북한 인권에 관한 국제사회의 동향자료』. 서울: 국가인권위원회, 2005.

_____.『북한의 국제인권협약 이행자료집』. 서울: 국가인권위원회, 2005.
국토통일원 편.『조선로동당대회자료집』제3집. 서울: 국토통일원, 1988.
권오성 편역.『독일통일과 교회의 노력』. 서울: 고려글방, 1995.
극동방송.『극동방송 40년사』. 서울: 그리고크리에이트브센타, 1996.
김국신 외.『북한개방화와 인권개선방안 연구』. 서울: 통일연구원, 2010.
김남식, 김동완.『40년의 벽을 넘어-보수신학자와 진보운동가의 역사 對話』. 서울: 대한기독교서회, 2006.
김명혁 편.『한국복음주의협의회 성명서 모음집』. 서울: 기독교문서선교회, 1998.
김병로.『북한인권문제와 국제협력』. 서울: 민족통일연구원, 1997.
_____.『북한사회의 종교성: 주체사상과 기독교의 종교양식 비교』. 서울: 통일연구원, 2000.
김수암.『미국의 대북인권정책 연구』. 서울: 통일연구원, 2004.
_____.『민주주의와 인권에 대한 북한의 인식과 대응』. 서울: 통일연구원, 2007.
_____.『미국의 대북인권정책 연구』. 서울: 통일연구원, 2004.
_____.『민주주의와 인권에 대한 북한의 인식과 대응』. 서울: 통일연구원, 2007.
_____.『국제사회의 인권개선 전략: 이론과 실제』. 서울: 통일연구원, 2008.
_____.『북한인권 침해구조 및 개선전략』. 서울: 통일연구원, 2009.
김수진.『한국기독교총연합회 10년사』. 서울: 쿰란출판사, 2002.
김양선.『한국기독교 해방 10년사』. 서울: 대한예수교총회종교교육부, 1956.
김은수.『현대 선교의 흐름과 주제』. 서울: 대한기독교서회, 2001.
김인수.『한국기독교회의 역사』. 서울: 장로회신학대학교출판부, 1997.

김정남.『진실, 광장에 서다』. 서울 : 창비, 2005.
김중석.『북한교회재건론』. 서울 : 진리와 자유, 1998.
김흥수 엮음.『해방 후 북한교회사』. 서울: 다산글방, 1992.
_____. 류대영.『북한종교의 새로운 이해』. 서울: 다산글방, 2002.
남서울교회 통일선교위원회.『남북이 하나되는 교회 이야기』. 서울: 2007, 남서울은혜교회.
노먼 블레키.『사회이론과 방법론에 다가서기』. 서울: 한울아카데미, 2000.
대한적십자사.『용천재해 지원백서』. 서울: 도서출판 늘품, 2004.
대북협력민간단체협의회.『대북지원 10년 백서』. 서울: 도서출판 늘품, 2005.
데이비드 J. 보쉬. 김병길, 장훈태 역. "계몽주의의 영향을 받은 선교."『변화하고 있는 선교』. 서울: 기독교문서선교회, 2000.
마를리스 멩게(Marlies Menge). 최상안 역.『동독의 통일혁명』. 서울: 을유문화사, 1990.
마이클 그린. 박영호 역.『현대전도학』. 서울: 기독교문서선교회, 1994.
문화체육관광부.『종교법인 및 단체현황』. 서울: 문화체육관광부, 2008.
박경서, 이나미.『WCC창으로 본 70년대 한국민주화인식』. 서울: 지식산업사, 2010.
박기호.『한국교회 선교운동사』. LA: Iam, 1999.
박영환.『한국교회교단별 선교정책과 전략』. 서울: 도서출판바울, 2006.
박완신.『북한종교와 선교통일론』. 서울: 지구문화사, 1994.
_____.『21세기 북한종교와 선교통일』. 서울: 지구문화사, 2002.
박이문.『현상학과 분석철학』. 서울: 지와 사랑, 2007.
박종구.『세계선교, 그 도전과 갈등』. 서울: 신망애출판사, 1994.
박종화.『평화신학과 에큐메니칼 운동』. 서울: 한국신학연구소, 1991.
박형중 외.『국제사회의 개발지원 이론과 실제: 북한개발 지원을 위한 모색』. 서울: 통일연구원, 2008.
북미주기독학자회.『기독교와 주체사상』. 서울: 신앙과지성사, 1993.
북한교회재건위원회 편.『무너진 제단을 세운다』. 서울: 진리와 자유, 1997.
북한젖염소보내기운동본부.『북한젖염소보내기운동의 어제와 오늘』. 서울: 순출판사, 2006.
사와 마사히코.『남북한기독교사론』. 서울: 민중사, 1997.
서보혁.『국내외 북한인권 동향 평가와 인권개선로드맵』. 서울: 통일연구원, 2006.
_____.『북한인권』. 서울: 한울아카데미, 2007.
_____.『코리아 인권-북한 인권과 한반도 평화』. 서울: 책세상, 2011.
서창록.『한반도 평화·번영의 거버넌스 구축을 위한 이론적 틀』. 서울: 통일연구원, 2006.
서훈.『북한의 선군외교-약소국 북한의 강대국 미국 상대하기』. 서울: 명인문화사, 2008.
성공회대학교 사회문화연구소.『1970년대 산업화초기 한국 노동사 연구』. 서울 : 노동부, 2002.
세계교회협의회, 이형기 역.『WCC 역대총회 종합보고서』. 서울: 한국장로교출판사, 1993.
세계교회협의회 엮음, 이형기 옮김.『세계교회협의회 역대총회 종합보고서』. 서울: 한국장로교출판사, 2003.
신중섭.『포퍼와 현대의 과학철학』. 서울: 서광사, 1992.
양창석.『브란덴부르크 비망록-독일통일주역들의 증언』. 서울: 늘품플러스, 2011.
연규홍.『한국교회의 평화통일 운동 연표(1945~2000)』. 서울: 다산글방, 2006.
영등포산업선교회 40년사 기획위원회.『영등포산업선교회 40년사』. 서울 : 영등포산업선교회, 1998.
오경환.『종교사회학』. 서울: 서광사, 2010.

윤영관, 김수암 엮음.『북한인권개선 어떻게 할 것인가-평화적 개입 전략과 국제사례』. 서울: 한울, 2010.
이금순.『대북 인도적 지원 개선방안』. 서울: 통일연구원, 2000.
_____.『대북 인도적 지원의 영향력 분석』. 서울: 통일연구원, 2003.
_____.『대북지원민간단체의 남북교류협력 연구』. 서울: 통일연구원, 2004.
_____. 김수암.『개혁·개방과정에서 인권의제: 이론과 실제』. 서울: 통일연구원, 2006.
_____. 김수암.『북한인권 침해 구조 및 개선전략』. 서울: 통일연구원, 2009.
이덕주, 조이제.『한국 그리스도인들의 신앙고백』. 서울: 한들, 1997.
이만열 외.『민족통일을 준비하는 그리스도인』. 서울: 도서출판 두란노, 1995.
이만열.『한국기독교와 민족통일운동』. 서울: 한국기독교역사연구소, 2001.
이상훈 외.『한국개신교 주요교파연구(Ⅰ)』. 서울: 한국정신문화연구원, 1998.
이삼열.『平和의 哲學과 統一의 實踐』. 서울: 햇빛출판사, 1991.
_____.『한국사회발전과 기독교의 역할』. 서울: 한울, 2000.
이원규.『종교사회학의 이해』. 서울: 나남출판, 2010.
이원보.『한국노동운동사 5』. 서울: 지식마당, 2004.
이종무, 최철영, 박정란.『국제 NGO의 원조정책과 활동 연구』. 서울: 통일연구원, 2008.
이종석.『분단시대의 통일학』. 서울: 한울아카데미, 1998.
이형기.『WCC, Vatican Ⅱ, WARC해방신학 및 민중 신학이 지향하는 교회의 사회참여』. 서울: 성지출판사, 1990.
_____.『복음주의와 에큐메니칼운동의 세 흐름에 나타난 신학』. 서울: 한국장로교출판사, 1999.
_____.『복음주의와 에큐메니칼운동의 세 흐름에 나타난 신학』. 서울: 한국장로교출판사, 2003.

인병국.『조선족교회와 중국 선교』. 서울: 에스라서원, 1997.
임순희, 이금순, 김수암.『북한인권: 국제사회 동향과 북한의 대응』. 서울: 통일연구원, 2006.
임용석.『통일, 준비되었습니까?』. 서울: 진리와자유, 2011.
임희모.『한반도 평화와 통일선교』. 서울: 다산글방, 2003.
전택부.『한국에큐메니칼운동사』. 서울 : 한국기독교교회협의회, 1979.
전현준, 정영태, 최수영, 이기동.『김정일 정권 등장 이후 북한의 체제 유지 정책 고찰과 변화 전망』. 서울: 통일연구원, 2008.
전호진.『한국교회와 선교』. 서울: 정음출판사, 1983.
_____.『한국교회와 선교-제II집』. 서울: 도서출판엠마오, 1985.
정종훈.『정치 속에서 꽃피는 신앙』. 서울: 대한기독교서회, 2004.
_____.『민주주의를 꽃피우는 공공신학』. 서울: 한국장로교출판사, 2009.
조동호 편.『공진을 위한 남북경협전략-보수와 진보가 함께 고민하다』. 서울: 2010, EAI.
조승혁.『한국교회와 민중선교의 인식』. 서울: 정암사, 1986.
_____.『도시산업선교의 인식』. 서울 : 민중사, 1981.
_____. 편엮.『알린스키의 생애와 사상』. 서울 : 현대사상사, 1983.
조은식.『통일선교-화해와 통일의 길』. 서울: 미션아카데미, 2007.
조한범.『남남갈등 해소방안 연구』. 서울: 통일연구원, 2006.
조효제.『인권의 문법』. 서울: 후마니타스, 2007.
주도홍.『독일 통일에 기여한 독일 교회 이야기』. 서울: 기독교문서선교회, 1999.
주도홍.『통일, 그 이후-독일통일 15년의 교훈』. 서울: IVP, 2006.
채수일 외 19인.『희년신학과 통일희년운동』. 서울: 한국신학연구소, 1995.
최광.『내래, 죽어도 좋습네다』. 서울: 생명의말씀사, 2007.
최대석 외.『동북아 NGO교류·협력의 인프라 개선과 NGO네트워크의 활성화 방안』. 서울: 통일연구원, 2006.

최바울. 『백투예루살렘』. 서울: 펴내기, 2005.
최성철. 『국제사회와 북한의 인권』. 서울: 한양대통일정책연구소, 1996.
최의철. 『북한 인권과 유엔 인권레짐: 시민적·정치적 권리를 중심으로』. 서울: 통일연구원, 2002.
_____. 임순희. 『북한 인권실태에 관한 미국과 국제사회의 동향』. 서울: 통일연구원, 2003.
_____. 『인도주의 개입에 대한 국제사회의 동향』. 서울: 통일연구원, 2004.
_____. 『유럽연합의 대북 인권정책과 북한의 대응』. 서울: 통일연구원, 2005.
_____. 김수암. 『북한인권 관련 미 국무부 보고서 분석 및 정책 전망』. 서울: 통일연구원, 2005.
카르스텐 덤멜(Karsten Dummel), 멜라니 피펜슈나이더(Melanie Piepenschneider), 김영윤 역. 『슈타지: 그들의 정체는 무엇이었나?』. 서울: 통일연구원, 2010.
칼 뮬러, 김영동 외 옮김. 『현대선교신학』. 서울 : 한들, 1997.
테오 순더마이어, 채수일 역. 『선교신학의 유형과 과제』. 서울: 대한기독교서회, 1999.
통일부. 『통일백서』. 서울: 통일부, 2006~2013.
폴 히버트, 김영동, 안영권 옮김. 『인류학적 접근은 통한 선교현장의 문화이해』. 서울: 죠이선교회출판부, 1997.
한경직목사기념사업회. 『한경직목사 설교전집』12권. 서울 : 한경직목사기념사업회, 2009.
한국교회산업선교25주년기념대회 자료편찬위원회. 『노동현장과 증언』. 서울 : 풀빛, 1984.
한국기독교교회협의회. 『기독교연감 1990』. 서울: 한국기독교교회협의회, 1990.
_____. 『1980-2000 한국교회평화통일운동자료집』. 서울: 한국기독교교회협의회, 2000.

_____.『한국교회인권운동 30년사』. 서울: 한국기독교교회협의회, 2005.
한국기독교교회협의회 인권위원회.『1970년대 민주화운동Ⅰ』. 서울 : 한국기독교교회협의회 인권위원회, 1986.
_____.『1970年代 民主化運動 : 기독교인권운동을 중심으로』. 서울: 한국기독교교회협의회, 1987.
한국기독교교회협의회 통일문제연구원 운영위원회.『NCC통일문제협의회 자료집』. 서울: 한국기독교교회협의회, 1985.
한국기독교교회협의회 통일위원회 편.『남북교회의 만남과 평화통일 신학』. 서울: 민중사, 1988.
한국기독교역사연구소.『북한교회사』. 서울: 한국기독교역사연구소, 1996.
한국기독교역사학회편.『한국기독교의 역사 Ⅲ』. 서울: 한국기독교역사연구소, 2009.
한국기독교사회문제연구원.『1970년대 민주화운동과 기독교』. 서울 : 한국기독교사회문제연구원, 1982.
한국기독교장로회 역사편찬위원회.『한국기독교 100년사』. 서울: 한국기독교장로회 역사편찬위원회, 1992.
한국기독교장로회총회.『정의·평화·통일 자료집: 새 역사 희년 문집』. 서울: 한국기독교장로회출판사, 2003.
한국기독교장로회 총회교육원.『분단의 실상과 교회의 통일운동』. 서울: 대한예수교장로회 총회교육부, 1971.
한국기독교청년협의회 외.『한미관계의 재조명』. 서울 : 민주화운동기념사업회, 1986.
한국기독교총연합회 북한교회재건위원회 편.『북한교회재건백서』. 서울: 진리와자유, 1997.
한국선교신학회 편.『선교와 디아코니아-선교신학 5집』. 서울: 한들출판사, 2002.
_____.『선교와 교회성장-선교신학 7집』. 서울: 한들출판사, 2003.
한국선교정보연구센타(편).『한국선교 핸드북』. 서울: 한국해외선교회출판부, 1996.
한국선교신학회 편.『선교와 교회성장 2003 선교신학 7집』. 서울: 한들출판사, 2003.
한국신학연구소.『한국 개신교가 한국 근현대의 사회·문화적 변동에 끼친 영향 연구』. 서울: 한국신학연구소, 2005.
한국세계선교협의회 편.『한국교회선교의 비젼과 협력』. 서울: 도서출판횃불.
한국세계선교협의회 2012년 1월 9일 정기총회 자료집.
한국종교사회연구소.『한국종교연감』. 서울: 한국종교사회연구소, 1995.
한민족선교정책연구소.『한민족·선교·통일』. 서울: 한민족선교정책연구소, 2001.
_____.『한국교회북한선교정책』. 서울: 한민복선교정책연구소, 2002.
한스 큉, 데이비드 트라시 편, 박재순 역.『현대신학은 어디로 가고 있는가』. 서울: 한국신학연구소, 1989.
형상사 편집부.『교회도하나 나라도하나-평양엔 교회가 글리온에선 만남이』. 서울: 형상사, 1989.
홍동근.『비엔나에서 프랑크푸르트까지』. 서울: 형상사, 1994.

2) 논문

강문규. "민족 통일과 평화에 대한 교회의 입장."「기독교사상」1988년 4월호.
_____. "최근 10년간의 남북기독교 통일운동과 교류."『기독교대연감』. 서울: 기독교문사, 1992.
강인철. "현대 북한종교사의 재인식." 김홍수 엮음.『해방후 북한교회사』. 서울: 다산글방, 1992.
고왕인. "통일희년을 향한 한국교회의 프로그램 및 교회의 실제적용." 도서출판 두란노.「목회와 신학」1993년 1월호.

고재길. "독일 통일 과정에서의 교회의 역할." 제22회 한반도평화포럼 자료집.「사회주의 체제전환기 교회의 역할」
구갑우. "탈냉전·민주화시대의 대북정책과 남북관계-평화연구의 시각."「역사비평」통권 81호 2007년 겨울호.
권오성. "독일 통일과 교회의 역할 II." 대한기독교서회.「기독교사상」 제39집 제9호.
권진관. "1970년대의 산업선교 활동과 특징." 한국기독교역사연구소. 「한국기독교와 역사」.제22권 2005년.
김근식. "대북 퍼주기 논란과 남남갈등." 평화문제연구소.「통일문제연구」.제14권 1호 2002년 5월.
김기련. "독일통일에 있어서 교회의 역할."「역사신학논총」제3집.
김동선. "한국교회 개신교단 및 기관의 북한선교 정책 비교." 한민족선교정책연구소.『한국교회북한선교정책』. 서울: 한민족선교정책연구소, 2002.
김영주. "통일염원으로 인간사슬 엮기."「통일한국」통권 제127호 1994년 7월.
김수암. "국제사회의 인권논의에 대한 북한의 인식과 대응." 통일연구원,「통일정책연구」제10권 제2호 2001년.
김상학. "북한선교를 어떻게 할 것인가?." 대한예수교장로회총회 남북한선교협력위원회 편,「북한선교」제7호 1995년 9월.
김병로. "종교단체의 대북 인도적 지원과 역할." 명지대학교 북한연구소,「북한연구」제6권 2003년.
_____. "남남갈등 해소를 위한 정부의 대북정책 방향." 통일연구원, 「통일정책연구」제12권 2호 2003년.
_____. "기독교 대북 NGO의 분화와 지형분석." 기독교통일학회. 『통일 NGO 기독교』. 서울: 기독교통일학회, 2008.
_____. "기독교 관점에서 보는 남한과 북한의 화해와 협력: 사회적 측면." 기독교통일학회.「기독교와 통일」제5권 2011년.
_____. "북한 종교인가족의 존재 양식에 관한 고찰." 통일연구원, 「통일정책연구」제20권 1호 2011년.

김은수. "Mission Dei의 기원과 이해에 대한 비판적 고찰." 「신학사상」 제94권 1996년 가을 호.
_____. "한국교회 해외선교정책." 한국기독교역사연구소. 「한국기독교와 역사」 제28호 2008년 3월.
_____. "독일 통일과 교회의 역할." 『인문과학연구』.
김영한. "개혁주의 평화통일 신학." 도서출판 두란노. 「목회와 신학」 1993년 1월.
김재성. "도시산업선교가 노동운동에 미친 영향." 한국신학연구소. 『한국개신교가 한국 근현대의 사회, 문화적 변동에 끼친 영향 연구』. 서울 : 한국신학연구소, 2005.
김정수. "인도적 대북지원과 북한체제의 존속력에 미친 영향." 통일연구원. 『통일정책연구』 제19권 제1호, 2010.
김형석. "한민족복지재단의 대북지원과 북한선교." 한국기독교통일포럼. 『통일한국포럼』. 서울: 도서출판 바울, 2006.
김흥수. "해방 이후 북한지역의 기독교." 김흥수 엮음. 『해방후 북한교회사』. 서울: 다산글방, 1992.
_____. 류강인규. "1920년대 반기독교운동을 통해 본 기독교." 한국기독교역사연구소. 「한국기독교사연구」 9호 1986년.
_____. "한국민주화기독자동지회의 결성과 활동." 한국기독교역사연구소. 「한국기독교와 역사」 제27권 2007년.
노정선. "남북선교협력과 KNCC의 전략-과거, 현재, 미래." 한국기독교통일포럼. 『통일한국포럼』. 서울: 도서출판 바울, 2006.
라이너 에케르트. "저항운동, 반대세력, 독재정치: 독일의 두 번째 독재정권(1945-1989/90)하의 교회." 연세대학교 통일연구원. 「통일연구」 제7권 제2호 2003년.
문익환. "민주회복과 민족통일." 『씨을의 소리』, 1978년 3월호. 『문익환전집 3권』. 서울: 사계절, 1999.
박명림. "한국의 북한 인권문제에 대한 접근-반성과 대안 모색." 윤영관, 김수암 엮 『북한인권 개선 어떻게 할 것인가』. 서울: 한울, 2010.

박성준. "1980년대 한국기독교 통일운동에 대한 고찰." 『神學思想』 71집 1990년 겨울.

박순성. "대북관의 세 가지 쟁점: 정통성, 변혁론, 통일론." 동국대학교 북한학연구소. 「북한학연구」 창간호 2005년.

박종철. "대북포용정책과 상생공영정책의 비교: 도전과 전략적 선택." 『이명박정부 대북정책 비전 및 추진방향』. 서울: 통일연구원, 2008.

박종화 외. "분단역사 패러다임에서 평화공존 생활양식 패러다임으로의 전환." 『신학사상 140집』 2008년 봄.

박종화. "평화통일신학의 쟁점과 전망." 「목회와 신학」 1993년 1월호. 도서출판 두란노.

배성인. "북한인권 문제와 국제사회: 압력과 대응 그리고 과제." 북한연구학회. 『北韓研究學會報』 제8권 1호 2004년.

백종구. "한국 개신교의 성장과 평가." 한국선교신학회 편. 『선교와 교회성장 2003 선교신학 7집』. 서울: 한들출판사, 2003.

서보혁, 박홍서. "통일과 평화의 우선순위에 대한 사례연구." 동국대학교 북한학연구소. 「북한학연구」 제7권 2호 2011년.

_____. "국제 평화권 논의와 북한인권." 북한인권연구센터. 『북한인권 이해의 새로운 지평』. 서울: 통일연구원, 2012.

서창록. "북한 인권문제와 동아시아 인권 거버넌스: 국제 레짐이론을 중심으로." 평화문제연구소, 「통일문제연구」 제17권 제2호 2005년.

손호철. "남남갈등의 기원과 전개과정." 경남대학교 극동문제연구소. 『남남갈등 진단 및 해소방안』. 서울: 경남대학교 극동문제연구소, 2004.

슈테판 비카르트. "베를린 장벽 붕괴 직전의 반정부세력들과 교회의 통합에 관한 관점." 연세대학교 통일연구원, 「통일연구」 제7권 제2호(2003).

안득기. "대북지원 NGO의 기능과 역할에 관한 연구." 북한연구학회, 「북한연구학회보」 제12권 2호 2008년.

안병무. "민중에 의한 전승." 『안병무전집 2-민중 신학을 말한다』. 서울 : 한길사, 1993.
양문수. "북한에 대한 인도적 지원의 경제·사회적 효과." 한국사회과학연구소. 「동향과 전망」 통권 70호 2007년 여름호 .
우승지. "북한 인권문제 연구의 쟁점과 과제." 「국제정치논총」 제46집 3호 2006년.
윤여상. "신정부 대북인권정책과 인도주의적 지원." 한국개발연구원. 「북한경제리뷰」 2008년 3월.
이관우. "대북NGO의 인도적 지원활동과 선교적 과제-C.C.C. 북한 젖염소보내기운동을 중심으로." 기독교통일학회. 「기독교와 통일」 제2집 2008년.
이기범. "인도적 지원, 교류협력을 통한 남북관계의 발전적 전망." 우리민족서로돕기운동본부 평화나눔센터. 「평화나눔센터 자료집」 2004년.
이규영. "유럽연합의 대북한인권정책." 한독사회과학회, 「한·독사회과학논총」 제13권 2호 2003년.
이대근. "경제성장과 구조적 불균형." 한국사회과학연구협의회 편. 『한국사회의 변화와 문제』. 서울 : 법문사, 1986.
이동윤, 백종윤. "인권문제에 대한 북한의 인식과 정책적 대응: 외부압력에 대한 내부변화의 한계." 21세기정치학회. 『21세기정치학회보』 제18권 1호 2008년.
이범성. "독일교회의 민족통일운동에 대한 역사 신학적 고찰." 장로회신학대학교 세계선교연구원. 「선교와 신학」 제15집 2005년.
이수영. "새문안교회 이수영목사, 화제의 설교 전문." 「월간조선」 2003년 4월호.
이양호. "칼빈의 경제사상." 연세대학교 신과대학, 「신학논단」 제20권 1992년.
_____. "마르틴 루터의 경제사상." 연세대학교 신과대학, 「신학논단」 제21권 1993년.
이원웅. "북한인권 문제의 현안과 정책적 대응방안." 관동대사회과학연구소,「사회과학논총」제3집 2002년.
_____. "북한의 인권위기: 국제사회의 동향과 정책적 제언." 평화문제연구소,「통일문제연구」제15권 2호 2003년.
_____. "국제사회의 인권압력에 대한 북한의 인식과 대응." 한국국제정치학회,「국제정치논총」제47집 1호 2007년.
이유진. "북한과 국제사회의 상호의존도를 중심으로 살펴본 북한인권 개선 연구." 한국국제정치학회,「국제정치논총」제50집 1호 2010년.
이유나. "88선언 전후시기 KNCC의 통일운동과 제 세력의 통일운동 전개."「한국기독교역사연구소 소식」제89호 2010년.
이종무. "대북 인도적 지원과 개발지원에 대한 갈등 인지적(conflict-sensitive) 접근." 이화여자대학교 통일학연구원.「21세기 한반도 평화의 근원적 모색」. 통일학연구원 춘계학술회의 자료집. 2007년.
이진모. "냉전시대 동·서독 교회의 갈등과 협력." 한남대학교 기독교문화연구원.「기독교문화연구」제13권 2008년.
임송자. "전태일 분신과 1970년대 노동·학생운동." 한국민족운동사학회.「한국민족운동사연구」제65권 2010년.
임을출. "2000~10년 한국의 인도적 대북지원의 현황과 평가." 2011년.
임태수. "성경을 통해 본 통일의 당위성."「목회와 신학」1993년 1월호. 도서출판 두란노.
임희모. "북한교회재건론의 문제." 평화와 통일신학연구소 편.『평화와 통일신학』(2002).
전호진. "포용론적 입장에서 본 북한선교의 대책."「목회와 신학」1993년 1월호. 도서출판 두란노,
정병기. "독일 통일 과정에서 나타난 정치·사회단체들의 대응: 개혁과 통일의 갈등."『통일정책연구』. 서울: 통일연구원, 2003.
정승현. "하나님의 선교, 세상, 그리고 샬롬-요하네스 후켄다이크의 선교신학." 장로회신학대학교 세계선교연구원,「선교와 신

학」제24권 2009년 8월.
정영섭. "통일선교를 위한 한국교회 대북지원의 효율성 모색." 한국기독교학회 선교신학회, 「선교신학」제26권 2011년.
정영철. "남북관계 발전을 위한 NGO의 역할 : 평가와 과제." 통일연구원. 『남북한 교류·협력과정에서 NGO의 역할: 평가와 전망』. 서울: 통일연구원, 2004.
_____. "남남갈등의 변화양상: 갈등의 전개양상과 특징을 중심으로." 제주평화연구원. 「대북정책에 대한 소통증진 방안 연구」. 제주평화연구원 연구사업보고서 09-04.
정진호. "회복-통일-부흥의 꿈, 평양과기대." 「기독교사상」 2005년 9월. 대한기독교서회.
정현백. "남북화해와 NGO의 통일운동." 통일연구원. 『남북한 교류·협력과정에서 NGO의 역할: 평가와 전망』. 서울: 통일연구원, 2004.
제성호. "북한인권 개선을 위한 국제협력방안." 국제인권법학회, 「국제인권법」제2권 1998년.
_____. "한국판 '북한인권법'의 필요성과 제정 방향". 「법학논문집」제31권 2호. 2007년.
조명숙. "새터민 청소년 대안학교의 현황과 북한선교". 한국기독교 통일포럼. 『통일한국포럼』. 서울: 도서출판 바울, 2006.
조승혁. "근로자와 교회". 대한기독교서회. 「기독교사상」 통권 제136호. 1969년 9월.
조용술. "1980년대 인권선교 방향." 『한국교회 인권선교 20년사』. 서울: 한국기독교교회협의회, 2005.
조은식. "남한 교회의 통일운동 연구 : 해방 이후부터 문민정부까지." 장로회신학대학교 세계선교연구원. 「선교와 신학」제15권 2005년.
주독한국대사관. "동·서독 교회의 분단극복 노력." 「통일한국」통권 제123호 1994년 3월호.
최대석. "인도적 대북지원에 있어서 국내 NGO들의 역할과 과제".

『남북한 교류·협력과정에서 NGO의 역할: 평가와 전망』. 서울: 통일연구원, 2004.

최용섭. "한국의 정당과 사회 제집단의 북한·통일관-남남갈등을 중심으로." 「한국동북아논총」제20집 2001년. 한국동북아학회.

최의철. "국제사회의 대북 인권압력증대와 대북인권정책추진 방향". 「평화연구」제30집 2005년. 경북대학교 평화문제연구소.

허만호. "'나선형 5단계론'으로 본 북한의 인권정책 : 헬싱키 프로세스의 적용". 「북방연구」제51권 제1호 2008년. 국방대학교 안보문제연구소.

허문영. "한반도의 대내외적 변화와 통일 전망". 「목회와 신학」1993년 1월호. 도서출판 두란노.

홍근수. "남·북한 교회의 선교적 공동과제". 한국기독교장로회총회교육원.『분단의 실상과 교회의 통일운동』. 서울: 한국기독교장로회총회교육원, 1991.

3) 학위논문

곽연실. "북한이탈주민의 정착과정에서 종교의 역할 연구: 교회지원프로그램을 중심으로." 북한대학원대학교 석사학위논문, 2008년.

구윤회. "남한 개신교계의 통일운동에 관한 연구: 대북지원사업을 중심으로." 서울신학대학교 대학원 M.Div.학위논문, 2006년.

김규호. "한국기독교개발NGO와 한국기독교선교와의 관계개선에 관한 소고-비판적 시각에서 본 한국기독교의 선교활동." 경희대학교 NGO대학원 석사학위논문, 2003년.

김수정. "한국 기독교계의 대북지원에 관한 연구." 이화여자대학교 석사학위논문, 2008년.

김영식. "북한이탈주민을 위한 개신교의 지원프로그램 연구." 경남대학교 북한대학원 석사학위논문, 2009년.

김지현. "남북통일을 위한 감리교회의 북한선교 현황연구." 감리교신학대 신학대학원 석사학위논문, 2000년.
백덕현. "교회와 기독교NGO의 협력을 통한 북한선교 방안 연구." 협성대학교 신학대학원 석사학위논문, 2012년.
이병도. "콘비벤츠를 통한 북한선교의 이해." 감리교신학대 대학원 석사학위논문, 2010년.
임완철. "1990년대 이후 한국기독교 '통일운동'의 문화적 기원 연구 - '평화와 통일을 위한 남북나눔운동' 사례를 중심으로." 전북대학교 석사학위논문, 2005년.
전민경. "한국 기독교 NGO의 발달과정과 오재식의 생애사적 실천에 대한 연구." 성공회대학교 NGO대학원 석사학위논문, 2010년.
진윤해. "NGO를 통한 북한선교 방안 연구." 장로회신학대학교 세계선교대학원 석사학위논문, 2010년.
최장수. "남북한 분단 상황에서의 북한선교전략에 관한 연구." 장로회신학대학교 신학대학원 석사학위논문, 2007년.
김동진. "한반도 평화구축과 기독교 에큐메니칼운동연구, 1945-1992." 북한대학원대학교 박사학위논문, 2010년.
강명옥. "북한 인권과 국제사회: 개선전략과 비교분석." 연세대학교 대학원 박사학위논문, 2006년.
이영훈. "북한의 경제성장 및 축적체제에 관한 연구(1956-64년) : Kaleckian CGE 모델분석." 고려대학교 경제학과 박사학위논문, 2000년.
허성업. "북한선교역사와 현황이해를 통한 효과적인 선교정책의 원리와 방향에 관한 연구." 서울신학대학 박사학위논문, 2005년.
황재옥. "북한의 인권인식과 대응유형 연구." 이화여자대학교 박사학위논문 2011년.

4) 자료집 및 성명서

국토통일원. "남북대화시대의 종교계 통일운동 방향." 서울: 국통통일원조사연구실, 1989.
김성원. "대안학교에서 북한이탈 학생 지도의 시행착오와 극복방안, 교육과학기술부, 서울특별시교육청, 「북한이탈학생교육 민간단체 성과보고회 자료집」. 2009년 2월 16일 백범기념관 대회의실.
한국기독교탈북민정착지원협의회 자료집. 「북한동포를 그리스도께로!」.
한국기독교교회협의회 통일정책위원회 자료집, 「KNCC2007 평화통일정책협의회」.
대한예수교장로회(통합) 남북한선교통일위원회·한민족선교정책연구소 자료집 「제2차 북한선교정책 공동세미나」.
미국교회협의회. "한반도의 평화와 통일-미국교회협의회 총회가 채택한 정책성명." 1986년 11월 6일.
미국장로교회총회. "한반도의 화해와 통일에 관한 결의문." 1986년 12월 198차 총회. 세계교회협의회. "한반도의 평화와 통일(세계교회협의회 성명서-정책성명)." 1989년 7월 27일 모스크바 대회.
_____. "한반도 평화통일을 위한 글리온 제3차 협의회 합의서." 1990년 12월 4일.
일본기독교협의회. "성명-방문을 마치고." 1987년 5월 13일.
조선기독교도련맹. "세계교회 리사회 앞." 1974년 2월 3일.
_____. "방문 보류를 결정하며." 1992년 2월 14일.
조국통일을 위한 북과 해외동포 기독자간의 대화 참가자 일동. "비엔나 선언 제1차 조국통일을 위한 북과 해외동포 기독자간의 대화." 1981년 11월 5일.
_____. "제2차 조국통일을 위한 북과 해외동포기독신자간의 대화." 1982년 12월 3일 헬싱키 선언.
한국기독교교회협의회. "통일문제협의회 개최 방해에 관한 성명서."

   1983년 6월 16일 NCCK 실행위원회.

_____. "한국교회 평화통일선언-제34차 총회 선언문." 1985년 2월 28일.

_____. "민족의 통일과 평화에 대한 한국기독교회 선언." 1988년 2월 29일.

_____. "조선기독교대표단 방문 보류에 대한 성명서." 1992년 2월 18일.

한국기독교총연합회. "한국교회의 통일정책 선언문." 1996년 12월 17일.

한국복음주의협의회. "KNCC의 통일론에 대한 복음주의 입장." 1988년 3월 30일.

한독교회협의회. "제4차 한독교회협의회 공동선언." 1981년 6월 8-10일.

_____. "제5차 한독교회협의회 공동성명." 1984년 4월 7일.

한(조선)반도 평화통일을 위한 협의회 참가자 일동. "한반도의 평화와 통일을 위한 글리온 선언-글리온 2차 회의." 1988년 11월 23-25일.

한북미교회협의회. "제3차 한·북미교회협의회 공동성명." 1984년 3월 21-24일.

_____. "제4차 한·북미교회협의회 메시지." 1986년 9월 29일.

3. 외국문헌

1) 영문단행본

J. Kornai, *The Socialist System*(New Jersey, Princeton University Press, 1992).

Max Weber, *Protestant Ethic and the Spirit of Capitalism*, trans Talcott Parsons(London: George Allen & Unwin, 1978).

K. R. Popper, *Conjectures and Refutation: The Growth of Scientific*

Knowledge(London: RKP, 1963).

2) 영문논문 및 자료

Fiona Devine, "Qualitative Methods," in David Marsh & Gerry Stoker ed. *Theory and Methods in Political Science*(New York: Palgrave Macmillan, 2002).

World Missionary Conference, 1910: The History And Records Of The Conference(New York: Fleming H. Revell Company, WMC, 1910).

Lausanne Committee for World Evangelization, *The Willowbank Report-Gospel and Culture, Consultation held at Willowbank*, Somerset Bridge, Bermuda from 6th to 13th January 1978. www.lausanne.org 검색일 2012년 9월 18일.

Sixty-seventh session, Third Committee, Agenda item 69 (c) Promotion and protection of human rights: human rights situations and reports of special rapporteurs and representatives daccess-dds-ny.un.org 검색일 2012년 12월 3일.

http://www2.wheaton.edu/bgc/archives/docs/wd66/b05.html Billy Graham Center Archive 검색일 2013년 3월 10일.

4. 전자자료

웹사이트
한국기독교교회협의회 www.ncck.or.kr
한국기독교총연합회 www.cck.or.kr
한국세계선교협의회 www.kwma.org
대한예수교장로회 통합 www.pckm.or.kr
대한예수교장로회총회 www.kukje.cc

한국기독교장로회 총회 www.prok.org
기독교대한감리회 www.kmcweb.or.kr
평양과학기술대학 www.pust.or.kr
연변과학기술대학 www.yust.edu
동북아교육문화협력재단 www.nafec.or.kr
남북나눔운동 www.sharing.net
유진벨재단 www.eugenebell.org
한민족복지재단 www.hankorea.or.kr
월드비전 www.worldvision.or.kr
국제옥수수재단 www.icf.or.kr
C.C.C. 젖염소보내기운동 www.goat4north.net
기독교사회책임 www.kcsr.kr
열방빛선교회 www.nkmission.org
두리하나선교회 www.durihana.com
북한정의연대 www.justice4nk.org
여명학교 www.ymschool.org
한꿈학교 www.greatvision.or.kr
하늘꿈학교 www.hdschool.org
한국탈북민정착지원협의회(한정협) hjh.or.kr
자유시민대학 www.freecitizen.kr
함께하는재단 탈북민취업지원센터 www.togethergoodwill.org
열매나눔재단 www.merryyear.org
유엔 www.un.org

부록

부록 1 한국교회 북한인권운동 연표

90	91	92	93	94	95
북방정책(88) 남북유엔동시가입(91) 한중수교(92) 김일성사망(94) 창구일원화(95) 한소수교(90) 남북기본합의서(91) ₩북한 정부지원요청(95) 남북교류협력에 관한법률(90) 국내 쌀 15만 톤 지원(95)					
● NCCK 희년 통일운동			● NCCK 인간 띠잇기대회 (93.8)	● 인간띠잇기 확대대회 (94.8)	
	● 국제기아대책기구, 기감 7천교회 2백만 신도운동본부, 전국기독교직장선교연합회 등 사랑의쌀보내기 캠페인.			● 남북나눔운동출범(93.4)	● 한기총, 기감, 남북나눔, 선명회(국제선명회)(95.6) ● 한국복음주의협의회(미국 유진벨)북한지원추진(95.8)
● 한기총 사랑의쌀보내기운동(90.3)			● 한기총 북한선교관계기관 대표자 초청 북한교회재건협의를 위한 간담회(93.8)	● 한기총-북한동포돕기 하루 금식 운동 (94.3)	● 제1차 북한교회재건 워크샵-자료집발간 (95.7.14-9.15) ● 제1회 북한교회재건대회
					● (95.12.12)

96	97	98	99
남북적십자사이의구호물자전달절차에관한합의서(97.5.26) 대북지원활성화조치(98.3) 한적통한개별단체지원허용(98.9) 창구다원화(99.2) 민간단체 남북협력기금 지원조치(99.10)			
● NCCK 북한수재민돕기 연석회의(96.1.15) ● 동북아평화와연대를 위한 국제기독교협의회에서 강영섭목사 요청(96.1.29 마카오) ● 최근 북한식량사정에 대한 우리의 입장(96.7.18) ● 기장 평화통일추진협의회 북한동포를 돕기 위한 한국교회의 결의(96.8.12)	● 한국기독교북한동포후원연합회결성(97.2.5) ● 6대종단+우리민족+경실련: 북한동포돕기 옥수수 1만톤보내기 범국민캠페인(97.3.27) ● NCCK 북한동포돕기 사랑의쌀 및 의약품 보내기운동(97.5.15-6.15) ● NCCCK현지식량난조사단 조중국경파견(97.8.26-30)	● 국제금식의날 한국위원회 활동(98.4.25)세계 36개국 107도시	
● 예장통합 북한선교주일헌금(96.7.25)/감리교 북한수재복구지원대책을 위한 모임(96.8.8)	● 예장통합 밀가루 110톤+4천만원 한기총 북한동포돕기위원회 전달 ● 헝가리 개혁교회세계연맹 남북교회대표 만남-나진선봉지역 기독교복지센터건립논의(97.8.6-10) ● 두레마을 연길 농장(97)	● 굿네이버스 젓소와 축산지원 ● 월드비전 협동농장, 채소생산/국제옥수수재단	● 남북나눔 농기구지원/ 개신교 배경 NGO 방북증가
● 한기총 북한교회재건운동(96.3.11)	● 한기총 탈북동포 돕기개회집회(97.1.14)/ ● 한기총 북한동포돕기 제1차 식량지원예배(97.8.27) ● 한기총 북한동포겨울나기사랑의선물보내기(의료품)(97.9.13)	● 나진선봉지역 기독교 사회복지센터건립계획발표(98.1.14)	● 한기총 탈북난민보호 UN청원추진운동발대식(99.4.16) ● 한기총 소속교회120곳, 60명의 탈북민들과 결연(99.7.23)

2000	2001	2002/2003
남북정상회담(00.6.15) 부시 악의축발언(02.1) 유엔인권결의안(04.) 북미사일발사(06.7) 미국북한인권법(04.) 조문파동, 탈북민대규모 입국사건(04.7-8) 북핵무기보유선언(05.2) 북 6자회담복귀선언(05.7)		
● NCCK 평화와통일정책협의회(00.6.27-29) ● 일본 후쿠오카 국내 6대종단+조그련 조국의 평화통일과 선교에 관한 남북기독자회의. 강영섭 위원장 대북지원공식요청=)본격적인 대북지원전환	● 한국개신교 지원제동/NCCK 평양방문(01.12.8-11)	● NCCK와 한기총 남한교계대북지원요청공문 접수 ● NCCK와 한기총 공동성명 평화정착기도호소문(02.1.6)
		● 예장통합 남북한선교통일위원회 북한방문(02.2.22)
● 한기총 평화통일을 위한 특별기도회(00.6.23) ● 한기총 사랑의쌀나누기운동본부 밀가루 20톤지원(00.8.22)		● 한기총 북핵사태와 시국상황에 관련하여(02.1.4) ● 2002년도 한기총 통일선교정책 발표(02.4.1) ● 예안교회 북한동포돕기 선교헌금 전달식(02.5.31) ● 신의주특구 북한교회 재건추진(02.10.4) ● 한기총 북한동포동내의보내기 참여호소(02.11.22-12.11) ● 한기총 북한동포돕기선교본부 2003북한(탈북)동포 동내의 보내기 모금운동(03.11.1-04.1.31)
● 한기총 탈북난민보호UN 청원서 서명 5백만(00.4.28)	● 한기총 탈북난미보호 청원서 1천만명 서명UN 대표단파견(01.5.15)	● NK친구들 창단식(02.12.30) ● 중국 용정시 공안국 탈북민 색출사건(03.4.21) ● 노베르트 플레첸, 더글러스 신 북한인권 폭로(03.7.1) ● 탈북난민보호운동본부 (CNKR www.CNKR.org)탈북민 강제송환 저지를 위한 2008년 베이징 올림픽 참관 보이콧WOL(World Opinion Leader) 서명운동발대식(03.8.18) ● CNKR 강제송환 중지 촉구대회(03.12.8)

2004	2005/2006	2006/2007
북핵실험(06.10) 북한 지하종교조직 남북정상회담(07.10.3) 선교활동강화 제동(01.4)		
	● 대북지원 재개(05.6) ● 북한사회개발을 위한 에큐메니칼 국제 컨소시엄 구성(06.12.7)	● 한반도 평화·통일·개발협력을 위한 에큐메니칼포럼출범(07.8.2) ● 기장 탁아소
● 용천역폭발: 한기총 남북교회협력위원회 단동에서 현지지원(04.4.27) ● NCCK, 예장통합, 기장총회, 한국기독교사회봉사회, 한국침례회, 예장개혁 등 용천긴급구호활동	● 서부연회 사업중단(06.10.11)/굿네이버스 대동강제약공장준공식/한민족복지재단 평양의대 인공수술실 설치(06.11.11)	● 한기총, NCCK, 국민일보, CBS, CTS, 극동방송 공동 북한수재민돕기 운동(07.8.17) ● 예장통합 봉수교회, 기감 칠골교회/월드비전, 굿네이버스, 기아대책, 구세군본영 남포병원물자지원 및 나무심기
	● 한기총 잠정중단주장	● 1907 평양대부흥 100주년 기념 평화통일기도회(07.1.12) ● 한기총 대표회장 조그련 위원장과 첫 공식만남(07.6.7) ● 한국교회 대북수해지원 1차방북단(07.10.11)
● 김동식 목사 납북사건 진상규명과 송환을 촉구하며(04.12.28)	● 한기총 인권위원회(서경석목사) 신설/성명서 "제61차 유엔 인권위원회의 대북 인권결의안에 대한 한국정부의 기권을 잘못되었다" 발표(05.4.15) ● 한반도의 핵위기에 관한 한국교회 성명(05.6.8) ● 북핵반대·북한인권 위한 국민화합대회(05.6.25) ● 북한인권청년포럼(05.11.25) ● 북한동포의 인권과 자유를 위한 촛불기도회(05.12.10) ● 북한인권과 종교자유를 위한 국제기독인대회(05.12.12)	● 한기총 '탈북난민보호운동본부' 폐지(06.1.25) ● 북한동포선교와 인권을 위해 기도하며행하는 교회들(CPANK)창립(06.2.16) ● 북한자유를 위한 한국교회연합(KCC)창립(06.3.7) ● 북한동족과 탈북자들을 위한 서울통곡기도대회(06.2.28)

2008	2009	2010
금강산 관광객 피살사건(08.) 천안함 사건(10.3.26) 북한 2차 핵실험(09.5.25) 연평도 포격(10.11.18)		
● 88선언 20주년 기념 정책협의회(08.3.3)	● 밀가루 36톤, 분유 2톤 지원(09.9.27) ● 한국교회 북한어린이 돕기 물품 밀가루 56톤, 전지분유 1톤지원(09.11.6)	● 한반도 평화통일을 향한 한국교회 선언 발표(10.4.22) ● NCCK밀가루 76톤 지원(10.5.5) ● 현시국에 대한 우려성명(10.5.28) ● NCCK 화해와통일위원회, 예장통합 사회봉사부, 기감 서부연회, 기장총회 평화통일위원회 한반도에큐메니칼포럼(10.8.5) ● 신의주를 비롯한 북한의 홍수 피해주민에게 남한 재고 쌀의 인도적 지원을 촉구합니다(10.8.27)
● 대북지원 NGO-남북나눔운동, 유진벨, 굿네이버스, 월드비전, 국제기아대책 등 사업 지속	● 대북지원 NGO-남북나눔운동, 유진벨, 굿네이버스, 월드비전, 국제기아대책 등 사업 지속	대북지원 NGO-남북나눔운동, 유진벨, 굿네이버스, 월드비전, 국제기아대책 등 사업 지속
	● 성명서 "북한의 2차 핵실험 강행을 규탄한다"발표(09.) ● G20 정상회의 기념 북한인권 기도 대성회(09.11.3-4)	● 북한인권문제에 대한 시민단체 보고서(10.2.19) ● 기독교사회책임-친북좌파 막기위한 기독교인 조직화를 위한 새출발 선언(10.7.5) ● 북한인권법 제정을 위한 국민운동본부 출범(10.9.10) 북한인권기도대성회(10.11.5) ● 성명서 "북한의 연평도 무차별 포격 도발을 강력히 규탄한다"발표(10.11.25)

2011	2012
"비핵개방3000" 혹은 "상생공영정책"	
● 애덕기금회를 통해 밀가루 172톤 지원(11.5.18) ● 남북그리스도인 평화통일공동기도회(11.11.3) ● 밀가루 180톤 지원(11.11.11)	● 밀가루 153톤 지원(12.3.15) ● 애덕기금회 통해 밀가루 154톤 지원(12.9.21) ● 예장통합 남북한선교통일위, 남선교회전국연합회 주최-북한선교 어떻게 할 것인가(12.11.6)
● 대북지원 NGO-남북나눔운동, 유진벨, 굿네이버스, 월드비전, 국제기아대책 등 사업 지속	● 대북지원 NGO-남북나눔운동, 유진벨, 굿네이버스, 월드비전, 국제기아대책 등 사업 지속
● 김정일 국방위원장 사망 관련 논평/북한인권법제정촉구 성명(11.3.11)	● 북한동포 생명, 자유, 인권을 위한 국민대회(12.4.29) ● 강호빈 목사 옌변서 의문의 교통사(12.5.30) ● 탈북난민과 북한구원을 위한 한국교회연합(탈북교연)출범(12.6.26) ● 전재귀 목사 중국 공안당국에 체포(12.8.13)

부록 2 북한인권 행위자 분석 관련 선행연구

구분	성명과 연구제목(출판연도)
북한인권에 대한 국제사회의 대응	최성철, 국제사회와 북한의 인권(1996) 제성호, 북한인권 개선을 위한 국제협력방안(1997) 김병로, 북한인권문제와 국제협력(1997) 최의철, 북한 인권과 유엔 인권레짐: 시민적·정치적 권리를 중심으로(2002) 이원웅, 북한인권 문제의 국제적 쟁점과 정책과제(2002) _____. 북한인권 개선을 위한 접근 방법과 전략구도(2002) _____. 북한의 인권 위기: 국제사회의 동향과 정책적 제언(2003) 최의철, 임순희, 북한 인권실태에 관한 미국과 국제사회의 동향(2003) 이규영, 유럽연합의 대북한인권정책(2003) 이인호, 국제사회의 북한인권 문제 제기 동향과 대책(2003) 김경숙, 미국의 대북 인권 정책과 북한 체제 변화 전망(2003) 최의철, 인도주의 개입에 대한 국제사회의 동향(2004) 배성인, 북한인권 문제와 국제사회: 압력과 대응 그리고 과제(2004) 김수암, 미국의 대북인권정책 연구(2004) _____. 미 의회 '북한인권법': 의미와 전망(2004) _____. 북한인권 관련 미 국무부 보고서 분석 및 정책 전망(2005) _____. 유엔인권레짐과 북한인권 : '전략'과 '관계'를 중심으로(2008) 국가인권위원회, 북한 인권에 관한 국제사회의 동향자료(2005) 최의철, 유럽연합의 대북 인권정책과 북한의 대응(2005) 서보혁, 북한인권문제에 대한 국제사회와 한국의 이중주(2003) _____. 행위자간 협력을 중심으로 본 미국의 북한인권 정책(2005) _____. 국내외 북한인권 동향 평가와 인권개선로드맵(2006) 서창록, 북한인권문제의 다자간 합의: 헬싱키 프로세스의 적실성(2006) 강명옥, 북한 인권과 국제사회: 개선전략과 비교분석(2006, 박사) 허만호, '나선형 5단계론'으로 본 북한의 인권정책 : 헬싱키 프로세스의 적용(2008) 이종무 외, 국제 NGO의 원조정책과 활동 연구(2008) 박형중 외, 국제사회의 개발지원 이론과 실제: 북한개발 지원을 위한 모색(총괄보고서)(2008) 이유진, 북한과 국제사회의 상호의존도를 중심으로 살펴본 북한인권 개선연구(2010)
북한인권에 대한 북한 당국의 대응	김수암, 국제사회의 인권논의에 대한 북한의 인식과 대응(2001) _____. 국제사회의 북한인권 공론화와 북한의 대응전략(2005) _____. 민주주의와 인권에 대한 북한의 인식과 대응(2007) _____. 국제사회의 인권개입과 북한의 인권정책결정 요소 분석(2011) 국가인권위원회, 북한의 국제인권협약 이행자료집(2005) 임순희, 이금순, 김수암, 북한인권: 국제사회 동향과 북한의 대응(2006) 최의철, 유럽연합(EU)의 대북 인권정책과 북한의 대응(2005) _____. 국제사회의 대북 인권압력과 북한대응(2006) 이원웅, 국제사회의 인권압력에 대한 북한의 인식과 대응(2007) 이동윤, 백종윤, 인권문제에 대한 북한의 인식과 정책적 대응: 외부압력에 대한 내부변화의 한계(2008) 황재옥, 북한의 인권인식과 대응유형 연구(2011)

남한정부 대북인권정책 및 NGO의 대북인활동	김병로, 종교단체의 대북 인도적 지원과 역할(2003) 이금순, 대북 인도적 지원 개선방안(2000) _____. 대북 인도적 지원의 영향력 분석(2003) _____. 대북지원민간단체의 남북교류협력 연구(2004) 최대석, 인도적 대북지원에 있어서 국내 NGO들의 역할과 과제(2004) _____ 외, 동북아 지역내 NGO교류·협력의 인프라 개선과 NGO네트워크의 활성화 방안(2006) 이기범, 인도적 지원, 교류협력을 통한 남북관계의 발전적 전망(2004) _____. 대북협력 NGO활동 10년의 평가와 과제(2005) 홍현익, 북한 인권문제에 대한 한국의 대응전략(2006) 김형석, 민간대북지원의 현황과 과제(2005) 이금순, 김수암, 개혁·개방과정에서 인권의제: 이론과 실제(2006) 양문수, 북한에 대한 인도적 지원의 경제·사회적 효과(2007) 이종무, 대북 인도적 지원과 개발지원에 대한 갈등 인지적(conflict-sensitive) 접근(2007) 제성호, 한국판 '북한인권법'의 필요성과 제정 방향(2007) 안득기, 대북지원 NGO의 기능과 역할에 관한 연구(2008) 윤여상, 신정부 대북인권정책과 인도주의적 지원(2008) 강동완, 대북지원정책 거버넌스(2008) 김정수, 인도적 대북지원과 북한체제의 존속력에 미친 영향(2010) 임을출, 2000~10년 한국의 인도적 대북지원의 현황과 평가(2011)
남한개신교 인권, 통일, 북한인권운동 관련	박종화, 평화신학과 에큐메니칼 운동(1991) 북미주 기독학자회, 기독교와 주체사상(1993) 채수일 외 19인, 희년신학과 통일희년운동(1995) 이덕주·조이제, 한국 그리스도인들의 신앙고백(1997) 김명혁 편, 한국복음주의협의회 성명서 모음집(1998) 한민족선교정책연구소, 한민족·선교·통일(2001) 한민족선교정책연구소, 한국교회북한선교정책(2002) 임희모, 한반도 평화와 통일선교(2003) 한국기독교교회협의회, 한국교회 인권운동 30년사(2005) 임완철, 1990년대 이후 한국기독교 '통일운동'의 문화적 기원 연구 – '평화와 통일을 위한 남북나눔운동'사례를 중심으로(석사학위, 2005) 기독교통일학회, 기독교와 통일(2007, 2008, 2009) 이관우, 대북NGO의 인도적 지원활동과 선교적 과제-C.C.C. 북한젖염소보내기운동을 중심으로(단행본, 2008) 김수정, 한국 기독교계의 대북지원에 관한 연구(석사학위, 2008) 김동진, 한반도 평화구축과 기독교 에큐메니칼운동연구, 1945-1992(박사학위, 2010) 허호익, 통일을 위한 기독교 신학의 모색(2010) 정영섭, 통일선교를 위한 한국교회 대북지원의 효율성 모색(2011)
북한의 종교정책 변화	김흥수, 해방 후 북한교회사(1992) 한국기독교연가연구소, 북한교회사(1996) 사와 마사히코, 남북한기독교사론(1997)

부록 3 1980년대 주요 개신교 회의 및 성명서

시기/장소	회의	내용
1981년 6월 8일-10일 서울	'제4차 한·독교회협의회' 개최	공동결의문 발표. NCCK가 통일문제를 촉진하는 위원회나 연구소 설치 권장, 독일 교회가 지원하도록 요청
1981년 11월 3일-6일 오스트리아 빈	'제1차 조국통일을 위한 북과 해외동포 기독자간의 대화'	'공동성명'과 '해내외 전체동포들에게 보내는 호소문'. '7.4남북공동성명'에서 밝힌 '자주·평화·민족대단결' 원칙에 추가적으로 '중립적인 연방국가'안 제시. '전두환 군사독재정권은 제거되어야 한다'는 발언 포함. 통일대화 이후 세계교회협의회에 남북 개신교인들의 만남을 보고하고 북한교회를 세계교회협의회와 연결시키고자 함. 세계교회협의회는 차후 1984년 도잔소협의회의에 기독교도련맹 초청
1982년 12월 3일-5일 헬싱키	'제2차 조국통일을 위한 북과 해외동포, 기독자간의 대화'	공동성명 발표. 남한의 민주화를 주장하는 인사들과 반정부 성향의 해외교포, 북한의 고위관료, 목사 등이 참여
1983년 7월 5일-19일 평양	'제3차 조국통일을 위한 북과 해외동포, 기독자간의 대화'	북과 해외동포학자들간의 통일대화. 교수와 지식인들의 통일을 주제로 한 대화. 성명서 발표 및 북한방문기 출판
1984년 3월 21-24일 서울	'제3차 한·북미교회협의회'	'선교 2세기를 향한 공동선교'주제. 공동성명 : 분단관련국인 미국교회는 한국교회와 함께 한반도의 통일을 위해 공동으로 책임 질 것을 결의
1984년 6월 15일-17일 북경	'제4차 조국통일을 위한 북과 해외동포, 기독자간의 대화'	평양에 이은 학자들 간의 모임. "평화와 평화통일"을 주제로 정세보고와 기도문 낭독, 결의문 채택, 레이건대통령과 대한민국 정부에 보내는 편지 등이 채택
1984년 10월-11월 일본 도잔소	WCC 국제위원회 개최 '동북아시아의 정의와 평화협의회'	한반도의 평화와 통일을 위해 세계교회가 공동 노력할 것을 제안. 〈분쟁의 평화적 해결에 대한 전망- 도잔소협의회의 보고와 건의안〉이 회의 이후 1985-19898년 5년간 이 건의사항이 세계교회와 남북교회의 유대 속에서 실천됨(박성준)

1984년 12월 17일 오스트리아 빈	'제5차 조국통일을 위한 북과 해외동포, 기독자간의 대화'	개신교인만 아니라 각계각층의 민간인사들 참여. "조국통일을 위한 민족연합" 기구 결성. 공동결의문 발표
1985년 2월 27-28일 서울	NCCK 제34회 총회	'한국교회 평화통일선언' 채택
1985년 11월 11일-19일 북한	WCC 대표단 조선민주주의인민공화국 공식 방문	
1985년 12월 9-12일 캐나다 스토니 포인트	'한반도 통일에 관한 북미교회 에큐메니칼협의회'	NCCK, 미국NCC, 캐나다NCC
1985년 12월 14일-16일 비엔나	'제6차 조국통일을 위한 북과 해외동포, 기독자간의 대화'	"조국통일을 위한 민족연합" 제1차 대표자 회의로 열림. 토론주제: (1) 조국통일을 위한 동포사회의 광범한 연대의식 강화 (2) 자주적 평화통일의 촉진
1986년 4월 18일-5월 3일 남북한	미국 NCC 대표단 남북한 공식방문	
1986년 9월 2일-5일 스위스 글리온	'제1차 글리온 회의'	'평화에 대한 기독교적 관심의 성서적, 신학적 근거' 주제. 조선기독교도연맹(KCF), NCCK초청. 남북개신교 해외 첫 만남
1986년 9월 29일-10월 3일 미국 하와이	'제4차 한북미교회협의회'	NCCK, 미국NCC, 캐나다NCC 참여
1986년 10월 18일-19일 비엔나	'제7차 조국통일을 위한 북과 해외동포, 기독자간의 대화'	"조국통일을 위한 민족연합" 제2회 대회로 모임
1986년 11월 6일 미국	미국교회협총회	'한반도의 평화와 통일' 정책성명 채택
1986년 12월 미국	미국장로교회 제198차 총회	'한반도의 화해와 통일에 관한 결의문' 채택
1987년 8월 24일-26일 서울	NCCK통일문제연구원 '제3회 한반도 통일문제협의회' 개최	'민족의 통일과 평화에 대한 한국기독교회 선언' 초안 기본 틀 확정
1987년 10월 미국	미국그리스도연합교회 제18차 총회	'한반도의 평화와 통일' 결의문 채택
1987년 10월 15일-21일 미국	미국그리스도의 제자교회 총회	'한반도의 평화통일에 관한 결의문' 채택
1987년 11월 9일-16일 북한	WCC 대표단 남북한 공식방문	

1988년 2월 29일 서울	NCCK 제37회 총회	'민족의 통일과 평화에 대한 한국기독교회 선언' 총대들의 만장일치로 채택
1988년 4월 25일-29일 인천	NCCK 주최 '세계기독교 한반도 평화협의회'	'민족의 통일과 평화에 대한 한국기독교회 선언'을 전적으로 지지하며, 실천과정에 세계교회가 동참키로 결의
1988년 7월 15일-18일 헬싱키	'제8차 조국통일을 위한 북과 해외동포, 기독자간의 대화'	학자들과 다수의 통일운동가들이 모인 확대학자대회. "주체사상과 조국통일에 관한 북과 해외동포학자사이의 대화". 북의 조국평화통일위원회, 조선사회과학원, 미국의 조국통일북미주협회 공동주최
1988년 11월 23일-25일 스위스 글리온	WCC 주최 '제2차 글리온 회의'	남북한 대표와 세계교회 대표들 참석, '한반도의 평화와 통일을 위한 글리온 선언' 채택. 매월 8.15 직전 주일을 남북한교회가 함께 '평화통일 공동기도주일'로 지키기로 결정, 조선기독교도연맹 측과는 WCC를 매개로 종교에 관련된 각종 자료, 정보를 교환하기로 합의
1989년 3월 25일 북한	문익환 목사 북한방문	'평양도착성명'(3.25), '조국평화통일위원회'와의 공동성명(4.2)
1989년 7월 22일-27일 모스크바	WCC 중앙위원회	'한반도의 평화와 통일에 관한 정책성명' 채택. 세계교회가 '평화·통일 공동기도주일'을 지키기로 결의(조선기독교도연맹의 고기준 목사, 엄영선 옵서버로 참여)
1989년 9월 29일-30일	일본NCC주최 '동아시아의 평화에 관한 교회의 사명'주제 회의	NCCK, 조선기독교도연맹 대표단 (이철 목사) 참여
1990년 1월 23일-25일 헬싱키	'제9차 조국통일을 위한 북과 해외동포, 기독자간의 대화'	주체사상과 개신교의 대화를 중심으로 한 토론. 통일신학자들 소개. 남한 개신교학자 불참. "주체사상과 기독교, 조국통일에 관한 북과 해외동포학자·기독인 대화"
1991년 1월 30일-2월 3일 프랑크프루트	'제10차 조국통일을 위한 북과 해외동포, 기독자간의 대화'	공동성명 채택

* 홍동근, 김흥수, 류대영의 책 참고 재편집

부록 4 북한인권 쟁점에 대한 보수와 진보 입장

북한인권 쟁점	보수적 입장	진보적 입장
인권의 보편성과 특수성[1]	**보편성론:** 1948년 유엔 총회 세계인권선언, 1968년 테헤란, 1993년 비엔나 세계인권대회 선언을 통한 인권의 보편성 확인. 세계인권선언 제2조, 제3조: "모든 사람은 인종, 피부색, 성, 언어, 종교, 정치적 혹은 그 밖의 견해, 민족적 혹은 사회적 출신, 재산, 출생, 기타의 지위 등에 따른 어떠한 종류의 차별 없이 이 선언에 제시된 모든 권리와 자유를 누릴 자격이 있고." "누구나 생명을 존중받으며, 자유롭게 그리고 안전하게 살아갈 권리가 있다."[2]	**특수성론:** 사회주의 국가들의 계급중심적 시각과 싱가폴, 말레이시아, 인도네시아, 중국, 그리고 북한 등 동양적 가치를 내세운 문화적 상대주의 대두. 인권이 서구에서 나온 개념이므로 '보편'인권 자체가 서구의 이념적 가치를 반영한다고 본다. 또한 인권을 무기 삼아 타문화를 비판하고 변화시키려는 것은 문화식민지적 발상이라고 비판한다. '아시아적 가치' 논쟁.[3]

---

1 인권의 보편성은 남한 사회에서 진보가 주장하던 가치이나 북한인권 관련 진보와 보수의 입장이 전도되었음을 지적하며 북한 인권문제를 볼 때 남한의 직접성의 본질을 극복하고 보편적, 일반적 인권문제의 하나로서 북한 인권을 이해해야 함을 주장하였다. 박명림, "한국의 북한 인권문제에 대한 접근: 반성과 대안 모색." 윤영관, 김수암 엮음, 『북한인권개선 어떻게 할 것인가-평화적 개입 전략과 국제사례』(서울: 한울, 2010), p. 25.
2 유엔헌장과 세계인권선언, 국제인권규약, 비엔나 세계인권선언 등을 통해 인권의 보편성 원칙이 성립되었다고 보고 국가주권보다 개인적 인권을 더 중시해야 한다는 입장이다. 또한 인권과 평화의 관계에 있어서도 자국민의 인권을 탄압하는 독재정권은 대외적으로 호전적 성향을 보인다고 하는 미르킨 구에체비치(Mirkine-Guetzevitch) 주장을 근거로 북한 인권문제에 있어서 민주화가 동북아 평화를 위해서 선행되어야 함을 주장한다. 제성호, "한국판 '북한인권법'의 필요성과 제정 방향." 『법학논문집』제31권 2호, 2007, p.126.
3 조효제, 『인권의 문법』(서울: 후마니타스, 2007), pp. 204-210.

자유권 중심 인권과 생존권 중심 인권[4]	**1세대 인권–자유권** 프랑스 혁명을 계기로 유산계급의 재산과 자유로운 경제활동을 정치적으로 보장받기 위한 권리로 등장. 생명권, 신체의 자유, 노예상태 및 강제노동금지, 자의적 체포 및 구금 금지, 거주이전 및 주거 선택의 자유, 법 앞에 평등한 대우, 형법의 소급적용 금지, 개인의 사생활 보호, 사상·양심·종교·표현·집회·결사의 자유, 공무 참여와 선거 및 피선거권 등의 참정권 등으로 외연이 확대되어 왔다.	**2세대 인권–사회권** 노동운동과 러시아 혁명 등을 거치면서 국가의 책임을 강조. 사회주의국가들에 의해 주창되었다. 근로권, 노조결성 및 가입의 권리, 사회보장권, 건강권, 교육의 권리, 문화생활 영위 권리 등을 내용으로 한다. **3세대 인권–자결권, 발전권, 평화권 등.** 1960년대 이후 제3세계 국가들의 유엔 진출과 더불어 기존의 인권 논의가 냉전 시대 양대 진영 논리에 제한되어 있음을 지적, 약소국들을 주요 행위자로 내세우며 등장. ● 1966년 자유권 규약 및 사회권 규약 제1조–자결권 규정. ● 1978년 유엔 총회 '평화로운 삶을 위한 사회 준비에 관한 선언' ● 1984년 유엔 총회 '평화롭게 살 인민의 권리' ● 1986년 유엔 총회 '발전권 선언'
북한인권 침해 원인[5]	**내인론:** 북한체제가 수령 절대주의적 독재체제이기 때문에 근본적인 인권문제가 발생한다고 본다. 사회주의 경제체제의 모순과 정권의 차별적 식량배급으로 90년대 기아가 발생했다고 본다. 또한 개인숭배의 이론적 정당화를 위해 프롤레타리아 독재 이론, 레닌의 전위 당 이론, 주체의 영도 이론 등을 내세웠고 일반주민들은 비판기능을 상실하였다고 본다. 국가의 실패와 시장 실패가 겹쳐 북한주민들은 더욱 곤란한 형편에 처해있다고 본다.	**외인론:** 내재적 관점에 의한 이해를 바탕으로 미국과의 대결관계, 동구사회주의국가들의 체제전환과 중국, 러시아 등의 경화결제 요구, 자연재해 등이 북한 경제 붕괴를 가져왔고 이 과정에서 북한주민들의 인권이 심하게 훼손되었다고 본다.
북한인권 해법[6]	**압박론:** 압박론은 북한인권의 문제가 체제로부터 비롯되기 때문에 체제변화를 위한 정권교체가 궁극적 해법이라고 보고 봉쇄와 압박을 지속해야 한다고 주장한다.	**접근을 통한 변화:** 북한의 변화를 추구함에 있어서 봉쇄와 압박은 북한주민들의 인권을 오히려 악화시킬 수 있다는 관점에서 화해협력을 통한 북한의 개혁, 개방을 유도한다는 주장이다. 또한 한반도 평화를 우선적으로 생각해야 하며 북한 인권은 북이 스스로 풀어가야 할 문제라고 여긴다.

인도적 지원과 남북관계의 연관[7]	**조건부 지원:** 분배의 투명성과 모니터링을 통해 취약계층 북한주민들에게 직접적인 도움이 전해지도록 해야 함을 강조(엄격한 모니터링). 체제 유지를 위한 지배계급 중심의 분배에 반대.(군대와 핵무기 개발 등으로의 전용을 우려)/핵문제 및 전반적인 남북관계에 있어서 협조적인 태도를 보여야 지원할 수 있다는 입장이다.	**무조건 지원:** 북한의 특수한 상황을 고려하여 모니터링이 제대로 수행되지 못하더라도 인도적 지원을 해야 한다고 본다(약한 모니터링). 국가의 배급시스템을 통한 식량분배를 신뢰함./만성적인 식량위기. 남북대화 과정에서의 경제적 협상 수단의 활용. 통일 대비 차원에서 적극적으로 지원할 것을 주장한다.
북한인권법[8]	제정 목적에 대해 보편적 인권실현과 북한 민주주의 추동을 위함이라는 주장이다. 또한 국제사회의 북한인권 정책과 보조를 맞추기 위함이라고 주장한다. 또한 헌법 제3조항을 근거로 북한주민이 대한민국 국민으로 간주되는 이상 우리 정부는 북한주민의 인권보장 및 개선을 위해 노력할 의무가 있다고 주장한다. 또한 북한인권보장은 한반도 평화정착과 남북공존을 위해서 선행되어야할 가치라는 주장 하에 법적 제도화를 추진해야 한다는 입장이다.	북한인권법은 북한체제를 붕괴시키는 것을 목적으로 하기 때문에 내정간섭이고 한반도 긴장을 고조시키면서 북한과의 대화를 단절시킬 수 있다고 우려하는 입장이다. 인권법이 인권을 정치 수단으로 전락시키기 때문에 실질적 인권개선 노력을 방해한다고 본다.

---

4 서보혁은 북한인권문제의 포괄성과 복잡성을 전제로 보편적 국제인권 레짐에 입각하여 접근하되 실질적 개선을 위해서는 특수한 상황과 맥락을 고려해야 한다고 주장한다. 서보혁, 『북한인권』(서울: 한울, 2007), p. 16.

5 이금순과 김수암은 북한인권 침해 원인에 대해 내인론과 외인론의 양비론적 논쟁을 중단하고 다양한 수준에서의 침해 요인과 구조적 연관성을 통합적으로 분석할 것을 제안하였다. 국내적 요인과 국제적 요인으로 분류한 후 국내적 요인은 정치적, 법·제도적, 경제적, 문화적 요인들로 나누어 분석하였고, 국제적 요인 또한 외부환경 및 인권감시제도, 대북지원 등이 북한인권에 미치는 영향을 살펴보았다. 이금순, 김수암, 『북한인권 침해 구조 및 개선전략』(서울: 통일연구원, 2009), p. 53.

6 우승지, "북한 인권문제 연구의 쟁점과 과제", 『국제정치논총』 제46집 3호, 2006, pp. 198-200.

7 조동호 편, 『공진을 위한 남북경협전략-보수와 진보가 함께 고민하다』(서울: EAI, 2012), pp. 89-99. '공진' 개념을 도입하면서 기존에 있었던 남북경협의 전반적인 이슈들에 대해 보수와 진보의 기존 논의들을 정리하고 대안 모색을 통해 절충점을 제시한 연구서이다. 인도적 지원에 관한 보수와 진보의 입장을 반영하였다.

8 2004년 미국에서 북한인권법이 제정 된 이후 국내에서도 2005년부터 북한인권 법안이 국회에 상정되면서 이를 둘러싼 논쟁이 정치권과 시민사회 속에서 지속되고 있다. 북한인권 상황에 대한 인도주의적 개입과 국가 주권침해 문제가 주된 이슈인데 법안의 실효성 논란과 더불어 법 제정 목적에 대해서도 의견이 분분하다. 북한인권 관련 이슈들 중 가장 수렴이 어려워 보이는 쟁점이기도 하다. 북한인권법 제정을 주장하는 의견에는 제성호(1998, 2004, 2007), 김규헌(2010), 박광득(2011) 등 견해가 있고, 남북관계의 관계 속에서 파악되어야 한다는 주장에는 정태욱(21004), 정성장(2004), 이근(2006), 양천수(2007), 김동한(2007) 등의 주장이 있다.

한국교회와 북한인권운동

The Korean Church and North Korean
Human Rights Movement

2015년 12월 15일 초판 발행

지 은 이 | 윤은주

편　　집 | 김일근
디 자 인 | 김소혜
펴 낸 곳 | 사)기독교문서선교회
등　　록 | 제16-25호(1980. 1. 18)
주　　소 | 서울시 서초구 방배로 68
전　　화 | 02) 586-8761~3(본사) 031) 942-8761(영업부)
팩　　스 | 02) 523-0131(본사) 031) 942-8763(영업부)
홈페이지 | www.clcbook.com
이 메 일 | clckor@gmail.com
온 라 인 | 기업은행 073-000308-04-020, 국민은행 043-01-0379-646
　　　　　　예금주: 사)기독교문서선교회

ISBN 978-89-341-1508-3 (93230)

* 낙장·파본은 교환해 드립니다.

이 도서의 국립중앙도서관 출판시 도서목록(CIP)은 서지정보유통지원시스템 홈페이지(http://seoji.nl.go.kr)와 국가자료공동목록시스템(http://www.nl.go.kr/kolisnet)에서 이용하실 수 있습니다.
(CIP제어번호: CIP2015031419)